LANDESKONSERVATOR RHEINLAND

RHEINISCHE KIRCHEN DES 20. JAHRHUNDERTS

Ein Beitrag zum Kirchenbauschaffen
zwischen Tradition und Moderne

Barbara Kahle

ARBEITSHEFT 39

Titelbild: Köln, St. Alban, Außenansicht

© Rheinland-Verlag GmbH · Köln, Abtei Brauweiler, 5024 Pulheim 2. 1985. Alle Rechte vorbehalten. Herausgegeben im Auftrag des Ministers für Landes- und Stadtentwicklung von Nordrhein-Westfalen und des Landschaftsverbandes Rheinland von Udo Mainzer, Landeskonservator Rheinland. Redaktion: Rüdiger Schneider Berrenberg. Gestaltung: Angelika Hinder. Herstellung: Publikationsstelle des Landschaftsverbandes Rheinland. Lithos: Peukert, Köln. Druck: Druckhaus B. Kühlen, Mönchengladbach. Printed in Germany. ISBN 3-7927-0814-0

Inhaltsverzeichnis

Vorwort

Auf dem Deutschen Kunsthistorikertag 1982 in Kassel befaßte sich die Sektion ‚Denkmalpflege als angewandte Kunstwissenschaft' mit der baulichen Hinterlassenschaft der fünfziger Jahre. Mit der flotten wie lapidaren Aufforderung ‚nun forscht mal schön!' wurden abschließend die versammelten Fachleute ermuntert, sich endlich mit jener Epoche wissenschaftlich auseinander zu setzen, die die Anfänge und das Aufblühen unseres demokratischen Staatswesens anschaulich, weil zeittypisch, markieren. Vom methodischen Ansatz war dieser Appell keineswegs eine Innovation. Der Rückblick auf einen preußischen Runderlaß von 1904, der damals die obere Zeitgrenze zur Denkmalbestimmung auf das Jahr 1870 fixierte, lehrt, daß es einer bewährten Tradition deutscher Denkmalpflege entspricht, das konservatorische Augenmerk und die damit verknüpfte Verantwortung jeweils etwa eine Generationsspanne zurückgreifen zu lassen. Folglich müssen wir uns heute mit den fünfziger und bald schon den sechziger Jahren unseres Jahrhunderts beschäftigen.

Das seit 1980 in Nordrhein-Westfalen gültige Denkmalschutzgesetz kennt überhaupt keine zeitliche Eingrenzung mehr bei der Feststellung von Denkmalen. Für das Rheinische Amt für Denkmalpflege ergab sich daraus die Konsequenz, mit Inkrafttreten des Gesetzes im Bereich der Inventarisation ein eigenes Referat einzurichten, das Grundlagenforschungen zum Denkmalbestand des 19. und namentlich 20. Jahrhunderts betreibt. Sein Forschungsschwerpunkt muß mit Rücksicht auf die weit dominierende Zahl der profanen Bauten aus jener baugeschichtlichen Phase naturgemäß auf dem Wohn- und Siedlungsbau sowie den technischen Denkmalen liegen. Die Komplexität dieses relativ jungen, gleichwohl aber sehr vielschichtigen Aufgabengebietes macht eine enge Zusammenarbeit mit verwandten und angrenzenden wissenschaftlichen Institutionen und Experten unumgänglich.

Insofern freuen wir uns, mit diesem Arbeitsheft von Barbara Kahle einen Beitrag zum Bauschaffen der ersten Hälfte des 20. Jahrhunderts vorlegen zu können, der als Dissertation am Lehrstuhl für Kunstgeschichte und Stadterhaltung der Universität Köln entstanden ist. Es kommt der dortigen Architekturabteilung das Verdienst zu, in den vergangenen Jahren mehrfach Themen zur Baukunst der Zwischen- und Nachkriegszeit erfolgreich bearbeitet zu haben.

Die hier gegebene Publikation der rheinischen Kirchen des 20. Jahrhunderts geschah mit Bedacht. In besonderer Weise haben diese Sakralbauten, die zumeist in Erneuerungsphasen nach fatalen Kriegsgeschehen errichtet wurden, das öffentliche Interesse erregt und öffentliche Diskussionen ausgelöst. Sie konnten für sich beanspruchen, ihr architektonisches Anliegen auch städtebaulich wirksam vorgetragen zu haben. Die sich initiativ in den Sakralbauten manifestierenden liturgischen Erneuerungsbewegungen reflektieren überdies in hohem Maße schließlich auch eine gesellschaftspolitische Einstellung und kirchlich motiviertes soziales Ideengut. In ihnen wird Geschichte des Menschen schlechthin signifikant und für die Aktualität der Gegenwart erschließbar.

Die Veränderungslust der jüngsten Vergangenheit hat auch die Kirchenbauten der voraufgegangenen Jahrzehnte nicht verschont. Es gab (und gibt) entsetzliche Entstellungen, die meist aus Unwissenheit über die künstlerische und handwerkliche Bedeutung dieser Bauwerke geschehen. Es war höchst aufschlußreich, mit welch bundesweiter Resonanz die Öffentlichkeit reagierte, als das Rheinische Amt für Denkmalpflege 1984 im Rahmen der Aktion ‚Denkmal der Woche' am Beispiel der 1953/55 von Karl Band erbauten katholischen Pfarrkirche St. Peter in Zülpich auf die Gefahr hinwies, die den im Pathos der reinen Form geschaffenen Kirchenräumen durch eine in keiner geschichtlichen Kontinuität stehenden „Vollmöblierung" im Stile der „neuen deutschen Gemütlichkeit" widerfährt.

Durch die vorliegende Arbeit verdichtet sich mit der Erkenntnis um den Stellenwert der behandelten Bauten auch das Wissen um die Stellung der jeweiligen Architekten. Da manche von ihnen außerdem verantwortlich waren für teils umfängliche Restaurierungen an und in älteren Kirchen, wird mit dieser Untersuchung für die Denkmalpflege zugleich eine fundierte Bewertung von Restaurierungen aus jener Zeit möglich. Es entspricht dem Selbstverständnis unserer Zunft, nicht nur das Kunstwollen, sondern ebenso das Erhaltenwollen unserer Vätergeneration denen, die uns folgen, angemessen zu überliefern.

Bonn, im März 1985   Udo Mainzer

Vorbemerkung

Das Rheinland bildet seit den zwanziger Jahren einen besonderen Schwerpunkt des modernen Kirchenbaus; in kaum einer anderen Region ist eine so intensive Bautätigkeit zu verzeichnen, die zudem wesentliche Werke der bedeutendsten Kirchenbaumeister des 20. Jahrhunderts umfaßt. Die vorliegende Arbeit untersucht diesen Kirchenbau in seinem Verhältnis zur Tradition, das heißt, inwieweit die frühere Kirchenbaugeschichte auf die Sakralbauten des 20. Jahrhunderts einwirkt und ihre Gestalt mitprägt.

Unter dem Titel „Tradition und Moderne. Ein Beitrag zum Kirchenbau des 20. Jahrhunderts in den Rheinlanden" wurde die Untersuchung 1982 von der Universität zu Köln als Dissertation angenommen.

Meinem Doktorvater Prof. Dr. Dr.-Ing. Günther Binding, der die Arbeit verständnisvoll und mit stetem Rat begleitete, sei an dieser Stelle sehr herzlich gedankt. Zu danken habe ich weiterhin allen Pfarrherren, die mir ihre Kirchen und Archive bereitwillig zugänglich machten. Für die Aufnahme meiner Arbeit in die Reihe der Arbeitshefte des Landeskonservators Rheinland gilt schließlich ein besonderer Dank Herrn Prof. Dr. Udo Mainzer.

Einführung

Der moderne deutsche Kirchenbau ist in den letzten Jahren mehrfach Gegenstand umfassenderer Untersuchungen gewesen, die seine charakteristischen Elemente, die Entstehung und Entwicklung aufgezeigt haben[1]. Die vorliegende Arbeit greift dieses Thema noch einmal auf, jedoch unter dem speziellen Gesichtspunkt des Traditionsbezuges, das heißt, es soll die Frage untersucht werden, inwieweit die frühere Kirchenbaugeschichte auf den Kirchenbau des 20. Jahrhunderts einwirkt und seine Gestalt mitprägt. Es wird sich zeigen, daß trotz der im ersten Jahrzehnt einsetzenden Neuorientierung der Architektur und einer immer wieder postulierten Abkehr von den Stilformen der Vergangenheit die Baukunst, vor allem im sakralen Bereich, in einer kontinuierlichen Auseinandersetzung mit der Tradition begriffen bleibt, die sich mehr oder minder deutlich in den Bauwerken äußert, nicht als negativ retardierendes Phänomen, sondern als eine gleichgewichtige Ebene des vielschichtigen Komplexes „Moderner Kirchenbau". Traditionelle und eigenschöpferische Bezüge schließen sich nicht aus, bilden vielmehr parallele, sich ergänzende Momente. Daß sich Architekten trotz ihres Bekenntnisses zur Moderne zumindest in Teilbereichen an der Vergangenheit orientiert haben, ist von einigen Forschern bereits mehr oder weniger explizit dargelegt worden; aufschlußreich sind in diesem Zusammenhang vor allem die Arbeiten von Georg Hartlaub, Wolfgang Götz, Gesine Stalling und Christof Martin Werner[2].

Die Auseinandersetzung mit der Tradition vollzieht sich auf unterschiedlichen Ebenen:

Auffallend ist zunächst eine formale Rezeption, die einerseits das ganze Erscheinungsbild des Bauwerkes umfaßt, andererseits sich aber durchaus auf Einzelformen, wie beispielsweise die Wiederaufnahme der Westrose beschränken kann. Im Unterschied zur kirchlichen Baukunst des 19. Jahrhunderts muß vorausgeschickt werden, daß die sich hierin äußernde Verbundenheit, so Hermann Beenken, aus „Freiwilligkeit" geschieht, „aus einem Willen zur Bindung der Formen an die Tradition", während der „ältere Historismus ein Zwang gewesen war, in dem es Form auf andere Weise wie als Form eines historischen Stils für das Bewußtsein der Zeit gar nicht gab."[3] Anders ausgedrückt heißt dies, daß die Architekten im Rückgriff auf die Tradition keine Verpflichtung sahen, sondern den traditionellen Formenkanon, gegebenenfalls in schöpferischer Variation, ganz bewußt als eine Komponente in das eigene Bauwollen einbeziehen. Es wird zu zeigen sein, daß diese Konzeption in den Bauwerken bestimmter Architekten zum Tragen kommt, die vornehmlich der Generation der um die Jahrhundertwende Geborenen angehören[4].

Ein weiterer Bedeutungsstrang innerhalb des traditionellen Bezuges ist durch solche Bauformen gekennzeichnet, die über viele Stilwandlungen hinweg als verbindliche Merkmale sakraler Architektur angesehen wurden;

so stellt sich zum Beispiel bei der Grundrißtypologie der modernen Kirchen die Frage nach der weiteren Gültigkeit des über Jahrhunderte vorherrschenden Langhausbaues.

Eine dritte Ebene in der Verbindung von Geschichte und Gegenwart kann unter dem Begriff „innere Affinität" zusammengefaßt werden; diese gibt sich nicht vordergründig als formale Verbundenheit zu erkennen, sondern bestimmte, historisch geprägte Formvorstellungen von Kirche, wie etwa die frühromanische Basilika, werden Ausgangspunkt für neuartige Schöpfungen; dabei kann entweder ein individuelles historisches Vorbild Anstöße geben, oder es werden bestimmte Grundvorstellungen und -gestalten vergangener Stilepochen, die heute aus Gründen, die es noch näher zu definieren gilt, wieder Bedeutung erlangt haben, wiederbelebt. „Es geht um geistiges Wiedererkennen dessen, was aus der Fülle vorangegangener architektonischer Erkenntnis uns verwandt ist . . ."[5]. Wolfgang Götz spricht in diesem Zusammenhang auch von „schöpferischem Historismus"[6]. Die aus dieser Traditionshaltung heraus entstandenen Bauwerke sind in ihren formalen Elementen nicht unbedingt mehr innerhalb einer historischen Stilkategorie zu definieren, sondern rufen eher im Sinne Nikolaus Pevsners evokativ-assoziative Erinnerungen an vergangene Stilstufen hervor[7].

Das Thema des Traditionsbezuges beinhaltet weiterhin die Frage, ob und inwieweit sich der moderne Kirchenbau an bestimmten Zeitspannen der Kirchengeschichte orientiert. Hier wird sich erweisen, daß auch der Kirchenbau sowie die Kirchenbaudiskussion des 20. Jahrhunderts wie die des 19. in einer Auseinandersetzung mit vornehmlich mittelalterlicher Sakralkunst begriffen ist. Vor allem in der Zeit nach dem 1. Weltkrieg werden diese mittelalterlichen Stile noch als „die eindeutigsten Verwirklichungen des christlichen Bauwillens"[8] gesehen. Gesine Stalling hat in vorzüglicher Weise gezeigt, daß „die deutsche Architektur des 1. Drittels des 20. Jahrhunderts, die theoretisch den Historismus des 19. Jahrhunderts überwunden hat, dennoch Momente einer deutlichen Affinität zur Gotik enthält"[9]. Gleichzeitig und meines Erachtens mit ebensolcher Bedeutung ist aber auch eine Orientierung an der frühmittelalterlichen Epoche festzustellen. Auf der Suche nach einer neuen Gestaltungsmöglichkeit des Kirchenbaues nach der Jahrhundertwende haben Architekten vielfach als Ausgangspunkt die Baukunst des frühen Christentums und der frühen Romanik gewählt. Die aus diesen Bauwerken heraus entlehnten oder interpretierten Bau- und Raumstrukturen, Raumerlebnis oder Raumatmosphäre werden als wesentlich konstituierende Elemente in eine neue Architektur übersetzt. Der teils deutliche, teils verhaltene inhaltliche wie formale Bezug auf diese Epoche der Vergangenheit bestimmt bis in die heutige Zeit Teilbereiche des sakralen Bauens. Dieser Aspekt soll in der vorliegenden Arbeit besonders herausgestellt werden.

Die überaus große Zahl der Kirchenneubauten in Deutschland legt es nahe, eine räumliche Eingrenzung vorzunehmen. Bei der Zusammenstellung des Materials hat sich gezeigt, daß der rheinisch-westfälische Raum einen Schwerpunkt des modernen Kirchenbaues bildet; hier ist eine intensive Bautätigkeit zu verzeichnen, die wesentliche Werke der bedeutendsten Kirchenbaumeister des 20. Jahrhunderts umfaßt, so daß dieses Gebiet durchaus als repräsentativ für die Entwicklung des modernen Sakralbaus gelten kann. Eine Beschränkung gerade auf dieses Gebiet bietet sich weiterhin auch dadurch an, daß das eigentliche Thema dieser Untersuchung hier deutlicher und häufiger als andernorts in Erscheinung tritt; so hat Hugo Schnell zum Beispiel festgestellt, daß das Rheinland immer noch der Romanik verbunden ist[10], ohne dieses allerdings näher zu erläutern. Entsprechend der kirchenrechtlichen Gliederung dieses Gebietes werden somit in erster Linie die modernen Sakralbauten in den katholischen Diözesen Aachen, Essen, Köln, Münster und Paderborn sowie den evangelischen Landeskirchen Rheinland und Westfalen behandelt. Die Kirchenbauten der beiden großen Konfessionen sollen berücksichtigt werden, auch um etwaige Differenzen in bezug auf die Themenstellung herauszukristallisieren. Beide Bereiche sind allerdings nicht unabhängig voneinander zu betrachten, da seit Anfang dieses Jahrhunderts ganz generell eine Annäherung beider Konfessionen erreicht worden ist, die sich auch in der baulichen Gestalt der Kirchen äußert. Hinsichtlich der notwendigen zeitlichen Eingrenzung bleibt schließlich noch zu sagen, daß die Untersuchung bei den Bauten einsetzt, die nach dem 1. Weltkrieg entstanden, da in dieser Zeit der moderne Kirchenbau erstmals konkrete Formen annimmt.

I. Die Kirchenbaukunst zwischen den beiden Weltkriegen

I.1 Allgemeine Voraussetzungen des neuen Kirchenbaus

I.1.a Die liturgische Erneuerungsbewegung

Die Entwicklung eines neuen Baustils im Bereich der Sakralarchitektur vollzieht sich in entscheidendem Maße in den Jahren nach dem 1. Weltkrieg. Grundlegend für eine neue architektonische Formgebung waren geistig-theologische Wandlungen, die bereits in der zweiten Hälfte des 19. Jahrhunderts bei beiden Konfessionen gleichermaßen in kult- und liturgieorientierten Reformbestrebungen deutlich wurden; sie werden allgemein unter dem Begriff „Liturgische Bewegung" zusammengefaßt[11]. Diese Bewegung wurde katholischerseits zunächst getragen von der deutschen Benediktiner-Kongregation Beuron[12] sowie deren belgischen Filiationen[13]. Das Ziel dieser Bestrebungen war, so Hugo Schnell, „eine Erneuerung des Einzelnen und der kirchlichen Gemeinschaft von innen her. Über die Hinwendung zum Kult und zur Meßfeier erwachte, vor allem bei den Laien, eine neue Aufgeschlossenheit für die Sakramente, die in der damaligen Liturgie zurückgedrängt waren"[14]. Gefördert wurden diese Gedanken zu Anfang des Jahrhunderts durch Papst Pius X., der die „tätige Teilnahme" der Gläubigen „an der Feier der nachheiligen Mysterien und am öffentlichen und amtlichen Gebet der Kirche" als die „erste und unerläßliche Quelle des wahrhaft christlichen Geistes" ansah[15]. Die Bemühungen um eine aktive Teilnahme der Gläubigen an der Liturgie sind ein Grundprinzip der Liturgischen Bewegung bis in die Gegenwart hinein.

Einer der wesentlichen Neuansätze auf evangelischer Seite gipfelt in der These Cornelius Gurlitts „Die Liturgie ist die Bauherrin der Kirche"[16], das heißt, die zu erbauenden Kirchen sollen unmittelbar auf den Vollzug des Gottesdienstes, der Liturgie, hin angelegt werden; Grundlage für die Planung ist demnach die jeweilig individuelle Funktion des Gebäudes und seiner Teile[17]. Der Aspekt des funktionellen Bauens, der hier in die Kirchenbaudiskussion eingebracht wird, kennzeichnet das gesamte zukunftsweisende Bauschaffen dieser Zeit[18]. Die weiteren Diskussionen zeigen allerdings, daß der Gedanke „Kirche als liturgischer Zweckbau" nicht uneingeschränkt gültig ist, da die konkrete bauliche Gestalt über das Funktionale, Zweckhafte hinaus auch „ideelle Sachverhalte"[19] versinnbildlichen soll[20].

Diese kurz skizzierten theoretischen Überlegungen fanden zunächst nur ansatzweise, fast ausschließlich in Planungsstudien, ihren architektonischen Niederschlag; die vor dem 1. Weltkrieg ausgeführten Bauten blieben formal weitgehend den historisierenden Bautypen des 19. Jahrhunderts verhaftet.

Auf einer breiteren Ebene und mit größerer Resonanz wurden die Diskussionen nach dem Kriege fortgesetzt[21]. Neue geistige Anstöße erhielt der Kirchenbau vor allem auf evangelischer Seite durch den Baumeister Otto Bartning und auf katholischer Seite durch den Theologen Johannes van Acken sowie den führenden Theologen der katholischen Jugendbewegung Romano Guardini.

Otto Bartning, der sich Zeit seines Lebens intensiv auf geistig-theologischer und künstlerischer Ebene mit dem Kirchenbau auseinandersetzte, verfaßte bereits 1919 seine grundlegende Schrift „Vom neuen Kirchenbau"[22]; eines seiner wichtigsten Anliegen war die Hervorhebung der Gemeinschaft der Gläubigen, die in der baulichen Gestalt ihre Entsprechung finden mußte, gemäß seiner Forderung, daß sich im Sakralbau geistig-liturgische und architektonische Spannungen durchdringen und gegenseitig stärken müssen. „Ort dieser sichtbaren Gemeinschaft aber und ihrer stärkenden Wirklichkeit ist der Kirchenbau, er ist nicht nur das Gehäuse der Versammlung, er ist die sichtbare Form und Gestalt der Gemeinschaft[23]." Otto Bartning greift damit Gedanken auf, die bereits gegen Ende des 19. Jahrhunderts von evangelischen Theologen diskutiert wurden, so 1890 im Wiesbadener Programm von Pastor Emil Veesenmeyer und dem Architekten Johannes Otzen: „der Einheit der Gemeinde und dem Grundsatz des allgemeinen Priestertums soll durch die Einheit des Raumes Ausdruck gegeben werden[24]."

Die Liturgische Bewegung der Jahre nach dem 1. Weltkrieg ist auf evangelischer Seite weiterhin gekennzeichnet durch die Bemühungen um eine stärkere Betonung des Abendmahles als Mitte des Gottesdienstes neben der in der damaligen Liturgie vorherrschenden Wortverkündigung. Diese hauptsächlich vom Berneucher Kreis[25] erhobene Forderung einer Gleichstellung von Wort und Sakrament wurde wie viele andere Reformen erst nach der Jahrhundertmitte allgemein anerkannt[26].

Das wieder stärker hervorgehobene Gemeinde- beziehungsweise Gemeinschaftsgefühl der Gläubigen gewinnt in diesen Jahren auch in den Diskussionen und Veröffentlichungen katholischerseits mehr und mehr Bedeutung, wie etwa in den Schriften von Romano Guardini, der von einer „Erneuerung des Gemeindebewußtseins" spricht[27]. Dieser Aspekt ist umso mehr hervorzuheben, da er im Gegensatz zum Liturgieverständnis des 19. Jahrhunderts steht, bei dem die Gläubigen mehr als Zuhörer und Zuschauer des Kultes denn als mitfeiernde Gemeinde gesehen wurden; das religiöse Verhalten jener Zeit war ein „individuell-innerliches gewesen, ... was der Gläubige vollzog, war kein eigentlicher liturgischer, sondern ein von Zeremoniell umgebener privatinnerlicher Akt"[28]. In enger Verbindung zur liturgischen Gemeinschaftsidee entwickelte Johannes van Acken seine Forderung nach einer „Christozentrischen Kirchenkunst"[29], wonach „der Altar, als der mystische Christus Ausgangspunkt und gestaltender Mittelpunkt des Kirchenbaus und der Kirchenausstattung sein soll"[30]. Da die Gläubigen als Mitopfernde mit dem Priester gesehen werden, wird eine enge Verbindung von Altar- und Gemeinderaum angestrebt. Die Diskussion auf evangelischer und katholischer Seite gleichermaßen um die Stellung des Altares, der je nach theologischer Auffassung als Mittel- oder Zielpunkt verstanden wurde, war in der Zeit nach dem 1. Weltkrieg von großer Bedeutung, da von diesem Gesichtspunkt her Anforderungen an die bauliche Gestalt, an den Grundriß gestellt wurden. Der Altar selbst wurde ohne prunkhafte Aufbauten mehr und mehr als schlichter Opfertisch geformt, wie er, so van Acken, in der Frühzeit und im frühen Mittelalter bereits angelegt war. Johannes van Ackens Gedanken fanden in den Rheinlanden starke Beachtung, gerade hier wurden seine Ideen in vielen Kirchenbauten architektonisch umgesetzt.

Die vielfältigen Aspekte und Ansätze der Liturgischen Bewegung des frühen 20. Jahrhunderts können zusammengefaßt werden, so Waldemar Trapp, als „Rückbesinnung auf das Wesen und den inneren Gehalt der Liturgie im Sinne des christlichen Altertums"[31]. Das christliche Altertum erscheint als „Ideal der Reform . . . und zwar nicht aus irgendwelcher romantischer Sehnsuchtshaltung, sondern aus dem klaren und bestimmten Wollen, dort zu lernen und das eigentliche Wesen der Liturgie in seiner Tiefe zu erfassen"[32]. Diese Formulierungen deuten an, daß bestimmte Werte, die aus der vergangenen Kirchengeschichte überliefert sind beziehungsweise aus einer spezifischen Interpretation dieser Vergangenheit resultieren, für die Moderne erneut als relevant erkannt werden; einen solchen „Wert" stellt zum Beispiel das Phänomen der „Gemeinschaft" dar. So geht aus zahlreichen Äußerungen führender Theologen der Liturgischen Bewegung hervor, daß das frühe Christentum und das Mittelalter als „wesensverwandt"[33] zur Gegenwart empfunden werden, ausgehend von der Deutung der „mittelalterlichen Kirche als Ausdruck religiöser Gemeinschaft"[34]. Dieser spezielle Aspekt wird auch in einem Zitat von Romano Guardini ersichtlich: „. . . das wollte ich . . .: Am Mittelalter zu Bewußtsein bringen, was Bildung, was Gemeinschaft heißt[35]." In Abgrenzung zur „romantischen Mittelaltersicht" muß deutlich gemacht werden, daß in diesen Äußerungen nicht jene regressive Haltung zum Ausdruck kommt, die im 19. Jahrhundert im formal-architektonischen Bereich zu Neogotik und Neoromantik geführt hat; so schreibt Guardini weiterhin: „Wir wollen nicht zum Mittelalter zurück; wir wollen unsere Gegenwart und unsere Zukunft. Aber wir verlangen danach, daß jene Kräfte, davon das Mittelalter so bildmächtig war, nun wieder erwachen, freilich in unserer Zeit und für uns Heutige[36]."

Als weiterer, diese Epochen verbindender Grundgedanke ist auf die christozentrische Idee zu verweisen. In seinen Darlegungen betont Johannes van Acken, daß die angestrebte, dem Altar liturgisch zustehende, zentrale Stellung, „die Grundgedanken der Liturgie und die heutigen gesunden Zeitströmungen" bestätigt werden „in der Überlieferung des Frühchristentums. Wie wir heute die Erneuerung religiösen Lebensgeistes aus dem Vorbilde des Urchristentums erstreben, so erhalten wir für eine christozentrische Sakralkunst kostbare Anregungen von der klaren und eindrucksvollen Monumentalkunst des Frühchristentums und Frühmittelalters"[37].

Dieses Verhältnis zwischen frühem Christentum, Mittelalter und Gegenwart, das hier nur punktuell als ein Aspekt der Liturgischen Bewegung angesprochen wurde, und seine etwaigen Auswirkungen auf das Gestaltbild der Kirchen des 20. Jahrhunderts soll im weiteren Verlauf dieser Arbeit näher untersucht werden.

I.1.b Anmerkungen zum allgemeinen Stilwandel der Architektur

Neben dem sich allmählich wandelnden inneren Selbstverständnis der Kirche muß als weitere Grundlage für einen neuen Kirchenbaustil auf die allgemeinen Veränderungen im Bereich der Architektur verwiesen werden; da diese in der Forschung bereits detailliert erfaßt sind[38], kann hier auf eine ausführliche Darlegung verzichtet werden, zumal eine solche auch Umfang und Themenstellung der Arbeit sprengen würde.

Bereits im 19. Jahrhundert waren Tendenzen spürbar, die sich nach der kurzen Phase des Jugendstils in der funktionalen Gestaltungsweise durchsetzten; deren Ziel war eine auf Klarheit und Wahrhaftigkeit gerichtete, dem jeweiligen Zweck des Gebäudes angemessene Architektursprache. Die bis dahin verbreitete historisierende Baukunst wurde mehr und mehr als unehrlich und nicht mehr zeitgemäß abgewertet. Es galt, so Walter Gropius, Formen zu erfinden und zu gestalten, die diese Welt symbolisieren[39]. Das Streben nach Ehrlichkeit in der Materialverwendung, Klarheit des konstruktiven Aufbaus, Reduktion auf einfache übersichtliche Baukompartimente, Aufgabe des ornamentalen Baudekors konnte sich im profanen Bauschaffen eher und deutlicher durchsetzen als im Kirchenbau, dessen Gestaltungsspektrum zunächst auf die Wiederaufnahme vornehmlich mittelalterlicher Stile beschränkt zu sein schien[40]. Dennoch konnten Architekturströmungen der Zeit letztendlich nicht ohne Einfluß auf die Haltung der Kirchenbauarchitekten und Theologen bleiben, so daß der Sakralbau mehr und mehr strukturelle Übereinstimmungen mit den übrigen Bauten seiner Zeit aufweist.

Das „Neue Bauen" wurde mitgetragen und teilweise natürlich auch bedingt durch die Entwicklung und Verwendung neuer technischer Baustoffe: Eisen, Glas, Beton, Stahlbeton, die die Palette der Form- und Konstruktionsmöglichkeiten stark erweiterten. In der Kirchenbauarchitektur wurden diese neuen Materialien zunächst nur zögernd eingesetzt, da viele Theologen sie als „unwürdig" für einen Sakralbau ablehnten[41]. Wurden sie dennoch verwendet, so geschah dieses weitgehend innerhalb der herkömmlichen Stil- und Konstruktionsformen; bekannte Bautypen wurden quasi in moderne Werkstoffe übersetzt. Die diesen Materialien innewohnenden neuen Möglichkeiten in konstruktiver und gestalterischer Hinsicht wurden zwar erprobt, konnten sich aber erst nach dem 2. Weltkrieg endgültig durchsetzen[42]. Der Überblick über die Sakralarchitektur wird deutlich zeigen, daß althergebrachte Werkstoffe wie Stein, Ziegel und Holz weiterhin Verwendung finden; ihre spezifische Bedeutung, die ihnen gegebenenfalls zukommende Funktion als „Ausdrucksträger"[43] soll in einem gesonderten Kapitel behandelt werden. Die gerade im rheinisch-westfälischen Raum häufig auftretenden Stein- und Ziegelbauten zeigen sehr klar, daß die Kirchenbaugestalt des 20. Jahrhunderts nicht unabdingbar an moderne Materialien gebunden ist: den neuen Baustoffen kommt zwar eine mittragende, aber nicht allein stilbildende Funktion zu.

I.1.c Kirchliche Richtlinien und Verlautbarungen

Eine wichtige Voraussetzung für die an Beispielen real gebauter Architektur orientierte Analyse des modernen deutschen Kirchenbaus bildet die kurze Darstellung der in diesem Zeitraum aufgestellten Bauempfehlungen und -richtlinien beider Konfessionen als Grundlage offizieller Bauentscheidungen, die der Errichtung jeglicher Kirche vorausgehen und vorausgegangen sind. Dieses voranzuschicken scheint notwendig, um zu hinterfragen, inwieweit diese Thesen einen Rahmen abstecken, innerhalb dessen die Architekten ihre Planungen entwickeln konnten. Wichtig bleibt ihre Darlegung auch deshalb, weil sie zugleich kirchenamtliche Stellungnahmen zur Frage der Tradition beinhalten.

Trotz neubelebender und fruchtbarer Folgerungen der Regulative und Empfehlungen kann nicht übersehen werden, daß diese, so Gerhard Langmaack, besonders auf dem Gebiet des kirchenbaulichen Gestaltens, die Tendenz eines bewahrenden Konservativismus in sich tragen. „Es besteht die Gefahr, daß sie, zumal auf dem Boden der traditionsgebundenen Kirche, festgehalten werden und erstarren und aus Bequemlichkeit, aus Eigenwilligkeit, aus Beharrung noch lange über ihre Zeit hinaus Gültigkeit behalten[44]." Ein bezeichnendes Beispiel für dieses beharrende Moment ist die Tatsache, daß erst 1927 der Verein für christliche Kunst im Erzbistum Köln (gegründet 1853), unter der Leitung von Wilhelm Neuss, die Thesen seiner Gründer: „die kirchliche Kunst im mittelalterlichen Stile zu pflegen"[45], aus den Statuten gestrichen hat. Zu jener Zeit hatten bereits wesentliche Neuansätze in liturgischer und architektonischer Hinsicht Eingang in die Kirchenbaukunst gefunden.

Neue künstlerische Impulse, der Drang zu einer vollständig aus der eigenen Situation heraus entwickelten Architektursprache sowie die Anliegen der liturgischen Bewegungen führten auf offizieller kirchlicher Seite zu einem Überdenken der bisherigen Richtlinien. Am Ende des Krieges 1918 erschien auf katholischer Seite das neue kirchliche Gesetzbuch (Codex iuris canonici), in dem die christliche Kunst mitberücksichtigt wurde. Im Canon 1164 heißt es: „Die Ordinarii sollen Sorge tragen, wenn nötig nach Anhörung des Rates erfahrener Männer, daß bei Erbauung oder Wiederinstandsetzung der Kirchen die von der christlichen Überlieferung aufgenommenen Formen und die Gesetze der heiligen Kunst eingehalten werden[46]." Auf dieser Grundlage gaben die einzelnen Diözesen in den zwanziger Jahren ebenfalls neue Erlasse heraus. Damit wurde beispielsweise für die Erzdiözese Köln die noch 1912 von Kardinal Fischer aufgestellte Richtlinie, die für Neubauten ausdrücklich den romanischen oder gotischen Stil vorschrieb[47], aufgehoben. Ohne in die künstlerische Gestaltung direkt regelnd einzugreifen, enthalten die nun erstellten Bestimmungen sämtlich den Hinweis auf die bewährte Tradition sowie die Ablehnung alles experimentell Modernen[48]. Deutlich kommt dies in einer Stellungnahme des Trierer Bischofs Bornewasser zum Ausdruck. Der Prämisse folgend, daß das christliche Kunstwerk religiösen Geist offenbaren müsse, schreibt er: „Hierbei wird sie [die Gestaltung] Rücksicht nehmen müssen auf die Tradition, weil sich gerade dort der kirchliche Geist in hohem Maße zeigt. Die Kirche kann keine Kunst fördern, die alles Vergangene verneint, ebensowenig wird sie neue Formen verwerfen, wenn in ihnen sich religiöser Geist offenbart. Ja, sie wünscht und begrüßt eine Zeitkunst und läßt dieser bewußt ihre Freiheit[49]." In den Bestimmungen wird der Traditionsbezug teilweise dahingehend erläutert, daß hiermit die dem „Volke vertraute Grundgestalt" der Kirche gemeint sei, „die das gottesdienstliche Gebäude zur Kirche macht"[50]. Ferner wird darauf verwiesen, daß die Gestaltung der profanen Baukunst nicht ohne weiteres auf die kirchliche übertragen werden kann. In der Kontinuität des 19. Jahrhunderts wird hier der Gedanke eines eigenen kirchlichen Stiles weitergeführt, wenn dieser auch nicht mehr als mittelalterlicher Stil konkretisiert ist. Der in allen Richtlinien empfohlene besonnene Fortschritt im Anschluß an die kirchenbauliche Tradition erfolgt im Hinblick auf die Gewährleistung des sakralen Charakters des Gottesdienstgebäudes[51]. Die Sakralität des Raumes ist demnach geknüpft an eine bestimmte Architektursprache, die allerdings nicht mehr an spezifische Formen gebunden ist, sondern nurmehr allgemeiner der Tradition verhaftet sein soll. Aus der Furcht um den Verlust des Sakralen und damit möglicherweise auch der Identität wollte die katholische Kirche in jener Zeit den Architekten nicht die völlige Freiheit in der Gestaltung einräumen. Da die Richtlinien die Ausführung hinsichtlich des Formenkanons nicht näher einengten, blieb es dem Ermessen der einzelnen Bauämter überlassen, ob sie in der architektonischen Gestaltgebung der jeweiligen Planungen den sakralen Ausdruck gewahrt sahen.

Auf evangelischer Seite war bereits im 1891 von Pfarrer Emil Veesenmeyer und dem Architekten Johannes Otzen aufgestellten Wiesbadener Programm die Stilfrage außer acht gelassen worden, wenn auch Otzen und Veesenmeyer persönlich der romanischen Formensprache nahe standen, wie die Reformierte Friedhofskirche in Wuppertal-Elberfeld zeigt (1894—98). Demgegenüber schrieb das Eisenacher Regulativ von 1898 bis zu seiner Aufhebung 1908[52] den Anschluß an die geschichtlich entwickelten Baustile wieder vor.

Im Hinblick auf die stilistische Bestimmung findet sich dann in den Leitsätzen von 1908 nur noch der Hinweis auf die landschaftliche Eingliederung sowie allgemein auf die „ernste und edle Einfachheit in Gestalt und Farbe"[53]. In den Beschlüssen des Magdeburger Kirchenbaukongresses 1928 sind dann auch diese Empfehlungen nicht mehr enthalten; über die Baugestalt der Kirche werden keinerlei Aussagen mehr gemacht. Als Reaktion auf die zwischenzeitlich ausgeführten Bauwerke fordert der Kunst-Dienst Dresden 1931 in seinen Richtlinien für die evangelische Gestaltung größte Schlichtheit sowohl in der äußeren Erscheinung wie in der räumlichen Wirkung. Hier findet sich auch die Warnung vor dem unheilvollen Kompromiß von oberflächlichem Modernismus und historischer Erinnerung. Damit ist beispielsweise die Umsetzung mittelalterlicher Bauformen in moderne Materialien gemeint.

Wenn auch diese Regulative im Vergleich zu den katholischen Richtlinien fortschrittlicher erscheinen, da sie die Traditionsverbundenheit nicht eigens aufgreifen, so kann doch hieraus nicht gefolgert werden, daß die evangelischen Kirchen dementsprechend weniger der Tradition verpflichtet seien. Die katholischen Diözesen haben eigene Bauämter, die sich oftmals für neuartige Lösungen aufgeschlossener zeigten als die für den Kirchenbau zuständigen evangelischen Gemeindegremien, welche bestimmten Leitbildern enger verbunden waren[54].

Das in den Richtlinien und Empfehlungen zum Ausdruck kommende Traditionsverständnis der amtlichen kirchlichen Institutionen kann nicht uneingeschränkt auf alle Theologen und Kirchenbaumeister übertragen werden. Zwar wird anerkannt, wie der Architekt Georg Lill formuliert, daß „die konservativste Macht der Welt, die Kirche, in ihren äußeren Erscheinungen wohl eine Fortentwicklung und Anpassung an Zeitbedingungen kennt, niemals aber einen Bruch oder die Revolution"[55], dennoch wird die notwendige traditionelle Bindung an die Vergangenheit mehr als kirchenhistorische Begründung gesehen, das heißt in dem Kontinuitätsprinzip von Kult und Liturgie. Die Weiterführung der Tradition im Sinne eines theologisch-inhaltlichen Bezuges verlangt nicht die Wahrung eines bestimmten formalen Bereiches. So schreibt Alfons Leitl in den dreißiger Jahren: „Das, was der Begriff Tradition meint, liegt hier in dem christlichen Sinn begründet, der sich zu jeder Zeit stark genug erweisen kann, auch eine neue Form, etwa die technische zu erfüllen[56]." Diese Auffassung von kirchlicher Tradition wird, wie später gezeigt werden soll, nach dem 2. Weltkrieg auch von offizieller Seite die bestimmende werden.

I.2 Die Entwicklung der Kirchenbauten zwischen den beiden Weltkriegen

Die Kirchenbaudiskussion um das Wesen und die Gestalt des modernen Sakralbaus wurde ganz wesentlich mitgetragen von den Architekten, die einerseits in die theoretische Erörterung eingriffen[57], andererseits in Entwürfen und Bauten die theologisch-liturgischen Forderungen, die seitens der Theologen baulich kaum konkretisiert waren, in zeitgemäße Formen zu übersetzen versuchten. Betrachtet man die in dem Zeitraum zwischen 1919 bis 1936/37 — zu diesem Zeitpunkt wurde durch das politische Geschehen die Errichtung von Kirchenbauten weitgehend unmöglich — geplanten und ausgeführten Kirchen, so zeigt sich, daß der Übergang zur Moderne allmählich vollzogen wurde. 1922 wurde im Kölnischen Kunstverein zum ersten Mal eine allgemeine Ausstellung „Neue christliche Kunst" gezeigt; Entwürfe und Fotos ausgeführter oder geplanter Bauten unter anderen von Otto Bartning, Dominikus Böhm, Martin Weber machen deutlich, daß das sich wandelnde theologisch-liturgische Verständnis sowie ein neuer Formwille ansatzweise Eingang in die Architektur gefunden haben. Im gleichen Jahr baute Dominikus Böhm die katholische Kirche St. Peter und Paul in Dettingen, die aufgrund ihrer klaren Grundriß- und Raumanordnung, dem Verzicht auf historisierende Gliederungsformen und neuer formaler Elemente wie spitze Dreieckfenster als die erste moderne Kirche in Deutschland bezeichnet und gewürdigt wurde[58]. Für das Erzbistum Köln war, so Willy Weyres[59], noch bis 1926/27 die Anknüpfung an historische Stile deutlich formgebend, wobei neben den mittelalterlichen Vorbildern der Romanik und Gotik auch Barock- und Renaissance-„Anleihen" aufgegriffen wurden[60]. In der zweiten Hälfte der zwanziger Jahre entstanden dann auch in den anderen hier zu untersuchenden Bistümern erste moderne Bauten, nur in der Diözese Trier war erst 1933/34 mit der katholischen Kirche in Trier-Kürenz[61] von Fritz Thoma ein Bauwerk errichtet worden, das den veränderten Forderungen entsprach. Bis dahin folgten

die Kirchenneubauten weitgehend der bereits vor dem Krieg vorherrschenden neobarocken Formensprache[62]. Das Rheinland war in dieser Zeit der zwanziger und frühen dreißiger Jahre ein Zentrum kirchlichen Bauschaffens; hier arbeiteten bedeutende Architekten, deren Entwürfe vorbildhaft für ganz Deutschland wurden, so vor allem Dominikus Böhm[63], der 1926 als Leiter der kirchlichen Kunstabteilung an die Kölner Werkschulen berufen wurde. Sein enger Kontakt zu dem Theologen Johannes van Acken, der als Rektor am Krankenhaus in Gladbeck/Westfalen wirkte, führte dazu, daß besonders am Niederrhein zahlreiche wegweisende katholische Kirchenbauten möglich wurden. Weitere bedeutende, in den rheinischen Bistümern tätige Architekten sind Rudolf Schwarz, Hans Herkommer, Clemens Holzmeister und Emil Fahrenkamp, die beide an der Kunstakademie in Düsseldorf lehrten, sowie Bernhard Rotterdam, Otto Bongartz und Josef Franke; für das rein quantitativ schwächere Bauschaffen der evangelischen Landeskirchen sind Otto Bartning, Karl Pinno, Peter Grund, Bernhard Hopp, Richard Jäger, Gerhard Langmaack und Theodor Merrill zu erwähnen.

I.2.a Grundriß

Katholische Bauwerke

Die theoretischen Überlegungen der katholischen Liturgischen Bewegung enthalten zwei wesentliche, miteinander verknüpfte Ansatzpunkte, die die Grundrißbildung des modernen Kirchenbaus am nachhaltigsten beeinflußten: die christozentrische Idee und der Wille zu einer Betonung der Gemeinschaft der Gläubigen. Daraus ergibt sich die Forderung nach einem möglichst nicht unterteilten Raum, als Ausdruck der Einheit der Gemeinde[64], der weiterhin so angelegt werden sollte, daß die Gemeinde und der christozentrische Mittelpunkt, der Altar, in enger Verbindung stehen. Nach der in den zwanziger Jahren sich durchsetzenden Auffassung der Theologen und Architekten entsprachen die bis dahin allgemein angewandten, vornehmlich mittelalterlichen Grundrißtypen mit ihrer Unterteilung in dreischiffiges Langhaus, Querhaus und Chor[65] den nunmehr geltenden Ansprüchen nicht mehr. Die Suche nach neuen Lösungen, die das kirchliche Bauschaffen der zwanziger und dreißiger Jahre wesentlich charakterisiert, hat kein eindeutiges Bild in bezug auf die Grundrißtypologie ergeben; dennoch werden einige, allen diesen Lösungen gemeinsame Tendenzen erkennbar, die im folgenden erläutert werden sollen. Die in diesem Zeitraum entstandenen katholischen Bauten sind zunächst zu unterteilen in solche, die sich aus dem Längsrechteck entwickeln und in diejenigen, denen eine zentrale beziehungsweise zentralisierende Form zugrunde gelegt ist, wobei zahlenmäßig die zuerst genannten vorherrschend sind.

Längsrechteckige Anlagen

Kennzeichnend für diese Bauten ist das längsrechteckige Kirchenschiff als eine in sich geschlossene, dominierende Einheit; auf ein Querhaus wird häufig verzichtet. Ein Beispiel für den Typus mit Queranlage bildet die 1935 von Dominikus Böhm errichtete Pfarrkirche St. Engelbert in Essen, an deren Hauptraum im Osten und Westen zwei nur wenig vortretende Raumkompartimente querschiffartig angeschlossen sind[66] (Abb. 66).

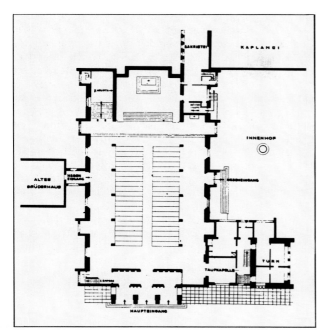

Abb. 1   Mülheim/Ruhr, St. Marien, Grundriß

Abb. 2   Ratingen, Herz-Jesu-Kirche, Grundriß

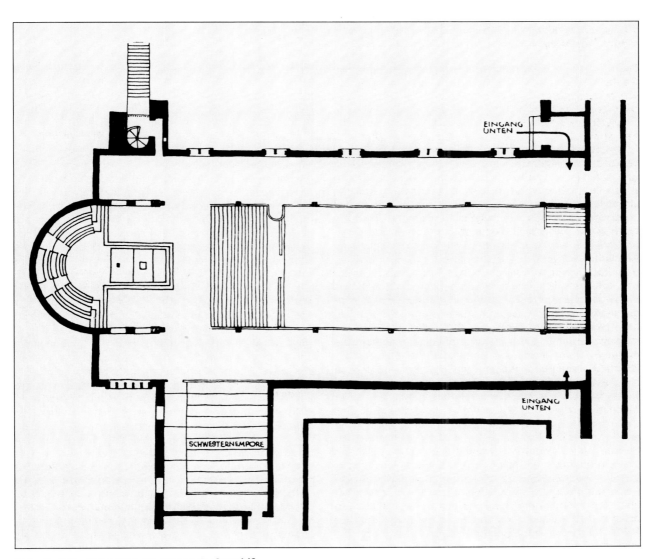

Abb. 3   Köln-Hohenlind, St. Elisabeth, Grundriß

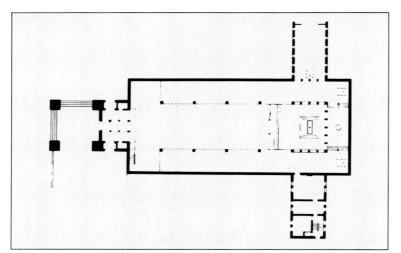

Abb. 4 Bocholt,
Heilig-Kreuz-Kirche,
Grundriß

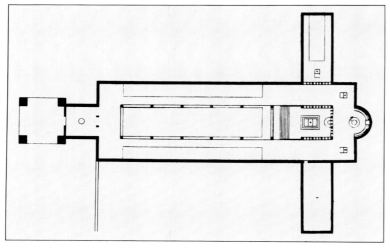

Abb. 5 Bocholt,
Heilig-Kreuz-Kirche,
Vorentwurf zum Grundriß

Abb. 6 Rheydt-Geneicken,
St. Franziskus,
Grundriß

Abb. 7 Aachen,
Fronleichnamskirche,
Grundriß

Die im Grundriß abzulesende Teilung des Langhauses in drei Schiffe, die in den Kirchenbauten des 19. Jahrhunderts noch nahezu ausschließlich üblich war, ist in den Bauten der zwanziger und dreißiger Jahre zwar weiterhin zu finden, allerdings nicht mehr verpflichtend. Wird ein dreigeteilter Grundriß verwendet, so zeigt sich, wie ansatzweise bereits in den Kirchen vor dem Kriege verwirklicht, nun fast immer die Tendenz zu sehr schmalen Seitenschiffen; diese werden reduziert zu bloßen Durchgängen und sind daher im Raumgefüge kaum mehr als eigenständige Schiffe erfahrbar, raumbestimmend wird das „Mittelschiff"; prägnante Beispiele sind hier die Marienkirche in Mülheim/Ruhr, 1927—28 von Emil Fahrenkamp errichtet (Abb. 1) und im Bistum Aachen die 1929 geweihte Pfarrkirche St. Nikolaus in Düren-Rölsdorf von Hans Peter Fischer. Ansätze zu einer neuen Raumweite des Mittelschiffes sind in liturgisch-architekturtheoretischen Erörterungen bereits gegen Ende des 19. Jahrhunderts[67] zu finden, eine architektonische Umsetzung dieser Ideen ist allerdings vor dem 1. Weltkrieg nur in wenigen Beispielen erfolgt, zu erwähnen ist die Herz-Jesu-Kirche in Gladbeck-Zweckel, 1910—15 in Zusammenarbeit des Mainzer Dombaumeisters Ludwig Becker und Johannes van Acken entstanden[68] und die Heilig-Kreuz-Kirche in Gladbeck-Butendorf (1913/14) von Otto Müller-Jena und wiederum Johannes van Acken, auf dessen Reformvorstellungen wohl diese neuen Raumlösungen zurückgehen.
Eine Sonderform innerhalb der mehrschiffigen Kirchenräume sind die zweischiffigen Anlagen, bei denen einem

längsrechteckigen Hauptschriff ein schmaleres, im Aufgehenden ein meist bedeutend niedrigeres Nebenschiff angegliedert ist, entweder voll geöffnet zum Hauptraum oder von diesem durch Stützen abgeteilt. Diese „Nebenräume" dienen als Werktagskirche oder nehmen gesonderte Funktionsbereiche der Liturgie auf, wie Beichtgelegenheit, Taufstein oder Kreuzweg. Bedeutende Kirchen, die diesem Typus folgen, sind die Fronleichnamskirche in Aachen (1928—30, Rudolf Schwarz), St. Antonius in Leverkusen-Wiesdorf (1929, Bernhard Rotterdam), St. Franziskus in Rheydt-Geneicken (Abb. 6, 7) und St. Kamillus in Mönchengladbach (beide Dominikus Böhm, 1929). Williy Weyres führt diese Gruppe auf einen alten zweischiffigen Typus zurück, der sich schon in vor- und frühromanischer Zeit für kleinere Landkirchen auf der linken Rheinseite herausgebildet haben soll[69]. Eine solche direkte Beziehung zwischen diesen romanischen Vorbildern und den genannten modernen Kirchen ist meines Erachtens jedoch kaum gegeben, zumal jene romanische und gotische Gruppe auch rein quantitativ von so geringer Bedeutung ist, daß ihnen kaum ein direkt vorbildhafter Charakter beigemessen werden sollte[70]. Die Anfügung eines Nebenraumes erfolgte vielmehr aus dem Wunsch heraus, den Hauptraum von allen „Nebenaktivitäten", die sich nicht direkt auf den Vollzug des Meßopfers beziehen, frei zu halten, um so die Klarheit und eindeutige Gebundenheit des Opferraumes zu unterstreichen[71]. Weyres Hinweis auf die Ähnlichkeit moderner Formen mit der frühen Baukunst ist dennoch interessant in der Verbindung gerade zu jener Epoche

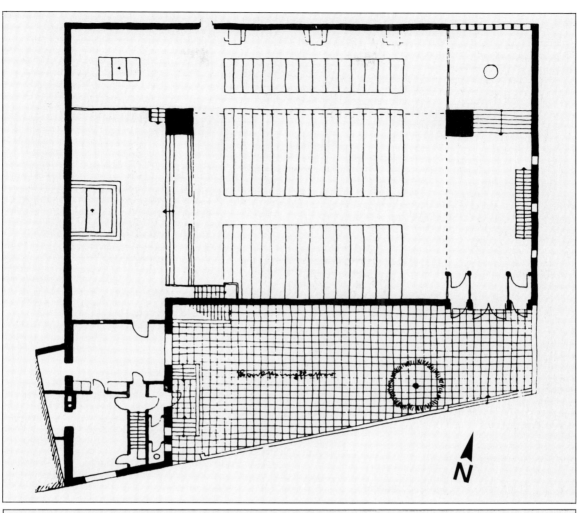

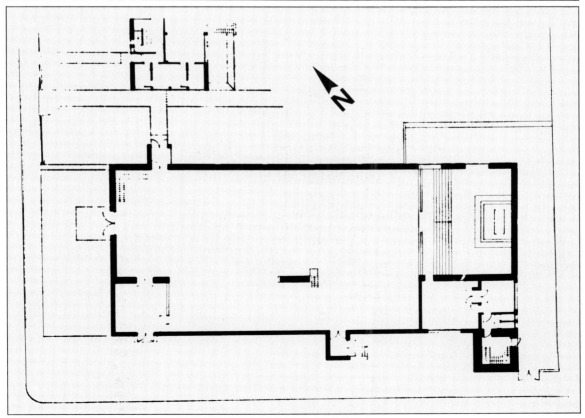

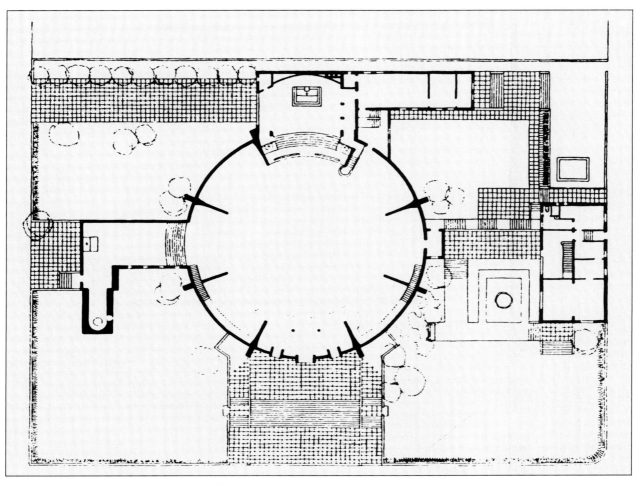

Abb. 8 Köln-Riehl, St. Engelbert, Grundriß

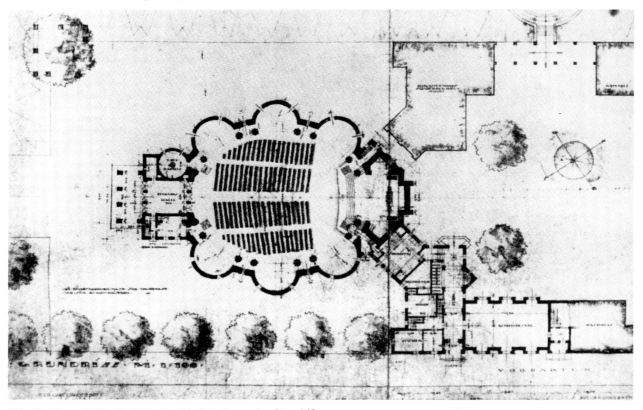

Abb. 9 Essen-Frillendorf, Zu den Hl. Schutzengeln, Grundriß

und als Versuch, das Neue in eine kirchliche Tradition einzubetten.

Zweischiffige Anlagen sind bereits im 2. Jahrzehnt des 20. Jahrhunderts zu finden, so die Dorfkirche im „Neuen niederrheinischen Dorf" auf der Werkbundausstellung in Köln 1914; im Seitenschiff war ein Nebenaltar aufgebaut und wie bei oben genannten auch der Beichtstuhl. Die Kirche wurde errichtet von den Kölner Architekten Heinrich Renard und Stephan Mattar.

Als wesentliches Unterteilungskriterium der längsrechteckigen Kirchenbauten bietet sich die Eingliederung des Chores an, wobei zwei Hauptvarianten zu unterscheiden sind: einmal Kirchen mit einem baulich ausgesonderten Chorbereich und solche, bei denen der Altar in den Hauptraum einbezogen wurde. Der überwiegende Teil der in rheinischen Bistümern entstandenen Kirchen behält einen eigenständigen Chor bei und zwar in seiner traditionellen Form einer Halbkreisapsis oder in Form eines Rechteckchores. Die Krankenhauskirche in Köln-Hohenlind (Abb. 3), von Dominikus Böhm 1930—32 errichtet, steht beispielhaft für den Typus der Kirche mit apsidialer Betonung des Chores. Der Grundriß zeigt einen langgestreckten Kirchenraum, der durch Stützen im Verhältnis 1:3:1 in drei Schiffe unterteilt ist. Nach Osten schließt eine halbkreisförmige Apsis an, die sich in voller Breite des Mittelschiffes öffnet. Der Altar steht allerdings nicht in der Apsis selbst, sondern ist in den Raum vorgezogen und wird flankiert von fünfgeschossigen Arkadenhochwänden in der Flucht der Mittelschiffpfeiler. Das Halbrund der Apsis umzieht eine doppelreihige Steinbank für das Presbyterium. Allgemein üblich ist aber in dieser Zeit dennoch eine Plazierung des Altares inmitten der Apsis, so etwa in St. Petrus Canisius in Köln-Buchforst, 1930—31 von Wilhelm Riphahn und Caspar Maria Grod erbaut.

Aus diesem apsidialen Grundrißtypus hat sich meines Erachtens eine Sonderform entwickelt, deren kennzeichnendes Element der absatzlose Übergang des längsrechteckigen Kirchenraumes in das Halbrund der Apsis ist. Dominikus Böhm hat diese Form in mehreren Entwürfen variiert[72] und 1929 in St. Kamillus in Mönchengladbach (Abb. 59) verwirklicht. Bei der Antonius-Kirche in Düren hat der Kölner Architekt Hans Peter Fischer wohl jenen Grundriß in seinen wesentlichen Elementen übernommen, allerdings die Apsis wieder in Mauerbreite eingezogen und im Aufgehenden einen Ziegelrohbau mit romanisierenden Formen erstellt. Auch Rudolf Schwarz hat eine kleine Dorfkirche, St. Maria Königin in Oberrödinghausen, auf dieser Grundrißform erbaut (1938—43). Im Sinne der liturgie-orientierten Reformbestrebungen vollzieht sich hier eine weitgehende Verschmelzung von Chor und Laienraum bei gleichzeitiger traditioneller Betonung des Chorraumes in Gestalt einer Apsis.

Als Beispiel für Kirchen mit Rechteckchor sollte die vielbeachtete, 1927 geweihte Herz-Jesu-Kirche in Ratingen[73] von Hans Herkommer erwähnt werden (Abb. 2). Wie fast alle Kirchen dieses Typus zeigt sie die Tendenz, den Chor als Querrechteck anzulegen, so daß unter Beibehaltung eines eigenständigen Chorbereiches eine größtmögliche Öffnung zum Laienraum erreicht wird[74]. Jene Grundrißanlage mit einfachem rechteckigem Längsraum und eingezogenem Rechteckchor ist im deutschen Kirchenbau ab dem Ende der zwanziger Jahre sehr oft anzutreffen.

Neben diesen mit einem traditionellen, abgesonderten Chor ausgestatteten Kirchenräumen erscheint zu Ende der zwanziger Jahre der Typus des Einraumes: hierbei werden Altar- und Gemeindebereich in einem gemeinsamen Raum vereinigt. Rudolf Schwarz hat diesen Gedanken 1928—30 in der Fronleichnamskirche in Aachen (Abb. 7) sehr klar verwirklicht. Planerisch vorausgegangen war dieser Kirche der Entwurf „Opfergang" 1927 für die Frankfurter Frauenfriedenskirche in Zusammenarbeit von Schwarz und Böhm, der später ebenfalls diese Form wiederaufgegriffen hat, so zum Beispiel 1929—30 in der Kirche von Rheydt-Geneicken (Abb. 6) und 1932 in Osnabrück-Schinkel. Interessant ist in diesem Zusammenhang die Ludgerikirche in Bottrop-Fuhlenbrock von Josef Franke (1928—29), wo der Altar im Sinne der christozentrischen Idee zum ersten Mal an drei Seiten von Bankreihen umgriffen wird. Einschränkend muß gesagt werden, daß dennoch auch hier wie in allen Kirchen, die einen eigenständigen Chorraum aufgeben, eine gewisse Aussonderung des Altarbereiches erfolgt, sei es durch ein hohes Stufenpodest[75] oder durch seitliche Pfeilerstellungen wie in der Ludgerikirche oder in Böhms Bocholter Heilig-Kreuz-Kirche (Abb. 4, 42) von 1936.

Dieser Grundrißtypus des Einraumes ist innerhalb der Kirchenbaugeschichte durchaus als Neuansatz zu werten[76] und die Planungen zeigen, daß viele Architekten sich mit ihm auseinandergesetzt haben. Wenn dennoch die Bauten mit eigenständigem Chor überwiegen, so muß dieses zumindest teilweise als Zugeständnis an die Bauherren gesehen werden; so wurde die Engelbertkirche in Essen (Abb. 66, 68) auf Wunsch des Pfarrers mit einer Apsis versehen — Dominikus Böhm plante ursprünglich einen flachen Chorschluß. Die in der Liturgischen Bewegung entwickelten Reformen, die in letzter Konsequenz einen abgetrennten Chor nicht mehr erfordern, werden in jenen Jahren noch nicht von allen Theologen und Architekten akzeptiert; andererseits bleibt gerade die Apsis weiterhin, ungeachtet ihrer funktionalen Nutzung, als Sinnträger von Symbolgehalten ein immer wiederkehrendes Baumotiv des modernen Kirchenbaus.

Unter den mit einem längsgerichteten Kirchenschiff ausgestatteten Bauwerken ist als ein weiterer, allerdings seltener verwendeter Typus der kreuzförmige Grundriß zu erwähnen; ein Beispiel bildet die kleine Dorfkirche in Ringenberg bei Wesel 1935—36 von Dominikus Böhm erbaut. Hier wird das dominierende breite Hauptschiff erweitert durch zwei schmalere, kurze, querhausartig angeordnete Bauteile; im vierungsähnlichen Schnittpunkt befindet sich der Altarbereich. Kreuzförmig angelegt sind auch die einzelnen Baukompartimente der oben erwähnten Heilig-Kreuz-Kirche in Bocholt (Abb. 4, 5), wobei allerdings im Inneren diese Kreuzform insofern nicht voll erfahrbar wird, als die Querräume abgeteilt sind und Sakristei und Werktagskapelle aufnehmen. Diese klar gegliederte Anlage, bestehend aus einem quadratischen Westteil, einem langgestreckten, in drei Schiffe unterteilten Hauptraum, der nach der ursprünglichen Planung in einer halbrunden Apsis enden sollte, sowie den beiden Querarmen erinnert grundrißtypologisch an frühromanische Anlagen, ein Eindruck, der weiterhin durch die Gestaltung des Außenbaus verstärkt wird.

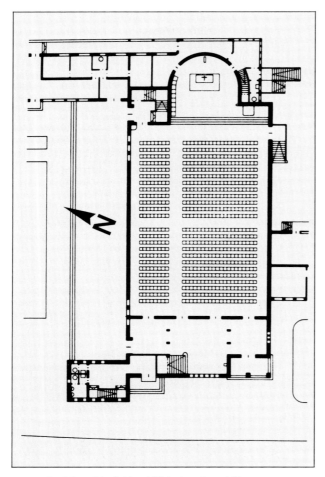

Abb. 10 Düsseldorf, Matthäikirche, Grundriß

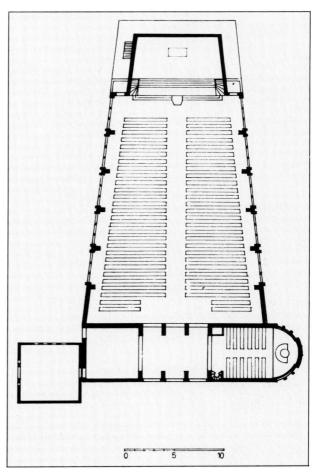

Abb. 11 Dortmund, Petri-Nikolai-Kirche, Grundriß

Zentralbauten

Die Auseinandersetzung auch mit zentral konzipierten Kirchenbauten tritt durch die liturgischen Erneuerungsbestrebungen zu Beginn des 20. Jahrhunderts wieder stärker in den Vordergrund. Die christozentrische Idee, sowie der Gedanke der Einheit der Gemeinschaft der Gläubigen, die in der Architektur ihren entsprechenden Ausdruck finden sollte, legt das Thema eines aus der Mitte heraus entworfenen Zentralbaus nahe. Konsequenterweise erforderte ein solches Bauwerk allerdings eine ebenfalls zentrale Stellung des Altares, um die Kongruenz zwischen architektonischer Form und liturgischer Anordnung zu wahren. Gerade in diesem Punkt zeigt sich aber die besondere Problematik des Zentralbaus sehr deutlich, denn die vom katholischen Klerus postulierte Richtungsbezogenheit der Gemeinde auf den Altar[77] läßt sich mit dieser Bauform nur bedingt vereinbaren. Eine ablehnende Haltung gegenüber dem Zentralbau spricht auch aus den Schriften des Architekten Rudolf Schwarz, die zugleich eine Kritik an der christozentrischen Idee beinhalten. Wie vor ihm bereits Romano Guardini begreift Schwarz den Altar nicht als Mitte, sondern als „Mittler und Schwelle zu Gott. . . . Baulich ist das entscheidende Wort: die vermeintlich zentrische Form wird aufgerissen, sie tut sich im Altar auf, statt sich in ihm zu schließen"[78]. Der Begriff der Christozentrik, begründet durch Johannes van Acken[79], wird bei Guardini und Schwarz ersetzt durch Theozentrik, entsprechend jener Mittlerstellung des Altares und

damit Christi. Der Vollständigkeit halber muß erwähnt werden, daß auch van Acken selber den Zentralbau mit zentraler Stellung des Altares nicht in seine Forderungen aufgenommen hatte. Der Altar sollte vielmehr so in den Raum hineingestellt sein, daß er den geistigen, nicht aber den geometrischen Mittelpunkt einnimmt. In diesem Sinne spricht Dominikus Böhm in einem Brief an van Acken von einer um den Altar als Mittelpunkt kreisenden Raumbewegung, wobei der Raum nicht unbedingt einen Kreis als Grundriß haben muß. „Auf jeden Fall muß der Raum konzentrisch wirken, auch wenn er elliptisch, rechteckig oder kreuzförmig gestaltet ist. Ein Gott, eine (einige) Gemeinde, ein Raum!"[80]. Aus diesen Überlegungen heraus ist es nicht verwunderlich, daß die zentrale Bauform in dieser Phase des modernen Sakralbaus nur sehr selten aufgegriffen wurde, in den Bistümern Aachen und Paderborn vor dem 2. Weltkrieg sogar gänzlich unterblieb.

Im Jahre 1930 wurden für den Neubau einer Pfarrkirche in Köln-Riehl fünf Architekten aufgefordert, einen Entwurf als Langhausbau und als Kuppel- oder Rundbau vorzulegen; zur Ausführung kam schließlich 1930—32 ein Zentralbauentwurf von Dominikus Böhm[81] (Abb. 8). Der diesem Bauwerk zugrunde gelegte kreisrunde Grundriß wird erweitert durch eine große rechteckige Altarnische gegenüber dem Eingangsbereich; die „reine" Zentralbauform ist also überlagert mit einer deutlich hervorgehobenen Richtungsbezogenheit auf den Altar. Eine klare Achsenführung zeigt auch ein weiterer

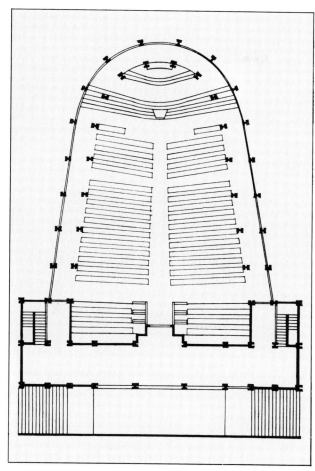

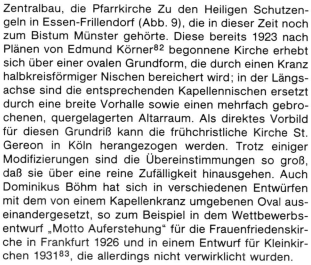

Abb. 12 „Pressa"-Kirche, Köln/Essen, Grundriß

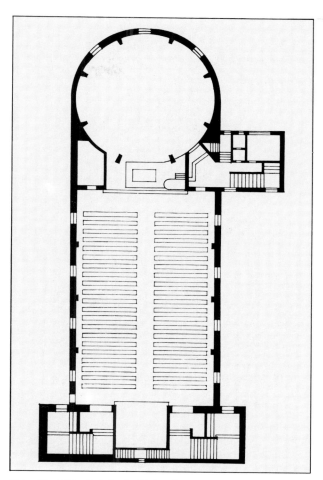

Abb. 13 Köln-Zollstock, Melanchthonkirche, Grundriß

Zentralbau, die Pfarrkirche Zu den Heiligen Schutzengeln in Essen-Frillendorf (Abb. 9), die in dieser Zeit noch zum Bistum Münster gehörte. Diese bereits 1923 nach Plänen von Edmund Körner[82] begonnene Kirche erhebt sich über einer ovalen Grundform, die durch einen Kranz halbkreisförmiger Nischen bereichert wird; in der Längsachse sind die entsprechenden Kapellennischen ersetzt durch eine breite Vorhalle sowie einen mehrfach gebrochenen, quergelagerten Altarraum. Als direktes Vorbild für diesen Grundriß kann die frühchristliche Kirche St. Gereon in Köln herangezogen werden. Trotz einiger Modifizierungen sind die Übereinstimmungen so groß, daß sie über eine reine Zufälligkeit hinausgehen. Auch Dominikus Böhm hat sich in verschiedenen Entwürfen mit dem von einem Kapellenkranz umgebenen Oval auseinandergesetzt, so zum Beispiel in dem Wettbewerbsentwurf „Motto Auferstehung" für die Frauenfriedenskirche in Frankfurt 1926 und in einem Entwurf für Kleinkirchen 1931[83], die allerdings nicht verwirklicht wurden.

Die geringe Anzahl der ausgeführten Zentralbauten zeigt deutlich, daß diese Form „noch nicht die Raumtendenz der Zeit"[84] war. Erst in der Weiterentwicklung des modernen Kirchenbaus nach dem 2. Weltkrieg wird ihr eine tragende Bedeutung zukommen.

Evangelische Bauwerke

Ähnlich wie auf katholischer Seite wurden auch in der evangelischen Kirche wesentliche Impulse für eine Neu-

orientierung durch die Liturgische Bewegung gegeben. Allerdings setzten die Neuerungsbestrebungen im Hinblick auf den Grundriß sehr viel früher ein. Schon 1891 forderte Pfarrer Veesenmeyer im Wiesbadener Programm, daß das Abendmahl inmitten der Gemeinde zu feiern sei und deshalb Chor und Schiff nicht geschieden werden sollten[85]. Ein wichtiger Beitrag ist weiterhin K. Fritsch zu verdanken, der in seiner grundlegenden Publikation über den Kirchenbau des Protestantismus, 1893, für die Gegenwart als neue Grundrißformen das sich dem Quadrat nähernde Rechteck, das nach der Diagonalachse ausgerichtete Quadrat und die T-Form empfahl[86]. Wesentliche Ansätze zu einer Neuformung des Grundrisses ergaben sich auch aus der Rückschau auf die eigene evangelische Bautradition, das heißt auf die Kirchenbauten, die nach der Reformation im 17. und 18. Jahrhundert entstanden sind, einfache Rechteck- und Zentralräume, die im 19. Jahrhundert dann allerdings zumeist abgelöst wurden durch vornehmlich mittelalterliche Grundrißtypen mit deutlicher Trennung in Gemeinderaum und baulich abgesonderten Chor. Theologen und Architekten bemühten sich gemeinsam, diese eigene Tradition wieder bekannt zu machen und ihre Aktualität für die Moderne aufzuzeigen[87]. Zu Ende des 19. Jahrhunderts waren im evangelischen Kirchenbau die wichtigsten Neuerungen bereits vorgezeichnet: eben jene Loslösung von mittelalterlichen Vorbildern und die Rückkehr zu einer betonten, zentralisierend angelegten Gemeindekirche.

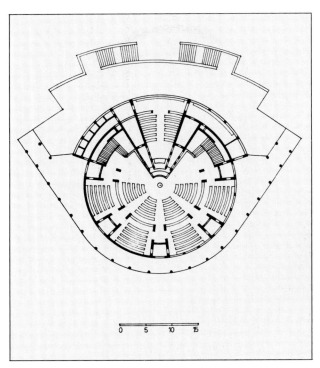

Abb. 14 Essen-Ost, Auferstehungskirche, Grundriß   **Abb. 15 Essen-Ost, Auferstehungskirche, Außenansicht**

Der Überblick über die ausgeführten Bauwerke zwischen den beiden Weltkriegen[88] zeigt aber, daß diese zukunftsweisenden Tendenzen zunächst vorwiegend in der Theorie verhaftet blieben, denn die Mehrzahl der Kirchen im Rheinland und in Westfalen hatten eine dem katholischen Kirchenbau ähnliche Grundrißform: längsrechteckige Anlagen mit einem ausgesonderten Chor[89]. Als Beispiel sei die Matthäikirche in Düsseldorf (Abb. 10) von Wach und Rosskotten (1930/31) erwähnt, die Christuskirche in Iserlohn von Gerhard Langmaack, die 1937 als Langhausbau mit eingezogenem Rechteckchor und Halbkreisapsis erbaut wurde, und die Kirche in Rußhütte bei Saarbrücken, ebenfalls ein querschiffloser Langraum mit schlichtem rechteckigem Chorbau (1936, Rudolf Krüger). Hinzuweisen ist auch auf die Melanchthonkirche in Köln-Zollstock (Abb. 13), 1930—31 von Theodor Merrill errichtet[90]. Die Besonderheit dieser Anlage liegt in der Verbindung eines langgestreckten Predigtraumes mit einem kreisrunden Feierraum; im Übergangsbereich beider Bauteile ist die Altarstelle angeordnet, eine Grundrißdisposition, die 1926 bereits Martin Elsaesser in der Südkirche in Eßlingen verwirklichte, gemäß seinem Anliegen, neben dem großen Predigtsaal einen kleinen feierlichen Raum zu schaffen, der als Stätte der Andacht und Versenkung jedem religiös Bedürftigen offensteht. Eine ähnliche Grundrißform zeigt der Entwurf für die katholische Caritas-Kirche in Köln von Dominikus Böhm, wo allerdings die Rotunde den eigentlichen Altarraum bildet. Diese Aufgliederung des evangelischen Kirchenraumes in eine Feierkapelle und einen Predigtraum, wie sie auch das Projekt „Sternenkirche" oder der Essener Rundbau (Abb. 14) von Bartning zeigen, bleibt auf die erste Phase des modernen Kirchenbaus beschränkt. Aus den Langhausbauten dieser Zeit, die im allgemeinen länger noch als die katholischen Kirchenbauten mittelalterlichen Grundrißlösungen verhaftet waren, ragt die Petri-Nikolai-Kirche in Dortmund (Abb. 11) hervor; sie

entstand 1930—31 in Zusammenarbeit von Karl Pinno und Peter Grund. Zum ersten Mal haben die Architekten hier die Trapezform gewählt, wobei die Schmalseite von einem ebenfalls trapezoiden Chorraum durchbrochen wird. Diese Form wird nach dem 2. Weltkrieg des öfteren wieder aufgegriffen. Im katholischen Kirchenbau haben Riphahn und Grod 1930 für den Kirchenentwurf Köln-Kalkerfeld ebenfalls einen trapezoiden Chorraum entworfen. Die Chorlängswände werden hier optisch durch abgestufte Bankreihen in das rechteckige Langhaus hinein verlängert.

Die schräg gestellten Außenwände der Dortmunder Kirche sind sicherlich entstanden unter dem Einfluß der evangelischen Kirche auf der Ausstellung „Pressa" (Abb. 12) in Köln 1928[91]. Otto Bartning hat einen parabelförmigen Grundriß gewählt, der sich ebenfalls als zukunftsträchtig erweisen sollte. Nach seinen eigenen Worten ist diese Raumform symbolisch zu verstehen: „gleich den ausgebreiteten Armen des Liturgen breitet der Raum sich strahlenförmig aus und gleich der zum Sakrament sich sammelnden Gemeinde schließt und rundet sich der Raum um den Altar. ... Diese Form, diese Bewegung des Raumes will eine handelnd sich verbindende, zum Sakrament sich sammelnde und erhöhende Gottesdienst-Gemeinschaft herstellen und darstellen[92]."

Auch Dominikus Böhm hat sich mit dem parabelförmigen Grundriß auseinandergesetzt, wie der Plan für St. Josef in Offenbach 1925 zeigt, er blieb allerdings unausgeführt[93]. Baugeschichtlich gesehen ist diese Grundrißform durchaus neu, dennoch klingt aber meines Erachtens der traditionelle apsidiale Gedanke als Rundung um den Altarraum hier weiterhin an. Die viel besprochene Pressa-Kirche blieb zunächst eine bedeutende Einzelleistung; der von ihr erhoffte endgültige Durchbruch der neuen Formgebung blieb aus[94].

Die symbolische Raumform als Widerspiegelung des Zusammenschlusses der protestantischen Gemeinde zu einer Einheit führte bei Otto Bartning zu einer Entwicklungsreihe von Zentralbauten, wobei das Projekt „Sternenkirche", 1922, in der völligen Übereinstimmung von liturgischer Anordnung und architektonischer Raumform wohl die „am konsequentesten durchdachte Gestaltung einer evangelischen Zentralkirche"[95] darstellt. Aus der Konzeption der Sternenkirche entstand 1929—30 in einfacherer Formensprache die Auferstehungskirche in Essen-Ost (Abb. 14, 15), ein auf dem Kreisgrundriß errichtetes Bauwerk, dessen Mittelpunkt durch den Taufstein markiert wird.

Die dem Zentralbau symbolisch innewohnende Kraft, die Gemeinde zu sammeln, ist ein Moment, das in der evangelischen Kirchenbaudiskussion immer wieder herausgestellt wird; so formuliert Martin Elsaesser 1924: „Die evangelische Kirche ist, im Unterschied zu der katholischen, in erster Linie Versammlungsort der Gemeinde zum gemeinsamen Gottesdienst, Predigtraum und Andachtsraum werden am folgerichtigsten als richtungsloser, also achsial nicht besonders betonter Zentralraum gestaltet[96]." Trotz dieser programmatischen Äußerung ist eine solche Bauform nur noch einmal verwirklicht worden und zwar als quadratische Anlage in der Kirche in Ickern von Strunck und Wentzler. Demgegenüber betont auch Paul Girkon, daß trotz der gelungenen Entwürfe von Otto Bartning die reine Zentralkirche für den evangelischen Kultus nicht zu empfehlen ist. Bauformen, bei denen „der Chor Ziel und Ursprung des Raumes"[97] ist, die also eine Richtungsbezogenheit ausstrahlen[98], sind vorzuziehen.

Die bislang skizzierte Entwicklung des modernen Kirchenbaus nach dem 1. Weltkrieg hat gezeigt, daß als Ausgangspunkt traditionelle Grundrißtypen gewählt wurden, wie sie im Kirchenbau des 19. Jahrhunderts üblich waren, die dann aber entsprechend den neuen theologisch-liturgischen Anliegen verändert wurden. Das Resultat dieser Veränderung ist eine Rückführung auf klar gegliederte, schlichte, längsrechteckige Raumanlagen, die nur durch wenige weitere Bauteile wie als Rechteck ausgebildete Quer- oder Chorarme und Apsiden bereichert werden können. Allen Bauwerken gemeinsam ist eine klare, eindeutige Achsenführung auf den Altarbereich; dieses Prinzip wird selbst in den wenigen ausgeführten Zentralbauten, mit Ausnahme der Essener Kirche von Otto Bartning, deutlich. Die Vorherrschaft des Langhaustypus in dieser Zeit ist wohl als Nach- beziehungsweise Weiterleben dieses kontinuierlich durch Jahrhunderte tradierten Grundrisses zu erklären[99]. So schreibt auch Heinrich Lützeler, daß die „neuartig konstruierten Langhausbauten der früheren Architektur noch eindrucksmäßig nahe bleiben, weil sie die uns gewohnte Langhausform mit ihr gemein haben"[100].

Die seit den zwanziger Jahren entwickelten Grundrißtypen erinnern in ihrer Einfachheit an vor- beziehungsweise frühromanischen Anlagen, wobei als Vergleich nicht die reicher ausgebildeten Bischofs- oder Klosterkirchen herangezogen werden sollten, sondern kleinere Kirchenbauten wie Pfarr- und Dorfkirchen. Gerade in den hier besprochenen Gebieten ist der häufig auftretende Typus des nicht in Schiffe unterteilten Langhauses mit rechteckigem oder halbrundem Chorraum sowie bisweilen kurzen Querarmen schon vom 4. bis hin zum 12. Jahrhundert zahlreich belegt[101], wobei diese nicht als

„primitive", rückständige Erscheinungsformen zu werten sind — zumal auch Klosterkirchen von Rang wie Echternach dem Saalbautypus folgen — sondern als gleichgewichtige Bauform neben anderen. Die hieran anschließende Frage, inwieweit dieses Phänomen als bewußter Anknüpfungspunkt verstanden werden muß oder ob es als Parallelerscheinung zu werten ist, kann allein aus der Grundrißentwicklung nicht ausreichend beantwortet werden; der Überblick über die Gestaltung des Aufgehenden muß als ein klärender Faktor mitberücksichtigt werden.

I.2.b Innenraum

Die Darstellung der Grundrißtypen in der frühen Phase des modernen Kirchenbaus konnte bislang nur zu einer vorläufigen Erfassung des Raumes führen; in der Beschreibung des Aufgehenden müssen nun die verschiedenen neuen Raumlösungen näher konkretisiert werden.

Katholische Bauwerke

Das allgemeine Bild des katholischen Kirchenraumes wird in der zweiten Hälfte des 19. und im beginnenden 20. Jahrhundert bestimmt durch die dreischiffige Basilika oder dreischiffige Hallenkirche, wobei beide Typen entsprechend ihren mittelalterlichen Vorbildern sehr oft als Gewölbebauten angelegt sind. Die Neuorientierung des Kirchenbaus vollzieht sich zunächst auf der Basis dieser Grundformen, das heißt, unter Beibehaltung des Basilikal- oder Hallencharakters werden zuerst Einzelformen im Aufgehenden abgewandelt. Die Bruno-Kirche in Düsseldorf-Unterrath (Abb. 18), 1928 unter der Leitung von Tietmann und Haake entstanden, kann als Bauwerk dieser Zwischenstufe angeführt werden: es handelt sich um eine dreischiffige Basilika mit einem breiten dominierenden Mittelschiff, das von einer spitzbogigen Tonne überwölbt wird. Ihr Ansatzpunkt reicht weit, bis fast auf die Arkadenzone herunter. In die Tonne sind gleichfalls spitzbogige Stichkappen eingeschnitten, die hohe Fenster rahmen. Die Arkadenzone wird gebildet aus absatzlos in die Mauerfläche eingeschnittenen spitzbogenförmigen Öffnungen, die wiederum stark überhöht sind, das heißt, die Krümmungslinie des Bogens wird tief herabgezogen. Auf die verbleibenden Mauerflächen sind Rechteckvorlagen mit Kämpferplatten aufgelegt, die den Ansatz des Gewölbes markieren. Obwohl die Bruno-Kirche in ihrer Gesamtgestalt sich als ein moderner Baukörper darstellt und als erste „moderne" Kirche Düsseldorfs viel Aufsehen erregte, sind in der Verwendung von tradierten Aufrißformen wie Arkadenstellung, Wandvorlagen und ausgeprägtem Obergaden deutlich Anklänge an die oben genannten herkömmlichen Bautypen spürbar. Bezeichnend ist die Wahl einer durchlaufenden Tonne als Gewölbeform, da sie im Gegensatz zur Jocheinteilung des bis dahin dominierenden Kreuzgratgewölbes eine fließendere Raumentwicklung bewirkt. Die Bruno Kirche wurde nach Kriegszerstörung durch Heinz Thoma wiederaufgebaut, wobei im Inneren allerdings durch den Einzug von Flach-Kassettendecken der ursprüngliche Raumeindruck nicht mehr erfahrbar ist.

Schon relativ früh haben Architekten wie Dominikus Böhm, Alfred Fischer, Hubert Pinand und Josef Franke unter Ausschöpfung des in dieser Zeit entwickelten Materials und der damit gegebenen Konstruktionsmög-

Abb. 16   Ickern, St. Antonius, Fassade

Abb. 17   Ickern, St. Antonius, Inneres um 1930

Abb. 18   Düsseldorf-Unterrath, St. Bruno, Inneres um 1932

lichkeiten neuartige Gewölbebauten geschaffen. Die bereits 1922—25 errichtete Antonius-Kirche in Ickern des Essener Industriearchitekten Alfred Fischer zeigt zum ersten Mal ein parabelförmiges Gußbetongewölbe, das an der Basis des Gebäudes ansetzt und das Mittelschiff in einer Kurve überspannt (Abb. 17). Die Unterscheidung zwischen Wand und Gewölbe ist damit wesenslos geworden oder anders gesagt, Konstruktionsformen, die vordem auf die Wölbungszone beschränkt waren, erfassen nun den ganzen Raum[102]. Deutlicher ausgeprägt erscheint dieses Phänomen 1926 in der Mainz-Bischofsheimer Kirche von Dominikus Böhm, hier wird die parabolische Wölbung allein raumbestimmendes Element. Statt des noch durchscheinenden basilikalen Schemas in Ickern läßt Böhm hohe, langgestreckte Stichkappen in das Gewölbe einschneiden, die in ihrem unteren Teil durchbrochen sind, so daß ein Durchgang entsteht. In ähnlicher Art hat Böhm im Rheinland die Apollinaris-Kirche in Frielingsdorf (1927—28) aufgebaut, nur wurde anstelle des parabelförmigen Gewölbequerschnittes die Spitzbogenform gewählt (Abb. 19, 20). Form und Konstruktion der Frielingsdorfer Kirche haben dann sicherlich Bernhard Rotterdam bei der Planung der Rektoratskirche in Leverkusen-Pattscheid (Abb. 21) (1929) beeinflußt, da das Innere dieser Kirche ebenfalls geprägt wird durch ein spitzbogiges vom Boden ansteigendes Gewölbe[103]. Die Wölbung der Frielingsdorfer und Pattscheider Kirche erscheint nicht wie in Mainz in glatter Flächenhaftigkeit, sondern wurde als Faltwerk angelegt, dessen Strukturen assoziativ an gotische Wölbeformen erinnern und wohl auch auf diese zurückgehen. Anders als im 19. Jahrhundert sind hier

Abb. 19   Frielingsdorf, St. Apollinaris, Inneres

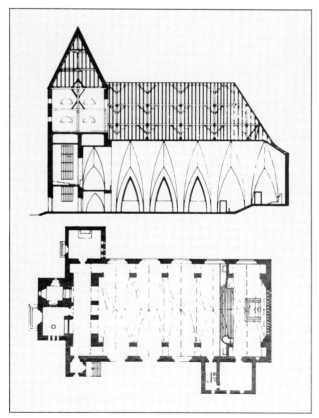

Abb. 20   Frielingsdorf, St. Apollinaris, Grund- und Aufriß

Abb. 21   Leverkusen-Pattscheid, Rektoratskirche, Inneres um 1930

Abb. 22 Frielingsdorf, St. Apollinaris, Außenansicht mit Turm des Vorgängerbaus

gotische Bauwerke nicht mehr in historistischer Manier nachempfunden, sondern ihre Struktur- und Konstruktionsprinzipien — die Reduktion der Mauermasse auf lineare Kräftebahnen, die, so die idealtypische Interpretation der Zeit, im Zusammenspiel ein dynamisches, nahezu schwereloses Raumerlebnis bewirken — werden in neuartige Schöpfungen umgesetzt. In den zeitgenössischen Kunstkritiken wird immer wieder deutlich auf den Gotik und Moderne verbindenden Gestaltungswillen hingewiesen. Abstrahierend vom kunsthistorischen Stilbegriff „Gotik" liegt die Vergleichbarkeit in bestimmten Ausdruckswerten, die Georg Lill als mystisch, geheimnisvoll und irrational bezeichnet[104]. Ähnliches spricht auch aus der Beurteilung der Böhmschen Werke durch Rudolf Schwarz, der „die Scharfkantigkeit und Labilität" der Wölbeformen als „gotische Zeichen" deutet[105]. Die Neuinterpretation der Gotik „als ein in der gesamten Kunstentwicklung immer wiederkehrendes Gestaltungsprinzip"[106], das man, so Johannes Jahn, „ganz allgemein das expressive nennen könnte"[107], basiert im wesentlichen auf dem stilpsychologischen Aspekt in Wilhelm

Worringers Gotik-Forschungen, die, wie Gesine Stalling deutlich aufgezeigt hat, das kirchliche Kunstschaffen der zwanziger und dreißiger Jahre stark beeinflußten[108]. Auch Karl Scheffler verweist in seinem Buch „Der Geist der Gotik" (1922) auf eine lebendige Wechselbeziehung zwischen dem ästhetischen Bewußtsein der Gegenwart und jener vergangenen Formenwelt. In beiden Perioden ist eine bestimmte Art der künstlerischen Auffassung festzustellen, die umschrieben wird als das Gotisch-Expressive[109]. Fritz Schumacher verbindet diese Begriffe mit dem Geistig-Abstrakten, das dem Sinnlich-Organischen gegenübertritt. Im Hinblick auf das schöpferische Ergebnis vom materiellen (physischen) Gesichtspunkt betrachtet, kann diese Gegenüberstellung, so Schumacher, in dem Gegensatzpaar struktiv-dekorativ erfaßt werden. Auf den Bereich der Baukunst übertragen, zeigt sich das Struktive in einem „Ringen mit dem Problem des Skelettbaus"[110], in der Betonung linearer Elemente mit rhythmischen Eigenschaften, wie sie gerade in dem Beispiel der Frielingsdorfer Kirche sehr deutlich werden. Gegenüber Böhms Mainzer Kir-

Abb. 23   Rheydt-Geneicken, St. Franziskus, Außenansicht

Abb. 24   Rheydt-Geneicken, St. Franziskus, Inneres, 1984

Abb. 25 Leverkusen-Küppersteg, Christkönigskirche, Außenansicht

Abb. 26 Leverkusen-Küppersteg, Christkönigskirche, Inneres

che ist in St. Apollinaris das Gewölbe zerlegt in spitzwinkelige Einzelflächen, die in betonten Kanten gegeneinander stoßen und somit gerade das Lineare — in der Abfolge — das Rhythmische deutlich werden lassen.

Das Bestreben der Architekten und Theologen dieser Zeit schließt mit ein, daß das architektonische Kunstwerk zugleich als Sinnträger und Ausdrucksform bestimmter geistiger Gehalte interpretiert werden kann. So müssen die oben besprochenen Gewölbebauten in ihrer, den gesamten Raum umfassenden, bergenden Wirkung als Symbol der Gemeinschaft verstanden werden. Die theologisch-liturgischen Forderungen haben demgemäß einen vorrangigen Anteil bei der Konzeption der Raumformen.

Zu Ende des zweiten Jahrzehnts des 20. Jahrhunderts werden die Wölbungsbauten fast gänzlich aufgegeben zugunsten flachgedeckter Anlagen. Dominikus Böhm hat zwar noch 1930 die Franziskus-Kirche in Rheydt-Geneicken (Abb. 24) mit einem Gewölbe ausgestattet, wählte nun aber ein flaches Kreuzgratgewölbe, das nicht mehr als raumprägendes Element wirkt. Bei der Behebung der Kriegsschäden nach 1945 wurde der ursprüngliche Deckenabschluß durch eine leicht gespitzte Faltendecke ersetzt; weitere Änderungen betreffen die Lichtführung sowie die Hervorhebung der Altarstellung durch strukturierte seitliche Lisenen.

Die große Gruppe der im Inneren flachgedeckten Kirchen kann unterteilt werden in basilikale Anlagen, Hallen- und Saalbauten und solche, die man im weitesten Sinne als Wandpfeilerkirche bezeichnen kann. Bei diesen zuletzt genannten Bauwerken wird das Langhaus rhythmisiert durch tief in den Raum vorstoßende Mauerzungen, die mit Öffnungen versehen sind, so daß seitenschiffähnliche Durchgänge entstehen. Diese Charakteristika werden zum Beispiel sichtbar in der Christkönigskirche in Leverkusen-Küppersteg (Abb. 26) aus dem Jahre 1928. In diesem Bauwerk zeigt sich bei Böhm zum ersten Mal die Tendenz zu beruhigten, „vereinfachten", kubischen Innenräumen anstelle der dynamisch strukturierten Wölbungsbauten. In der Raumwirkung wird die kubische Strenge allerdings aufgefangen, indem für den eintretenden Betrachter die kompakte Langhauswand reduziert wird auf die tektonisch wirksamen und in ihrer strukturellen Bedeutung unmittelbar ablesbaren Wandpfeiler. Weitere Beispiele dieses sehr häufig auftretenden Typus sind die Herz-Jesu-Kirche in Bottrop (Abb. 56) von Josef Franke (1928), die Heilig-Geist-Kirche in Münster, 1928—29 von Walter Kremer errichtet — sie gilt als erste Kirche modernerer Formgebung in dieser Stadt — und die Katharinenkirche in Oberhausen von Georg Spelling (1929, nach Bauschäden 1980 durch einen Neubau ersetzt).

Das klar überschaubare Raumgefüge, bestehend aus stereometrischen Grundformen wurde — beeinflußt durch die „Internationale Architektur" — mehr und mehr zum bevorzugten Raumtypus dieser Zeit. Entscheidende technische Anstöße gab Hans Herkommer, der in seiner Ratinger Kirche Längsbinder als Gitterträger einsetzte, die vom Eingang der Kirche bis zum Chor durchlaufen; somit wird die Spannungsfähigkeit des Eisenbetons voll ausgenutzt (Abb. 29, 30). Durch den hochgeführten Mittelteil läßt das Kircheninnere die basilikale Form entfernt noch erahnen, ohne daß allerdings weitere, für eine Basilika typische Kennzeichen erscheinen: auf eine eigene Belichtung des Obergadens wurde verzichtet, wie auch

auf die durch die technische Konstruktion nicht mehr notwendigen Arkaden. 1930 haben Riphan und Grod in Köln-Buchforst diese Raumform noch einmal aufgegriffen sowie im gleichen Jahr Bonn und Passmann in der Karl Borromäus Kirche in Köln-Sülz.

Das saalartige, auf einem Kubus basierende Raumgefüge wurde am deutlichsten verwirklicht in der Aachener Fronleichnamskirche (Abb. 32, 33) von Rudolf Schwarz. Die Kirche besteht aus einem ungewöhnlich hohen Gemeinderaum, der den Altarbereich miteinschließt und einem niedrigen Nebenschiff, das sich zum Hauptschiff bis auf einen einzigen Pfeiler in der Mitte in ganzer Länge öffnet. Dieses Bauwerk hat sehr viel, auch kritische Beachtung gefunden, was nicht zuletzt aus den „leeren" raumkonstituierenden, weißen Wandflächen resultiert. Weiße Wände, ohne Akzentuierung der Stirnseite, wie es z. B. Herkommers Ratinger Kirche durch ein wandfüllendes Christus-Bild zeigt, umfassen Altar- und Gemeindebereich. Schwarz selber betont, daß „die gut geformte freie Fläche, der gut gemessene und durchlichtete leere Raum wieder als besonders starke Möglichkeit des religiösen Ausdrucks entdeckt"[111] worden ist. In dieser Leere und Einfachheit blieb die Aachener Kirche zunächst ohne Nachfolge.

Neben Herkommer und Schwarz haben auch andere Architekten saalartige Kirchenanlagen geschaffen, so zum Beispiel Dominikus Böhm, der in der bereits erwähnten Kirche in Rheydt-Geneicken „ein Höchstmaß an Geschlossenheit der Außenerscheinung und des Saalinneren erreicht"[112].

Eine andere Kirche von Böhm, St. Elisabeth in Köln-Hohenlind, bietet sich als ein gutes Beispiel für eine Hallenanlage an (Abb. 34). Der hohe, flachgedeckte Kirchenraum mit apsidialem Chor wird durch schlanke Pfeiler in drei Schiffe unterteilt; diese Raumteilung ist allerdings für den Betrachter optisch kaum mehr wirksam, sondern tritt zurück gegenüber einer den Saalkirchen angeglichenen Raumwirkung, ein Eindruck, der durch die einheitlich durchlaufende Deckenbildung unterstützt wird. Aufgrund der besonderen Situationen als Krankenhauskirche wurden die Seitenschiffe für die Kranken zu Emporen erhöht. Die Tendenz, die unterteilenden Stützenreihen möglichst schlank, mit geringem Durchmesser auszubilden, wird auch in den anderen, teilweise noch überwölbten Hallenkirchen dieser Zeit sichtbar[113]. Dem liturgischen Anliegen, einen möglichst freien, nicht durch massive Pfeiler gestörten Blick der Gläubigen auf die Opferstätte zu bieten, kann durch eine solche, zumeist als Stahlträger ausgebildete Stützenstellung entsprochen werden. Dieses gilt auch für die basilikalen Anlagen, die neben Hallen- und Saalbauten in der Phase des modernen Kirchenbaus vor dem 2. Weltkrieg des öfteren noch entstehen. Beachtenswert ist die Marienkirche in Mülheim/Ruhr (Abb. 36) von Emil Fahrenkamp (1927—28), eine flachgedeckte dreischiffige Basilika mit nur geringfügig vortretender rechteckiger Chornische. Der mit Rundbogenfenstern durchlichtete Obergaden wird von einfachen Vierkantpfeilern getragen. Nach Willy Weyres sind in dieser Kirche deutlich „frühmittelalterliche Anregungen fruchtbar geworden"[114]. Eine solche Charakterisierung beruht wohl auf dem Gesamteindruck dieser schlichten basilikalen Anlage, in der Einzelelemente wie die Holzbalkendecke, die Zweiteilung der Wand in kontinuierlich durchlaufende Stützenreihe und die Reihe rundbogiger Obergadenfenster, trotz unver-

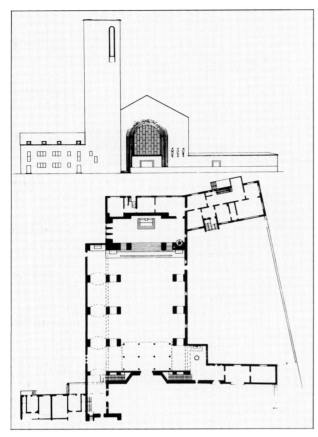

Abb. 27 Leverkusen-Küppersteg, Christkönigskirche, Grundriß und Aufriß der Fassade

kennbarer Zugehörigkeit zur Architektur des 20. Jahrhunderts[115], an eine Wiederaufnahme frühchristlichen Formengutes denken lassen. Für die Chor- und Seitenwände waren ursprünglich großformatige Mosaikbilder von Werner Peiner geplant, die ebenfalls an etwas allgemein Frühchristliches denken lassen. Die Mülheimer Kirche ist im rheinisch-westfälischen Raum durchaus nicht als Sonderfall zu werten, denn ähnliches spricht auch aus anderen Kirchenbauten dieser Zeit, deutlich etwa in der Gocher Liebfrauen-Kirche (1933) des rheinischen Architekten Josef op gen Oorth, mit westwerkähnlichem Eingangsbereich, geschlossenem Hauptraum, der durch kleine Rundbogenfenster belichtet und von einer Balkendecke geschlossen wird (Abb. 37, 38). Weitere Beispiele sind die Franziskus Xaverius Kirche in Düsseldorf-Mörsenbroich (Tietmann und Haake 1928—29), eine durch Rundbogenarkaden gegliederte, flachgedeckte, ziegelverkleidete Basilika mit Rundbogenfenstern und Rechteckchor und die Rektoratskirche in Köln-Mauenheim (Abb. 39, 41), 1927 errichtet (Pläne 1925). Die Architekturglieder dieser Kirche deuten allerdings auf eine noch bewußtere Bindung der Formen an die Tradition, wie etwa die Ausbildung der Stützen als Säulen mit Basis und Kapitellen oder die Einfügung eines in drei Faszien gegliederten Architravs unter der Hochschiffwand und die Blendbogengliederung in der halbrunden Apsis, die durch einen Triumphbogen vom querschifflosen Gemeinderaum abgetrennt wird. Die Konzeption des Kirchenraums und die Bildung seiner Teile drängen einen Vergleich mit den stadtrömischen Stationsbasiliken, hier besonders Santa Maria Maggiore, geradezu auf. Jene Kirche wurde von Eduard Endler erbaut, der einer älteren Architektengeneration angehörte und als

ehemaliger Mitarbeiter Heinrich Wiethases in den ersten beiden Jahrzehnten des 20. Jahrhunderts auch Kirchen in neugotischen oder neuromanischen Formen erbaute, wie etwa St. Michael in Köln (1902—1906). Vergleicht man die Köln-Mauenheimer Kirche mit weiteren Sakralbauten dieser Kirchenbauphase, so wird deutlich, daß sie eine klar historisierende Position einnimmt. Bei der Spannbreite der möglichen Gestaltgebungen steht ihr als herausragend innovative Lösung zum Beispiel die Aachener Fronleichnamskirche von Schwarz entgegen, während andere, oben erwähnte Architekten wie Fahrenkamp oder Tietmann und Haake einen „Mittelweg" wählten.

Das Vorbild einer frühchristlichen Basilika wurde für die Quirinus-Kirche in Köln-Mauenheim auf Wunsch des damaligen Pfarrers Schreiber aufgegriffen; dieser wollte die Seelsorge wieder mehr im Sinne der Urkirche auf dem Mysterium des Altares aufbauen und die Gemeindemitglieder zu einer aktiveren Teilnahme am liturgischen und sakramentalen Leben erziehen. In dieser Zielsetzung erschien ihm die frühchristliche Basilika als die beste Bauform, da sie ideal der Liturgie angepaßt sei.

Interessant ist in diesem Zusammenhang die weitere Baugeschichte dieser Kirche; im Rahmen der Neugestaltung des Inneren nach dem 2. Vatikanischen Konzil schlugen die beauftragten Architekten Emil Steffann und Nikolaus Rosiny eine interpretierende, das heißt im Sinne der Anlage als frühchristliche Basilika purifizierende Gesamtlösung vor. So wurden die beiden Stufengiebel an der Eingangs- und Chorseite entfernt, da sie einer ebensolchen Architektur nicht entsprachen, ferner wurde auf der dem Chor gegenüberliegenden Seite statt der Orgelempore eine Gegenapsis errichtet, ein rechteckiger Anbau mit Tonnengewölbe und zwei flankierenden Säulen im Inneren, der als Meditationsraum und Ort für kleinere Gruppengottesdienste gedacht ist. Neugeplant wurde auch ein seitlich angegliederter Campanile sowie ein Atrium entsprechend den frühen Anlagen, das allerdings nicht verwirklicht wurde. So entspricht die Quirinus-Kirche heute mehr noch als in den zwanziger Jahren dem Bild einer frühchristlichen Basilika, wie sie dem damaligen der Liturgischen Bewegung nahestehenden Pfarrer vorschwebte.

Wie verbreitet jene Konzeption in den zwanziger Jahren war, zeigen ferner Kirchenbauten des Aachener Architekten Peter Salm (z. B. Düren, St. Josef, 1938) und auch der Wettbewerb zur Heilig-Geist-Kirche in Aachen (1928). Alle 71 eingereichten Entwürfe seien angelehnt, so der damalige Ordinarius für Kunstgeschichte Hans Karlinger, an altchristliche Basiliken oder an die moderne Zweckbauweise[116], wobei sich diese oftmals ergänzen.

Dominikus Böhm hat 1936 in der Heilig-Kreuz-Kirche in Bocholt/Westfalen (Abb. 42) ebenfalls die basilikale Form aufgegriffen, wobei allerdings auf eine eigene Belichtung der Seitenschiffe verzichtet wurde. Die Kirche erhält ihr Licht allein durch ein großes Westfenster und die durchlaufenden Fensterbänder im Obergaden. Die auf Vierkantpfeilern ruhende Obergadenwand ist zwischen den Stützen segmentbogenförmig ausgeschnitten, so daß Anklänge an Rundbogenarkaden gegeben sind. Eine Besonderheit liegt in der Umfassung des Hauptraumes durch das ringsumlaufende niedrige Seitenschiff. Nach Böhms eigenen Aussagen wird durch „das vollständige Herumführen . . . um das Mittelschiff

Abb. 28 Leverkusen-Küppersteg, Christkönigskirche, Blick in das Seitenschiff

Abb. 29 Ratingen, Herz-Jesu-Kirche, Inneres nach Westen um 1930

Abb. 30 Ratingen, Herz-Jesu-Kirche, Inneres nach Osten um 1930

samt Altar (Um-,ring'en) .. gerade der Altar nochmals betont und in den Mittelpunkt der Gemeinschaft gerückt"[117]. Liturgische Gedanken haben somit auch hier die Raumform beeinflußt. Im Hinblick auf die Ausformung des von van Acken geprägten christozentrischen Raumes bewirkt die Arkadenstellung so eine konzentrische Bewegung, in die Altar und Gemeinde eingeschlossen sind.

Evangelische Bauwerke

Die wenigen nach dem 1. Weltkrieg errichteten evangelischen Kirchenbauten im Rheinland und in Westfalen lassen erkennen, daß länger noch als im katholischen Kirchenbau historische Stilformen das Raumbild bestimmen. Erst mit der Pressa-Kirche von Otto Bartning 1928 konnten im Rheinland architektonisch neue Vorstellungen hinsichtlich der Raumauffassung, Raumgliederung und des Materials realisiert werden. Zum bevorzugten Raumtyp kristallisierte sich der schlichte Saalbau heraus, wobei entsprechend der eigenen evangelischen Tradition häufig Emporen eingezogen sind. Als Beispiel sei die aus Beton gegossene Melanchthon-Kirche in Köln-Zollstock erwähnt, die in ihrer klaren, einfachen Ausformung vielen zeitgleichen katholischen Kirchenbauten entspricht (Abb. 45, 46). Das Innere des Predigtraumes wird bestimmt durch die weiß verputzten Wandflächen, die in den schmalen, hochrechteckigen Fenstern und den sich nach unten verjüngenden Querbindern eine Rhythmisierung erfahren. Nach oben wird der Raum abgeschlossen durch eine segmentbogenförmig verlaufende, ebenfalls weiß verputzte Gußbetondecke. Die Gliederung setzt sich in der als Rotunde ausgebildeten Feierkirche fort, nur ist hier zur Hervorhebung der besonderen Raumfunktion ein Sterngewölbe eingezogen. Eine ähnliche architektonische Akzentuierung und Steigerung der Raumteile war schon in der Eßlinger Südkirche von Martin Elsaesser vorgebildet.

Der Baukomplex in Köln-Zollstock ist im Sinne eines modernen Gemeindezentrums besonders hervorzuheben. Für den Gemeinderaum ergibt sich eine Vielfalt an Nutzungsmöglichkeiten: so bietet eine Bühne an der Eingangsseite Gelegenheit zu Theateraufführungen und Laienspielen; im Untergeschoß sind Räume für Zusammenkünfte eingerichtet sowie im Keller Bastel- und Hobbyräume und, für damalige Verhältnisse einzigartig, eine Turnhalle. Küsterwohnung und Pfarrhaus ergänzen die Anlage. Der eigentliche Kirchenraum, im dritten Stock gelegen, ragt somit über die umgebenden neuen Wohnbauten hinaus. Als frühes Beispiel einer kombinierten Kirchen-Gemeinde-Anlage sei an dieser Stelle auf die Bauten der Auferstehungskirche in Düsseldorf-Oberkassel hingewiesen, errichtet 1913/14 von den Düsseldorfer Architekten Rudolf Wilhelm Verheyen und Julius Stobbe.

Fast gänzlich aufgegeben wurde im evangelischen Kirchenbau die basilikale, in Schiffe unterteilte Ausbildung des Raumes, da sie für den evangelischen Gottesdienst nicht mehr geeignet schien. Neben den reinen Saalkirchen werden auch Hallenbauten errichtet, die sich ähnlich wie die katholischen Kirchen durch schlanke Stützen mit geringem Durchmesser auszeichnen. Als oberen Abschluß wählten die Architekten zumeist Flachdecken, in Beton- oder Holzkonstruktion, oder aber Gewölbe, wobei neben Kreuzgratgewölben in herkömmlicher Art auch neuartige Formen im Hartmörtel-Rabitz-Verfahren auftreten, wie sie zum Beispiel die Lutherkirche in Datteln[118], 1928 von Strunck, Wentzler und Pfarre errichtet, zeigt: das Kirchenschiff wurde mit einem netzförmigen, in flachem Bogen verlaufenden Gewölbe überdeckt, während im ausgesonderten Chor und somit an liturgisch ausgezeichneter Stelle die traditionelle Form des Kreuzgratgewölbes auf Pfeilern beibehalten wurde.

Aus der Gruppe der evangelischen Kirchenbauten dieser Zeitspanne sind zwei Bauwerke aufgrund ihrer schon in der Grundrißtypologie erwähnten herausragenden Stellung gesondert hervorzuheben: die Pressa-Kirche (Abb. 47, 48) von Otto Bartning und die Petri-Nikolai-Kirche in Dortmund (Abb. 50, 51). Otto Bartning konstruierte die Pressa-Kirche als Stahlskelettbau, bestehend aus einer Doppelreihe von schlanken, zwanzig Meter hohen Peiner-Trägern, wobei die äußere Reihe mit dazwischengespannten Farbglaswänden die eigentliche Begrenzung des Raumes bildet; eine Holzdecke schließt das Innere nach oben hin ab. Unter dem eigentlichen Kultraum war ebenerdig ein Gemeindesaal vorgesehen. Wie bereits angedeutet, hat dieses Bauwerk sehr viel Beachtung gefunden, nicht zuletzt auch durch die Interpretation Paul Girkons, der vor allem die einem gotischen Dom gleichkommende sakrale Ausdrucksfähigkeit betonte. „Dieser Bau ist ein Zeugnis dafür, daß der gewalzte Stahlträger dem gotischen Steinpfeiler an sakraler Kraft transzendentaler Höhenspannung nicht nachsteht. In der Stahlkirche wurde die latente Gotik des modernen Ingenieurbaus zur Offenbarung einer Wiedergeburt des gotischen Geistes in der Technik des modernen Konstruktivismus[119]." Aus diesem Zitat wird ersichtlich, daß diese Kirche durchaus in Bindung an eine bestimmte Kunstepoche gesehen wird; Parallelen zur gotischen Baukunst sind gegeben, das heißt, die in die Gotik als überzeitlich hineininterpretierten Gestaltungs- und Ausdruckswerte, „Überwindung erdgebundener Schwere"[120] und Auflösung der Wände in Glas-Licht-Architektur bestimmen den Aufbau dieses modernen Bauwerkes nicht nachahmend, sondern aus verwandtem, wiedergeborenem Baugeist. Solchermaßen entmaterialisierte Glas-Stahl-Strukturen werden als symbolischer Ausdruck des Transzendenten interpretiert, das als Grundgedanke kultischen Bauens von katholischen aber auch evangelischen Theologen bejaht wird. Die Kritik der Zeit sah die Stahlkirche als den Anfang eines neuen Stadiums gotischen Bauwillens. Die Gotik in ihren oben angesprochenen Werten zu vollenden, war demnach der Moderne vorbehalten; erst sie entwickelte die technischen Möglichkeiten, die die statischen Grenzen des Steinbaus überwinden konnten. Mit der Umsetzung der Steinsäule in die fast körperlose Kraftlinie des Stahlträgers und den gläsernen raumbildenden Wänden ließ sich „das gotische Streben nach Vergeistigung des Raumes, nach Entkörperung des Stoffes durch die Form"[121] gänzlich verwirklichen.

Auch der Zentralbau in Essen-Ost (Abb. 15) von Otto Bartning ist unter Verwendung eines Stahltragewerks entstanden. Dieses wurde allerdings mit Beton verkleidet und die Zwischenflächen bis auf umlaufende Fensterbänder ausgemauert, so daß das Tragwerk nicht offen in Erscheinung tritt.

In die Petri-Nikolai-Kirche in Dortmund (Abb. 50, 51) sind viele Anregungen der Pressa-Kirche eingeflossen[122], ohne daß diese Kirche allerdings eine Wiederholung darstellt. Die Architekten Karl Pinno und Peter Grund haben

Abb. 31   Ratingen, Herz-Jesu-Kirche, Außenansicht um 1930

hier zum ersten Mal im evangelischen Bereich eine Kirche im Eisenbetonraster erstellt; quergestellte, im Inneren trapezförmig gebildete Rahmenbinder in schalungsrauhem Eisenbeton bilden das konstruktive Gerüst. Ähnlich wie in der Pressa-Kirche sind zwischen die Pfeiler als Außenwände raumhohe Glasfenster eingespannt, die eine den Raum prägende Leichtigkeit und Transparenz bewirken. Ermöglicht wurde diese Konzeption wiederum durch die Trennung der konstruktiven von den raumumgrenzenden Elementen, die die Wand von der Tragekonstruktion befreit[123]. Dieses neuartige Konstruktionsprinzip blieb vor dem 2. Weltkrieg zunächst ohne Nachfolge, wurde dann aber im katholischen und evangelischen Kirchenbau gleichermaßen weitergeführt.

Einzelformen

Zu der individuellen Grundgestalt des Aufgehenden treten als weitere konstituierende Elemente der Raumbildung die architektonische Einzelform sowie die bewußt eingesetzte Lichtführung hinzu.

Ganz allgemein läßt sich bei den Kirchenbauten zwischen den beiden Weltkriegen ein weitgehender Ver-

Abb. 32 Aachen, Fronleichnamskirche, Außenansicht

Abb. 33 Aachen, Fronleichnamskirche, Inneres

zicht auf dekorative Gliederungsformen feststellen, ein Moment, das auch als bewußte Abwendung von den als „überladen" empfundenen Kirchenbauten des 19. Jahrhunderts zu werten ist[124]. Die neue Bauauffassung, mitgetragen vom „Neuen Bauen" im profanen Bereich, forderte klar überschaubare, einfache Kirchenräume, die die Konzentration auf das Wesentliche, das liturgische Geschehen, ermöglichen sollten. Wie sehr sich die in der zeitgenössischen Architektur verhafteten Bauformen und religionsphilosophische Forderungen und Interpretationen einander annäherten, zeigen Äußerungen Romano Guardinis und des von diesem stark geprägten Rudolf Schwarz[125], nach denen „die richtig geformte Leere von Raum und Fläche" einen „gewaltigen religiösen Eindruck" bewirken kann, der den Gläubigen gerade durch die Leere die geheimnisvolle Anwesenheit des Heiligen erfühlen läßt[126].

Innerhalb des Innenraumgefüges sind gliedernde Einzelformen im wesentlichen beschränkt auf den Chorbereich, der so eine architektonische Auszeichnung erfährt, gemäß seiner vor allem in der christozentrischen Idee hervorgehobenen zentralen Stellung. Die Betonung des Chorraumes erfolgt beispielsweise durch den Wechsel von Gestaltungselementen etwa im Deckenbereich, z. B. Tonnenwölbung im ausgesonderten Chor statt der Balkenkonstruktion im Langhaus wie in der Christus-König-Kirche von Düsseldorf-Oberkassel oder durch eine Stützenstellung wie in der Christ-König-Kirche in Leverkusen-Küppersteg (Abb. 26), in der zwei Vierkantpfeiler den Aufgang zum Altarbereich markieren. Gerade in den Kirchenbauten von Dominikus Böhm ist die liturgische Bedeutung der einzelnen Raumteile in der

Abb. 34   Köln-Hohenlind, St. Elisabeth, Inneres

Abb. 35   Köln-Hohenlind, St. Elisabeth, Altarraum

Abb. 36   Mülheim/Ruhr, St. Marien, Inneres, 1980

Abb. 37   Goch, Liebfrauenkirche, Außenansicht

Abb. 38   Goch, Liebfrauenkirche, Inneres

architektonischen Ausformung deutlich ablesbar, so auch in Bocholt (Abb. 42), wo eine im Verhältnis zum Langhaus engere Stützenstellung den Altarraum ausgrenzt. In Köln-Hohenlind (Abb. 35) wählte Böhm als betonende Elemente raumhohe Arkadenwände, die die Apsis in den Innenraum hinein verlängern. Diese Wände sind in fünf übereinandergelegte Rundbogenfolgen aufgelöst, ein Motiv, das nach Böhm weitere Architekten aufgegriffen haben in raumtrennender Funktion oder verglast als Fensterwände. Gruppierte Bogenstellungen sind auch in der späteren Phase des Kirchenbaus nach dem 2. Weltkrieg häufig anzutreffen, so zum Beispiel in Rudolf Schwarz' Maria-Himmelfahrt-Kirche in Wesel (1942—52) oder in seiner Duisburger St. Anna Kirche (1952—53).

Eine in der Monumentalität Köln-Hohenlind vergleichbare Gestaltung zeigt die Bottroper Herz-Jesu-Kirche (Abb. 56): vier hintereinandergestaffelte Triumphbogenstellungen, aufgebaut in formelhaft verkürzter Anlehnung an das sogenannte Palladio-Motiv, zeichnen diesen Chorraum aus.

Die Betonung des liturgischen Zentrums, die in vielen evangelischen und katholischen Kirchenbauten dieser Zeitspanne sichtbar wird, liegt ganz allgemein in der Tradition kirchlichen Bauschaffens; die nach Lage und Form bedeutungsvollen Gestaltungselemente wie Pfeiler, Triumphbogen und Arkaden, die eben zu dieser Betonung führen, sind gerade in dieser Zeitphase als freie, zumeist formal vereinfachte Variationen der durch die Tradition vorgegebenen Motive zu werten. Als quasi

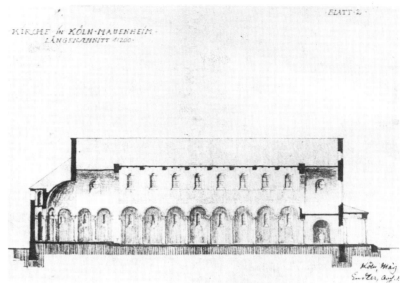

**Abb. 39 Köln-Mauenheim,
St. Quirinus,
Vorentwurf zum Aufgehenden**

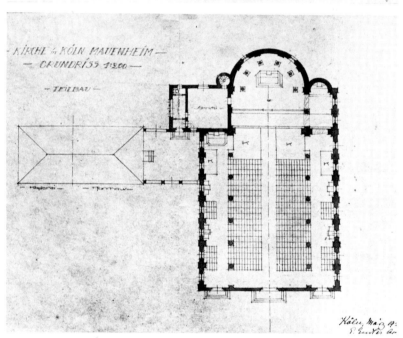

**Abb. 40 Köln-Mauenheim,
St. Quirinus,
Vorentwurf zum Grundriß**

**Abb. 41 Köln-Mauenheim,
St. Quirinus,
Inneres, 1983**

zitathaft verwendete „Hoheitszeichen" werden sie in das moderne Raumgefüge eingebettet.

Die Betrachtung der architektonischen Einzelelemente schließt Form und Anordnung der Fenster und damit die Lichtführung mit ein; diese bildet für das Raumerlebnis und die Raumrhythmisierung einen entscheidenden Faktor. Ganz generell ist für die Form der Fenster hervorzuheben, daß der Rundbogenabschluß dominiert gegenüber den Rechteckformen. Bisweilen erscheinen Varianten des Spitzbogenfensters, etwa in Frielingsdorf oder in spitz-eckiger Form wie an der Essen-Frillendorfer Kirche (Abb. 22, 54). Zu jener Zeit sind im wesentlichen zwei Lichtkonzeptionen vorrangig: auf der einen Seite das höhlenartige Umschließen des Inneren, zum zweiten das Bestreben, den Innenraum aufzubrechen, die Wände in Glas aufzulösen. Der erstgenannten Konzeption entsprechen weitgehend in sich geschlossene, abgesonderte Räume, die nach Aussagen der Architekten, so zum Beispiel Dominikus Böhm, in Abkehr zur umgebenden profanen Welt gesehen werden müssen und eben durch die Abgeschlossenheit zur Sammlung und Andacht der Gläubigen führen können[127]. Die Durchlichtung der Kirchenräume erfolgt hier durch relativ wenige Fenster, zumeist hochliegend, häufig rundbogig und kleinformatig, wobei auf eine eigene Belichtung des Chorraumes oft verzichtet wird; ein Beispiel ist die bereits erwähnte Kirche in Mülheim/Ruhr von Emil Fahrenkamp (Abb. 36).

Die hierin zum Ausdruck kommende Sakralbauauffassung muß zugleich unter dem Aspekt einer bewußt evozierten Raumstimmung gesehen werden. Das heißt, der mystisch-dunkle Raum wird als ein Phänomen aufgefaßt, das religiöse Ergriffenheit und damit ein inneres religiöses Erlebnis bewirken kann[128]. In diesem Verständnis von Kirchenraum liegt es nahe, die gestalterischen Mittel jenen historischen Kirchen anzugleichen, in denen man die angestrebte Raumwirkung bereits vorbildhaft verwirklicht sah. Die aus dem Raumbild und der Raumwirkung sich ergebenden Assoziationen an frühchristlich-frühromanische Bauwerke sind somit als Umsetzung von Erlebniswerten jener Bauwerke zu sehen[129].

Eine mystisch-dunkle Raumstimmung wird auch erreicht, wenn die Lichtquellen dem Eintretenden zunächst verborgen bleiben, wie etwa in der Böhmschen Kirche von Leverkusen-Küppersteg (Abb. 26, 28). Durch die Gliederung der Raumschale mit vorgezogenen Wandpfeilern bleibt für den Betrachter der Lichteinfall durch schmale hohe, rundbogig geschlossene Fenster zunächst nicht genau bestimmbar. Die Anordnung der Fenster auf nur einer Langhausseite bewirkt in Verbindung mit den Mauerzungen eine bewegte Modulation des Lichtes mit starken Hell-Dunkel-Effekten. Diese Art der Lichtgestaltung läßt, in allerdings modifizierter Form, barocke Raumgedanken noch einmal anklingen[130]. Gesine Stalling hat in ihren Studien zu Dominikus Böhm gezeigt, daß diese Epoche für Böhm eine, wie er selbst bekannte, ideelle Norm darstellte, von der er ausging, „um zu etwas formal Selbständigem, ideell jedoch Vergleichbarem zu gelangen"[131].

Geradezu konträr zu dieser Lichtkonzeption verhält sich jene oben genannte zweite, deren Ziel eine weitgehende Aufbrechung und Auflösung der kompakten Mauermasse in Glas ist. Diese Intention ist mehrfach variierend verwirklicht worden, wobei vor allem Böhm und Bartning sich mit dieser Problematik auseinandergesetzt haben. Zahlreiche Kirchenbauten von Böhm zeichnen sich

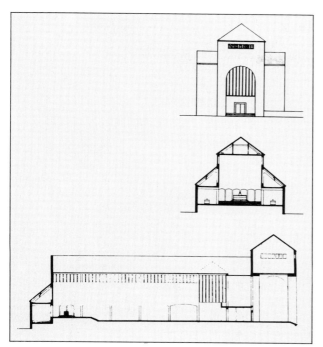

**Abb. 43 Bocholt,
Heilig-Kreuz-Kirche,
Aufrisse**

**Abb. 44 Bocholt,
Heilig-Kreuz-Kirche,
Paradies**

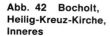

**Abb. 42 Bocholt,
Heilig-Kreuz-Kirche,
Inneres**

durch eine Öffnung des Chores aus, das heißt, die Chorapsis oder Chorwand ist in Glasflächen aufgelöst, so bei den Kirchen in Essen, Mönchengladbach oder Köln-Riehl (Abb. 58, 59). Mit den Mitteln der Lichtgestaltung erreichte der Architekt hier eine symbolerfüllte Steigerung des Innenraumes vom mystisch dunkel gehaltenen Gemeinderaum zu dem lichtüberfluteten liturgischen Zentrum, dem Chorraum[132]. Gerade in Böhms Kölner Engelbertkirche kommt im Gegensatz von dunkelfarbigen kleineren Fenstern zur großen Helligkeit der Chornische diese Steigerung deutlich zum Ausdruck.

Die bereits vorgestellten Sakralbauten Pressa-Kirche und Petri-Nikolai-Kirche (Abb. 47—51) sind dagegen die einzigen ausgeführten Beispiele, bei denen eine nahezu vollständige Durchlichtung angestrebt wurde[133]. Zeitgenössische Stimmen zur Idee der Licht-Architektur zeigen deutlich ihren Stellenwert für die Baukunst zu Anfang dieses Jahrhunderts auch im Hinblick auf das profane Bauschaffen[134]. Erinnert sei in diesem Zusammenhang an die Lichtmetaphysik bei Bruno Taut und eine erste Verwirklichung seiner Vorstellung in dem Glashaus auf der Werkbundausstellung in Köln 1914. Ähnlich Paul Girkon sah bereits Taut die gotischen Kathedralen, Symbole einer starken Glaubensgemeinschaft, als Vorbilder der gläsernen Zukunftsarchitektur. So versah er seinen Entwurf zum „Glashaus" mit dem Bekenntnis: „Der gotische Dom ist das Präludium der Glasarchitektur[135]." Tauts Gedanken wurden 1918/20 vom Berliner Arbeitsrat für Kunst, dem er zeitweilig vorstand, allgemein getragen. Mitglied dieses Arbeitsrates war auch Otto Bartning, dessen Pressa-Kirche in dem damaligen panreligiös bestimmten gotischen Symbolismus eine Quelle findet, nun konkret bezogen auf den evangelischen Kirchenbau.

Im Bereich der Sakralarchitektur wird darüber hinaus das Licht als sakrales Element interpretiert, als Möglichkeit einer phänomenalen Aufhebung von Profanität; so schreibt August Hoff, daß „dadurch erst das Gotteshaus der Sphäre des Irdischen entrückt wird und seine transzendentale Bedeutung symbolisiert wird"[136].

Gerade die evangelische Pressa-Kirche, die allerdings durchaus auch als katholischer Kultraum denkbar ist, entspricht mit ihren Glasfenstern dieser Vorstellung einer heiligen, ins Jenseits entrückten Stätte[137]. Günter Bandmann wertet dieses Bauwerk als formale Nachwirkung gotischer Chöre[138], wobei an Kirchen wie die Ste. Chapelle in Paris zu denken wäre, ohne daß diese allerdings als direktes Vorbild gelten kann. Deutlicher als auf die formalen Anregungen ist vor allem auf die spezielle christliche Lichtsymbolik der gotischen Epoche zu verweisen, die in den modernen Glas-Sakralarchitekturen nachwirkt.

Das wiedergewonnene Empfinden für mystisches Licht aus glühenden Glasfenstern führte vor allem bei Dominikus Böhm auch zur Aufnahme des großen „Rosenfensters" als einer gültigen, in der Geschichte begründeten, architektonischen Fassung einer solchen Lichtwirkung, die zudem offen ist für Assoziationen an weitere Bedeutungsgehalte der Rosen der großen Kathedralen.

Der sich in beiden Lichtkonzeptionen offenbarende Traditionsbezug ist durchaus als bewußte Zielsetzung der Architekten und Theologen zu verstehen; anders aber als in der Bautheorie des 19. Jahrhunderts werden Romanik und Gotik nicht zu Idealstilen kirchlicher Architektur verklärt, die es nachzuahmen gilt, sondern die kunsthistorischen, zeitlich terminierten Stilbegriffe werden überführt in allgemeine, aus diesen resultierende

Abb. 45 Köln-Zollstock, Melanchthonkirche, Gemeinderaum mit Durchblick in die Rotunde, vor 1945

Abb. 46 Köln-Zollstock, Melanchthonkirche, Eingangsseite

Abb. 47 „Pressa"-Kirche, Köln/Essen, Inneres

Abb. 48 „Pressa"-Kirche,
Köln/Essen, Inneres

Abb. 49 „Pressa"-Kirche,
Köln/Essen, Fassade

Grundhaltungen, die sowohl das Bauschaffen der romanischen und gotischen Zeit wie das der zwanziger und dreißiger Jahre bestimmen.

I.2.c Außenbau

In der frühen Phase des modernen Kirchenbaus zwischen den beiden Kriegen kommt der Gestaltung des Außenbaus eine dominierende Stellung zu. Diese leitet sich ab aus der noch weitgehend gültigen „Leitvorstellung" einer Kirche als siedlungsbeherrschender Architektur, der repräsentative Funktionen sowie Denkmalcharakter innewohnen. Die in den theologisch-liturgischen Reformbestrebungen dieser Zeit enthaltene „Notwendigkeit der sinnbezogenen Gestaltung des Innenraumes als entscheidendes Element eines Gotteshauses"[139], demzufolge der Außenbau als reine Umhüllung des Inneren zu sehen ist, konnte sich nur sehr zögernd durchsetzen[140].

Trotz vielfacher Modifikationen zeigt die Außengestalt der Kirchen ein relativ einheitliches Bild; bei nahezu allen Bauwerken ist ein Bestreben ablesbar, den Außenbau aus blockhaft geschlossenen Baukörpern aufzubauen, die klare Umrißlinien ergeben. Nach Form und Größe differenzierte, weitgehend in stereometrischen Grundformen gestaltete Bauteile werden zu organisch gegliederten Gruppen zusammengeschlossen. Ein weiteres stilistisches Merkmal ist die sparsame Verwendung von gliedernden Einzelformen, wodurch eben jene Geschlossenheit der Baukörper noch gesteigert wird. Die bevorzugte Dachform ist zunächst das Satteldach, beziehungsweise seit dem Ende der zwanziger Jahre häufiger das Flachdach, welches die kubische Wirkung auch im oberen Abschluß des Baukörpers zur Geltung bringt. Kirchenbauten, die diese Tendenzen verdeutlichen, sind zum Beispiel die Herz-Jesu-Kirche in Ratingen oder die Marienkirche in Mülheim/Ruhr (Abb. 31,

63). Die blockhafte Körperhaftigkeit dieser Sakralbauten ruft den Eindruck elementarer Wucht hervor und bewirkt somit eine gewisse Monumentalität. Gesine Stalling sieht hierin den Denkmalcharakter der Kirchenbauten, der aus der Tradition des 19. Jahrhunderts in dieser Zeit als neuromantische Komponente eine erneute Aufwärtsentwicklung erlebt[141].

Die hohe Bedeutung, die der Gestaltung des Außenbaus beigemessen wird, wird ersichtlich vor allem in der Ausbildung monumentaler Schauseiten, das heißt, die Eingangsseiten werden häufig in traditioneller Art als Fassade akzentuiert, ein Moment, das in der Bauentwicklung nach dem Kriege nur noch selten mitspricht. Als Beispiel sei die Pressa-Kirche (Abb. 49) herangezogen, deren Fassade aus einem hohen, geschlossen wirkenden Baukörper besteht, aus dem sich, zur Mitte versetzt, zwei Turmstümpfe erheben; ein sehr hohes, bündig in der Fläche liegendes Fenster mit dreieckigem oberen Abschluß betont die Mittelachse. Bartning hat dieser Gestaltung das traditionelle Schema einer Doppelturmfassade zugrunde gelegt, wobei im Hinblick auf das große, eine Spitzbogenform variierende Fenster speziell gotische Reminiszenzen spürbar werden. Dem Formwillen der Zeit entsprechend werden diese „Vorbilder" reduziert auf kubische Baukörper mit schlichter schmuckloser Oberfläche und übersetzt in neues Material, hier ein Stahlgerüst, das mit Kupferplatten verkleidet wurde. Einen ähnlich monumentalen Aufbau zeigt die Peterskirche in Mönchengladbach-Waldhausen (Abb. 61), 1932—33 von Clemens Holzmeister errichtet: zwei quaderförmige Eckbaukörper schließen eine niedriger gehaltene Taufkapelle ein; überragt werden diese drei Baukörper von einem weiteren, ebenfalls quaderförmigen Block, der sich in zwei übereinanderliegenden Rundbogenfenstern öffnet.

Dominikus Böhm hat bereits 1919 in der Notkirche St. Josef, Offenbach und 1922 in Dettingen, St. Peter und

Abb. 50 Dortmund,
Petri-Nikolai-Kirche, Inneres

Abb. 51 Dortmund,
Petri-Nikolai-Kirche, Außenansicht

Paul einen Portalbau entwickelt, der in der Folgezeit häufig aufgegriffen wurde. Ein breitgelagerter hoher, kubischer Block, aus der Verschmelzung von Turm und Westbau entstanden, ist jeweils dem Langhaus vorgesetzt. Angereichert mit expressionistischen Details wie Eckstrebepfeilern erscheint diese Form ebenfalls 1922 in der Antoniuskirche von Ickern (Abb. 16) und demgegenüber in betonter Sachlichkeit zum Beispiel bei der Gocher Liebfrauenkirche (Abb. 37) oder an der Heilig-Kreuz-Kirche in Köln-Weidenpesch.

Eine Betonung der Fassaden erfolgt weiterhin durch dominante Einzelformen, wie zum Beispiel in Leverkusen-Küppersteg, wo ein rundbogiges Stufenportal die Giebelwand beherrscht (Abb. 25, 27)[142]. Dominikus Böhm hat hier den Typus eines mittelalterlichen Stufenportals aufgegriffen und weitergeführt, indem er es einerseits vereinfachte auf absatzlos rundbogig geführte Rücksprünge und andererseits durch die Größe monumentalisierte. Die große Rundbogenform als beherrschendes Fassadenelement erscheint erstmals an einem Profanbau, am Stuttgarter Hauptbahnhof (1914 begonnen) von Paul Bonatz. Nach Alfons Leitl hat Bonatz diese feierliche Form in der „Kathedrale der Eisenbahn" säkularisiert[143].

Auch Josef Franke hat in seiner Gelsenkirchen-Ückendorfer Kirche (Abb. 60) ein parabelförmiges Stufenportal als expressives Fassadenmotiv eingesetzt. Einem vergleichbaren Gestaltungswillen unterliegt die Marienkirche in Mülheim/Ruhr (Abb. 63): sie ist ausgestattet mit einer räumlich flachen Vorhalle, die sich in drei hochgezogenen Rundbögen zur Westseite öffnet, eine Fassadengestaltung, die wohl beeinflußt wurde durch Herkommers Frauenfriedenskirche (Abb. 62) in Frankfurt (1927). Diese nahezu als neues sakrales Motiv zu bezeichnende Form ist dann kennzeichnend zum Beispiel auch für die Heilig-Geist-Kirche in Köln-Zollstock (Bonn und Passmann, 1931), die nach dem Kriege von Karl Band unter

Beibehaltung dieses Elements verändernd wiederaufgebaut wurde, oder für die Georgskirche in Paderborn von Josef Lukas (1937), die insgesamt als Wandpfeilerkirche mit Rechteckapsis Anregungen von Herkommer und Böhm aufgegriffen hat.

Solcher Art monumentalisierte Portal- oder Fensterformen, die häufig schmal aber steil proportioniert sind und in jener Phase des Kirchenbaus durch zahlreiche Beispiele belegt werden können, treten auch im profanen Bauschaffen dieser Zeit auf. Nach Werner Keyl sind sie typische Merkmale der Architektur des Expressionismus[144], eine Richtung der Architektur der zwanziger und dreißiger Jahre, die durch Wolfgang Pehnt[145] eine eingehendere Würdigung erfuhr. Die oben angesprochenen Stufenrücksprünge finden ebenfalls Parallelen bei profanen Bauwerken; allerdings erscheint mit in der sakralen Baupraxis der Hinweis auf die in der eigenen Tradition liegenden Bedeutungsformen eher gegeben als die Zurückführung auf ein bloßes Stilmotiv der Zeit. Ähnlich durch die Tradition vorgegebene Einzelformen werden von vielen Architekten, vor allem von Dominikus Böhm immer wieder benutzt, so in erster Linie die Westrose (Essen, Rheydt-Geneicken Abb. 67, 23, vgl. auch Abb. 64, 65), die in vereinfachten Binnenformen, nahezu zitathaft verwendet, die Eingangsseite auszeichnet. In Rheydt-Geneicken erscheint die Rose erstmals als selbständiges Bauglied, einfach gebildet aus speichenartig angeordneten Stegen, während die späteren Lösungen komplizierte „Maßwerk"-Formen zeigen. Dieses Motiv löst weitgehend in Böhms Bauschaffen die bis dahin dominierenden expressiv gesteigerten Fassadenbögen ab.

Im Zusammenhang mit der Gestaltung des Außenbaus spielt die Wahl des Baumaterials eine nicht unbedeutende Rolle. Im Vergleich zum Kircheninneren ist auffallend, daß in den Rheinlanden, vor allem fast ausnahmslos am Niederrhein, der Außenbau aus Ziegeln oder Klinkern aufgebaut ist. Eisenbeton, der im Inneren durchaus

Abb. 52 Düsseldorf, Matthäikirche, Inneres

sichtbar angewendet wird, erscheint außen lediglich beschränkt auf wenige Gliederungsformen wie waagerecht oder senkrecht unterteilende Betonbänder[146]. Im Wechsel von unterschiedlichen Materialien wird somit eine Auflockerung des beherrschenden Backsteins erreicht. Eine überzeugende Anwendung dieses Wechselspiels gelang Böhm in der Portalzone von Leverkusen-Küppersteg (Abb. 25), wo in Kontrastwirkung zu den in Backstein gemauerten Rücksprüngen in die Bogenfläche ein Betongitterwerk eingelassen ist. Akzentuierenden Materialwechsel zeigt z. B. auch die evangelische Matthäikirche in Düsseldorf: dunkelrote Klinker und gelblicher fränkischer Kalkstein als Portal- und Fensterrahmung bilden die Außenwände; tragendes Gerüst von Kirche und seitlich angegliedertem Einzelturm ist erstmalig in Düsseldorf eine Stahlskelettkonstruktion. Das Spiel mit verschiedenen Steinmaterialien stellt keine Neuerung der zwanziger Jahre dar; als Vorkriegsbeispiel sei auf die Auferstehungskirche in Düsseldorf-Oberkassel verwiesen (1913/14, Rudolf Wilhelm Verheyen und Julius Stobbe), ein flächenbetonter Backsteinbau, dessen Stufengiebel als Abschluß der Kirchenhalle eine Binnengliederung aus optisch hellerem Haustein aufweist, allerdings hier noch in barockisierenden Zügen.

Die Backsteinwände sind entweder glatt belassen oder zeigen ein Ornamentspiel beziehungsweise eine Reliefierung, die sich aus dem Vor- und Rückspringen einzelner Steine oder Steinschichten ergibt. Diagonal versetzte Steine oder Klinker tragen ebenfalls dazu bei, die strenge Flächigkeit der Wände aufzulockern. Gute Beispiele einer solchen Backsteinornamentik zeigen die Kirchenbauten von Josef Franke oder die Frillendorfer Kirche von Edmund Körner (Abb. 54). Bevorzugte Gliede-

Abb. 53 Düsseldorf, Matthäikirche, Außenansicht Chorseite

Abb. 54   Essen-Frillendorf, Zu den Hl. Schutzengeln, Außenansicht

Abb. 55   Essen-Frillendorf, Zu den Hl. Schutzengeln, Inneres, 1984

Abb. 56   Bottrop, Herz-Jesu-Kirche, Inneres

rungsmotive sind Pfeilervorsprünge, deren Kanten häufig abgetreppt sind oder spitze dreieckige Formen wie sie die insgesamt noch deutlich der Neugotik verpflichtete Engelbertkirche in Köln-Humboldt an der Apsis besitzt.

Die Backsteinbaukunst beschränkt sich nicht allein auf den Kirchenbau, sondern war, vor allem im Ruhrgebiet und am Niederrhein, ein auch im Profanbau beliebter und heimischer Baustoff, mit dem an die lokalen Bautraditionen angeknüpft wurde. Bedeutende öffentliche Bauten wie die Kölner Messe von Adolf Abel, 1926—28, oder die Ehren-Hof Anlage in Düsseldorf, 1925 nach Plänen von Wilhelm Kreis erbaut, wurden in diesem Material errichtet und zeigen ähnliche Dekorationsformen wie die oben skizzierten. Die Wiederbelebung des Backsteins wurde gefördert durch die rheinische Heimatschutzbewegung und den Rheinischen Verein für Denkmalpflege und Heimatschutz[147] nicht zuletzt aufgrund der Widerstandsfähigkeit dieses Materials gegen Industrieabgase[148]. Den Architekturtendenzen der zwanziger und dreißiger Jahre entsprach dieser Baustoff zudem durch die ihm zugestandenen Werte wie Schlichtheit, strenge Monumentalität und flächenhafte Wirkung. „Wer nach ernster herber Schlichtheit trachtet, dem gewährt dieses Material lebensvolle Verwirklichung[149]."

Die in Backstein oder Klinker errichteten beziehungsweise verkleideten Bauwerke zeigen zum Teil deutliche Einflüsse der Backsteingotik, die bereits im 19. Jahrhundert eine erste Wiederbelebung erfahren hatte, z. B. durch die einflußreiche Lehrtätigkeit Conrad Wilhelm Hases, der sich seit 1849 als Dozent am Polytechnikum Hannover für die Wiederbelebung des mittelalterlichen,

gotischen Backsteinbaus einsetzte. Gerade im Bereich des Kirchenbaus ist eine vorbildhafte Wirkung dieser Sonderform der Gotik nicht auszuschließen. Dominikus Böhm unternahm 1928 eine Reise in das östliche Deutschland, unter anderem nach Stralsund, wo er, nach Aussagen Josef Habbels[150], sich intensiv mit den dortigen Backsteinkirchen beschäftigte. Vergleicht man Bauformen der Marienkirche in Stralsund, wie etwa den hohen gestuften Blendbogen um Fenster und Portal mit Einzelmotiven in Böhms Bauwerken, so sind die Parallelen auffallend. Anregungen und unmittelbare Eindrücke sind sicherlich in sein weiteres Bauschaffen eingeflossen, wenn auch dieses in keinem Fall als bewußte Kopie oder bewußtes Wiederauflebenlassen gotischer Backsteinarchitektur zu werten ist.

Die Backsteinarchitektur der zwanziger und dreißiger Jahre steht bedingt in Zusammenhang mit dem sogenannten „Heimatstil", der eine Richtung der deutschen Architektur der ersten Jahrhunderthälfte bezeichnet. Er beinhaltet die Forderung nach bodenständiger Architektur, die Anlehnung an die jeweiligen regionalen Bauformen sowie die Verwendung heimischer Baumaterialien[151]. Das Hauptinteresse dieser Stilrichtung galt einer malerischen Außenerscheinung, die sich gut in die Landschaft einzuordnen vermochte. Diese Charakteristika treffen auch auf zahlreiche Kirchenbauten zu, vornehmlich solche in ländlichen Gegenden; so entspricht zum Beispiel die Rektoratskirche in Alzenbach an der Sieg als Bruchsteinbau mit Fassadenturm dem Grundtenor mittelalterlicher schlichter Eifelkirchen. Die Sakralbauten Dominikus Böhms zeichnen sich weitgehend ebenfalls durch ihre landschaftliche Einbindung aus[152], beispiels-

Abb. 57 Köln-Riehl, St. Engelbert, Außenansicht

Abb. 58 Köln-Riehl, St. Engelbert, Inneres, 1983

Abb. 59 Mönchengladbach, St. Kamillus, Inneres

weise wählte er als Baumaterial für die Kirche in Dülmen den ortsüblichen Ibbenbürer Sandstein, in Ringenberg (Abb. 71) dagegen paßt sich der Außenbau mit seiner Verblendung aus niederrheinischen Handstrichziegeln und dem heimischen Pfannendach dem Ortsbild an.

Das Schlagwort Heimatstil, mit dem diese Bauten oft charakterisiert werden, ist, so Wolfgang Götz, vielfach befrachtet mit der „Assoziation des Anachronistischen" und erscheint uns heute „eher verdächtig als fortschrittlich", dennoch ist unverkennbar, „daß sich gleichartige Strömungen seiner Zeit überall in Europa feststellen liessen als generationsbedingte Loslösungsversuche aus der Umklammerung durch den Historismus des 19. Jahrhunderts"[153].

Die Darstellung der Außenbaugestalt der Kirchen in der Phase zwischen den beiden Kriegen bliebe unvollständig, ließe man die Problematik des Kirchturms außer acht. Die Vorstellung einer hervorgehobenen Betonung des Außenbaus, verbunden mit dem vielfach ausgesprochenen Wunsch nach städtebaulicher Dominanz, bewirkte weiterhin die Akzentuierung der Kirchenbauten durch Türme. Als bauliche Lösung kristallisierte sich in dieser Zeit die Ein-Turm Gestaltung heraus, wobei der Turm entweder aus dem Baukörper emporwächst oder aber deutlicher herausgerückt an die Fassade angegliedert wurde, so daß asymmetrische Konfigurationen entstehen. Beispiele dieser Lösung sind die Marienkirche in Mülheim/Ruhr (Abb. 164) oder die Heilig-Geist Kirche in Aachen. Schon vor dem Kriege wurde im Hinblick auf eine malerische Gruppierung der Baumassen die seitlich abgerückte Stellung eines Turms bevorzugt. Bereits in dieser Zeit tritt zudem der Campanile auf, ein freistehen-

Abb. 60 Gelsenkirchen-Ückendorf, Heilig-Kreuz-Kirche, Fassade

Abb. 61 Mönchengladbach, St. Peter, Fassade

Abb. 62   Frankfurt, Frauenfriedenskirche, Außenansicht

Abb. 63   Mülheim/Ruhr, St. Marien, Fassade

Abb. 64   Dülmen, Heilig-Kreuz-Kirche, Außenansicht mit Taufkapelle

Abb. 65   Dülmen, Heilig-Kreuz-Kirche, Karton des Ausführungsentwurfes der Rose

der Turm wie er in frühromanischer Zeit und in Italien geläufig war. Rudolf Schwarz wählte für seine Fronleichnamskirche in Aachen (Abb. 32) diese Turmstellung. Bis auf wenige Ausnahmen (Pressa-Kirche, Essen, St. Engelbert) wird das Motiv der Zweiturmfassade nicht mehr aufgegriffen.

Die Notwendigkeit eines Turmes in dieser Zeit war dennoch umstritten. Architekten und Theologen erkannten durchaus, daß der Kirchturm in den vorangegangenen Jahrhunderten allmählich seine theologische, liturgische und symbolische Bedeutung verloren hatte und zudem eine Konkurrenzsituation dadurch entstanden war, daß auch öffentliche Bauten mit hohen Türmen geschmückt waren[154]. Demzufolge wurde zunächst auf evangelischer Seite bekannt: „Die Kirchtürme haben in der Gegenwart ihren Sinn verloren", so Martin Elsaesser auf der Tagung des evangelischen Vereins für religiöse Kunst 1924. Diese Auffassung konnte sich jedoch nur bedingt durchsetzen, etwa indem Türme nur noch in der Funktion als Glockenträger gebaut wurden. In katholischen Kreisen bemühte man sich um eine Wiedereinbeziehung des Turmes in das ikonologische Programm der Kirche, das heißt, die ursprüngliche Bedeutung sollte der Allgemeinheit wieder bewußt gemacht werden. So zeigt auch die Baupraxis, daß Türme weiterhin als signifikante Zeichen galten, die ein Bauwerk als Kirche auszuweisen hatten.

Im Hinblick auf die Themenstellung dieser Arbeit muß als zusammenfassendes Ergebnis der Überlegungen zum Außenbau deutlich auf den Traditionsbezug dieser Bauwerke verwiesen werden. Die zuvor geschilderten architektonischen Tendenzen, wie etwa die flächenbetonte kubische Gestaltungsweise, gehen zwar einher mit den allgemeinen Architekturströmungen der Zeit, zeigen aber dennoch in der Gesamtkomposition oftmals Zei-

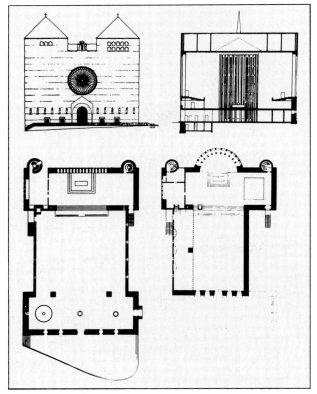

Abb. 66 Essen, St. Engelbert, Studien zum Grund- und Aufriß der Fassade

chen einer Romanik-Affinität. Diese Empfindung liegt nicht begründet in der Wiederaufnahme romanischer Gliederungs- und Dekorationselemente, die noch den neoromanischen Bauten des 19. Jahrhunderts zu eigen waren, sondern in dem vergleichbaren strukturellen Gefüge. Kirchenbauten dieser Zeitspanne unterliegen ebenfalls einer blockhaft lagernden Gestaltung der Baukuben, die zu „Gruppenbauten" zusammengeschlossen sind und „Schwere" und „Massigkeit" evozieren, Charakteristika, die schlagwortartig auch auf die frühe romanische Architektur zutreffen. Gefördert werden solche Assoziationen weiterhin durch die optischen Effekte des bevorzugten Natur- und Backsteinmauerwerks. Zur Verdeutlichung seien noch einmal zwei Kirchenbauten von Dominikus Böhm angeführt, die Engelbertkirche in Essen (Abb. 67, 68) und die Heilig-Kreuz-Kirche (Abb. 43,44) in Bocholt.

Die Essener Kirche ist gegliedert in einen mächtigen, bis auf Fensterrose und fünf kleine einfache Portale geschlossenen Westtrakt, aus dem sich zwei zeltgedeckte Turmstümpfe erheben, und einem diesem entsprechenden gleichfalls monumentalen Osttrakt, bestehend aus Querhaus und wandhoher Apsis, die von zwei kleineren Apsiden flankiert wird. Zwischen die beiden Baukörper ist das basilikal gestufte Langhaus eingeschoben, gedeckt durch Sattel-, beziehungsweise Pultdächer und nur von wenigen rundbogigen Fenstern durchbrochen. Ohne Zweifel sind diesem Bauwerk romanische Stiltendenzen zugrunde gelegt, ohne daß allerdings Einzelformen oder exakte Proportionsverhältnisse romanischer Bauten geschichtlich getreu übernommen worden wären. Eine Planstudie zum Aufriß der Westfassade macht deutlich, daß in den Details wie dem Rundbogenportal in ädikulaähnlichem Vorbau zunächst eine noch engere Anbindung an historische Motive gesucht wurde. Diese reiche Ausbildung wurde aber zugunsten einer schlichteren Lösung aufgegeben. Der monumentale westliche Baukubus scheint insgesamt romanischen Westwerken verpflichtet.

Die Heilig-Kreuz-Kirche in Bocholt (Abb. 43, 44) mit ihrem in hohen Rundbögen geöffneten Vorbau, von Böhm als Paradies bezeichnet, erinnert vornehmlich durch das Herumführen der niedrigen, pultdachgedeckten Seitenschiffe an frühmittelalterliche Bauwerke; Backsteinmauerwerk und ungegliederte, weitgehend geschlossene Wandflächen tragen ebenfalls dazu bei. Der Eingangsabschnitt des dreischiffigen Langhauses ist im Aufgehenden wiederum zu einem querschiffähnlichen, die Breite der Seitenschiffe nicht übersteigenden Block monumentalisiert.

Dominikus Böhm hat sich, eigenen Aussagen zufolge, intensiv mit der Baukunst der Romanik auseinandergesetzt — so berichtet Rudolf Schwarz, daß auf Böhms Schreibtisch stets ein Buch über die italienische Romanik lag, „zerlesen und mit Notizen"[155]. Die Wiederbelebung romanischer Formprinzipien und ihre schöpferische Weiterentwicklung erfolgt für Böhm im wesentlichen aus der dieser Epoche zugestandenen geschichtlich-theologischen Relevanz, wonach ihre „Kunst von dem Ideal der christlichen Religion und damit auch von den Idealen der Wahrheit und Gemeinschaft bestimmt war"[156], Werte, die als ideelle Normen auch für die Moderne angestrebt wurden. Dieses Phänomen eines nahezu programmatischen Rückbezugs auf die Geschichte muß als Ursache der Romanik-Affinität für

Abb. 67   Essen, St. Engelbert, Fassade vor 1945

Abb. 68   Essen, St. Engelbert, Außenansicht vor 1945

Abb. 69 Münster, St. Konrad, Fassade

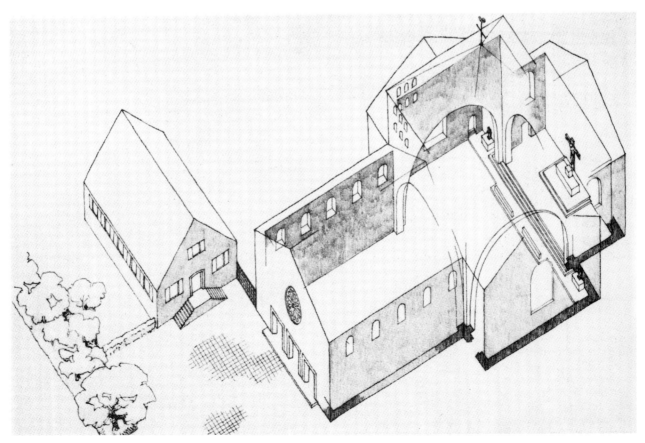

Abb. 70 Münster, St. Konrad, isometrische Darstellung

Abb. 71 Ringenberg b. Wesel, Christus-König-Kirche, Außenansicht

das weitere kirchliche Bauschaffen im Auge behalten werden und soll an anderer Stelle ausführlicher erläutert werden. In diesem Zusammenhang sei noch einmal darauf hingewiesen, daß die Romanik-Affinität nicht allein auf das Werk von Dominikus Böhm beschränkt ist, sondern sie behauptet sich als Eigenwert im Bauschaffen verschiedener Architekten in ganz Deutschland, so deutlich etwa bei Albert Boßlet, wie Wolfgang Götz herausgestellt hat[157].

Auffallend ist, daß bei den Kirchenbauten um die Mitte der dreißiger Jahre diese Tendenz verstärkt auftritt, während extrem innovative Lösungen in diesen Jahren nicht ausgeführt werden können; so wendet sich auch Martin Weber in der kleinen Pfarrkirche St. Barbara, Niederlahnstein (1937—38) einer vor allem im Außenbau deutlich romanisierenden Formensprache zu. Tendenziell zeigt sich dies auch z. B. bei Otto Bartnings Sakralbauten, betrachtet man etwa seine Kreuzkirche in Chemnitz aus dem Jahre 1936, die mit einer wuchtigen, drei gestaffelte rundbogige Eingangsportale aufweisenden Steinfassade geschlossen wird. Der Turm ist als Campanile angelegt.

Zahlreiche Beispiele sind in den dreißiger Jahren auch in Westfalen zu finden, sowohl evangelische, wie die Christuskirche in Iserlohn und die Johanneskirche in Hamm zeigen, als auch katholische, für die St. Konrad in Münster (Abb. 69, 70) stellvertretend genannt sei (1938—39, H. Ostermann). Dieser Bau scheint der Ringenberger Kirche von Böhm verpflichtet, lehnt sich aber in der Ausbildung der Einzelformen (einfache Rundbogenfensterreihe, im Inneren durch Bögen ausgeschiedene Vierung) noch deutlicher an romanische Vorbilder an. Auch nach dem 2. Weltkrieg bestimmen die wesentlichen Charakteristika dieser Kirche: Backsteinbau, Vierungsturm, Satteldächer, kleine rundbogige Fenster, Fensterrose als auszeichnendes Element der Fassade zunächst noch weiterhin das Erscheinungsbild der neuen Sakralbauten in Westfalen (z. B. die katholische Landkirche in Esch bei Ibbenbüren, 1952, Theo Burlage und Bernd Niebuer; St. Lambertus in Lippramsdorf, Kr. Recklinghausen, 1950, Eberhard Michael Kleffner; Greven, Maria Himmelfahrt Kirche, Walter Kremer; Coesfeld, St. Pius Kolleg, 1955, Alfons Boklage; ferner die evangelische Kirche in Theesen bei Bielefeld, 1951, Albert Schröter)[158].

Die Rückbesinnung auf diese Stilepoche der Vergangenheit erhält in der Interpretation von Rudolf Schwarz eine weitere Bedeutungsebene, indem gleichsam Romanik mit Urbaukunst verbunden wird. In Bezug auf Dominikus Böhm schreibt Schwarz: „Die frühe Romanik war ihm der Eingang in die Welt der architektonischen Urformen, der großen rechteckigen Flächen, der Würfel, Zylinder und ihres sich in der Waage haltenden Gleichgewichts, und diese Urformen waren ihm nicht magere Stereometrie, sondern Gestalten gedrungener Weltmächtigkeit und heiligen Daseins[159]." Auch Schwarz' eigenes Bauschaffen muß unter diesem Aspekt gesehen werden, so versteht er die Fronleichnamskirche in Aachen als „eine Melodie von Rechteckkörpern ... wie schon der romanische Dom"[160]. Geometrische Urgestalten als Ursymbole von Macht und Heiligkeit sind nach Schwarz jene wesentlichen Elemente romanischer Baukunst, die für den modernen Menschen ihre Bedeutung nicht verloren haben und wiederaufleben aus jener, den Menschen kennzeichnenden „Sehnsucht nach dem Dasein in stiller mächtiger Urform ..., weit jenseits des Zufälligen"[161]. In diesem Sinne ist der Künstler der Tradition verbunden; er gestaltet aus Urformen, die in ihrer jeweiligen Ausprägung als Variation „zeitlos gültiger" Grundprinzipien der Baukunst schlechthin zu verstehen sind[162]. Dieses spezifische Traditionsverständnis, das letztlich in der Ursymbolik Gottfried Sempers wurzelt, durchzieht, wie noch zu zeigen sein wird, das gesamte Bauschaffen von Rudolf Schwarz, ist darüber hinaus aber auch prägend für die Gestaltung von Kirchenbauten weiterer Architekten nach dem 2. Weltkrieg.

Abschließend sei zur Gestalt des Außenbaus im Hinblick auf die romanische Verbundenheit eine Beschreibung von Heinrich Lützeler angeführt, der unter dem Aspekt eines deutschnationalen Charakters vielen modernen Kirchen ein burgartiges Äußeres zuerkennt: „... ebenfalls burgartig ist zum Beispiel die Chorpartie der Kirche von Köln-Hohenlind: ein dicht geballter plastischer Baukörper, geladen mit Energien, der sich alles Lockere und Leichte versagt. Hier scheint sich jene deutsche Schicksalslinie fortzusetzen, welche die triumphalen Baumassen etwa des Speyrer Domes mit seinen zum Teil sechs Meter dicken Mauern bestimmt ...[163]." In dieser Interpretation aus dem Jahre 1934 klingt die romantische Idee von einer Durchdringung des Christlich-Romanischen mit dem Nationalen noch einmal an.

Vornehmlich in den letzten beiden Jahrzehnten des 19. Jahrhunderts hatte der romanische Stil eine große Aufwertung erfahren[164]; die Tendenzen, ihn zu erneuern, liegen begründet in den nun diesem Stil zuerkannten spezifischen Eigenwerten, die in Begriffen wie Massigkeit, Mauerfestigkeit, maßhaltende Einfachheit, monumentale Ruhe und Würde erfaßt werden können. Jene, bewußt das Architektonische betonenden Werte, in Abgrenzung zum Konstruktiv-Ingenieurhaften, gewannen, wie Michael Bringmann aufgezeigt hat, zunehmende Bedeutung. Darüber hinaus war, so Bringmann, die Neuromanik in besonderem Maße „der inhaltlichen Deutung offen, zugleich kirchlich, national und lokal interpretierbar"[165]. Die Umorientierung des Gedankens von der Gotik als wesenhaft deutscher Sakralkunst in der Projektion auf die Romanik wurde mitbedingt durch den geschichtlich erkannten französischen Ursprung dieses Stiles. Wenn auch um die Jahrhundertwende die Assoziation des Christlich-Nationalen mehr und mehr

nivelliert wird, so bleibt doch gerade im Kirchenbau dieser Gedanke bis weit in das 20. Jahrhundert hinein latent gegenwärtig. Die inhaltlich-nationale Auslegung der Romanik erfährt in den dreißiger Jahren, beeinflußt durch die politischen Zeitumstände, eine kurze Neubelebung. Das Burgartig-Monumentale des Äußeren, das Lützeler in seiner Interpretation hervorhebt, scheint der staatsgelenkten Architektursprache dieser Jahre entgegenzukommen. Zu betonen bleibt allerdings, daß dieses Moment im Hinblick auf die von Lützeler angesprochene Köln-Hohenlinder Kirche nicht den Intentionen des Architekten Dominikus Böhm entsprach, sondern vielmehr aus der Zeitsituation heraus in der Akzentuierung bestimmter Werte an die Bauwerke herangetragen wurde.

Die Aktualität der Problemstellung einer spezifisch deutschen Kunst in dieser Zeit kann beispielhaft mit dem Hinweis auf Wilhelm Pinder dokumentiert werden[166], der seit 1935 geschichtliche Betrachtungen über Wesen und Werden deutscher Formen veröffentlicht. Nach dem 2. Weltkrieg tritt die Frage nach einer dem Deutschen wesensgemäßen Sakralkunst deutlich zurück[167], wenn sie nicht sogar bewußt vermieden wird.

I.2.d Chorturmkirchen als Sonderform

Die Überlegungen zu einer den liturgischen Reformbestrebungen entsprechenden Baugestalt führten in den zwanziger Jahren zur Errichtung von Chorturmkirchen, ein Typus, der bereits in der Romanik und Gotik bei Pfarrkirchen weit verbreitet war[168]. Ganz allgemein hat schon Wolfgang Müller auf das Wiederaufgreifen des Chorturms im deutschen Kirchenbau des 20. Jahrhunderts hingewiesen[169]; auch Hugo Schnell erwähnt in seiner Publikation über die Entwicklung des Kirchturms die modernen Chorturmanlagen, geht allerdings davon aus, daß keine Rückblendung auf früh- und hochmittelalterliche Vorbilder vorliegt, da die des 20. Jahrhunderts aus theologischen Überlegungen der Gegenwart entstanden seien[170]. Konkrete Aussagen von Theologen und Architekten lassen allerdings durchaus auf eine Parallelität zumindest in der inhaltlichen Ausdeutung schließen; die den früheren Chortürmen ursprünglich innewohnende kultisch-liturgische Bedeutung der Auszeichnung des Sanktuariums[171] findet sich eben auch in den neuen Bauwerken dieses Typus wieder. So fordert Johannes van Acken die freie Stellung des Altares in einem Chor, der in liturgischer und architektonischer Hinsicht den Gesamtraum beherrscht, dieser Vorstellung kann durch eine Chorturmkirche voll entsprochen werden. Auch Clemens Holzmeister befürwortet die Erhöhung des Altarraumes als Chorturm[172]. Zudem bietet eine solche Lösung die Möglichkeit einer deutlichen Lichtauszeichnung des Chorraumes, ein Moment, das bereits als wesentlich für diese Phase des modernen Kirchenbaus herausgestellt wurde.

Beispielhaft für die neue Chorturmkirche des 20. Jahrhunderts wurde die Bonifatiuskirche in Frankfurt-Sachsenhausen. Martin Weber legte bereits 1923 erste Entwürfe für diese Kirche vor, nach denen der Altar in einem hell belichteten sechseckigen Turm aufgestellt werden sollte[173]. Im rheinisch-westfälischen Bereich ist es vor allem Josef Franke, der unter dem Einfluß und in Zusammenarbeit mit Johannes van Acken solche Chorraumgestaltungen anstrebte. Stellvertretend seien erwähnt seine Bottroper Ludgerikirche oder die Christkönigskirche in Ringenberg (Abb. 71) von Dominikus Böhm mit den typischen Merkmalen eines nur wenig überhöhten, gedrungen und wuchtig wirkenden quadratischen Turmes, der sich im Inneren oftmals ohne Einziehung einer Zwischendecke über dem Altar erhebt. Auf einen hohen Westturm wird bei diesen Kirchen verzichtet, um die beherrschende Wirkung des Altar-Überbaus nicht zu beeinträchtigen. Gegebenenfalls erfüllt ein Campanile, losgelöst vom eigentlichen Kirchenraum, die Funktion des Eingangsturmes und Glockenträgers.

Im weitesten Sinne muß auch die Auferstehungskirche in Essen (Abb. 15) zur Gruppe der Chorturmkirchen gezählt werden, da Otto Bartning in diesem Zentralbau ebenfalls die Idee einer Verbindung von Altar und Turm verfolgt hat. In der Ausformung zeigt dieses Werk allerdings keinerlei Verbindungen zu mittelalterlichen Kirchen des Chorturmtypus, sondern verweist eher auf die stufenförmig gestalteten, runden oberitalienischen Baptisterien des 8. bis 12. Jahrhunderts, wie etwa San Salvatore in Almenno, die Bartning wohl bekannt gewesen sein mögen, so daß ein Einfluß von dorther nicht auszuschließen ist.

Die enge Anbindung des Turmes an das liturgische Zentrum war nicht beschränkt auf die frühe Phase des Kirchenbaus; auch nach dem 2. Weltkrieg wurde sie vornehmlich von Architekten der älteren Generation in evangelischen wie katholischen Sakralbauten weitergeführt[174]. Die im Bauwerk durch eine Überhöhung ablesbare Auszeichnung der Altarstelle bleibt ein kultisches Anliegen, das in der architektonischen Gestaltgebung zu neuen Formen führen kann. Der deutlich abgesetzte Turm wird aufgegeben zugunsten einer aus dem baulichen Gefüge entwickelten Kulmination über dem liturgischen Zentrum. So steigern sich etwa in Gottfried Böhms Köln-Melatener Kirche (Abb. 138, 139) unregelmäßige, ineinander verschachtelte Baukuben stufenartig zu jenem Punkt. Nicht immer ist in diesen Bauwerken allerdings eine schöpferische Auseinandersetzung mit dem traditionellen Gestaltbild einer Chorturmkirche abzulesen, oftmals kann man sich des Eindruckes einer „heimattümelnden" Architektur nicht erwehren, in der historische Stilformen als „bloßes Nachleben, Ausleben, oft im Sinne von provinzieller Stilverspätung" zu sehen sind[175].

II. Die Kirchenbaukunst nach 1945

II.1 Allgemeine Voraussetzungen

Nach dem Ende des 2. Weltkrieges, der für den Kirchenbau zwangsläufig eine Unterbrechung bedeutete, sahen sich Kirchenbaumeister und Theologen mit veränderten Problemstellungen konfrontiert. Obwohl die Bereitstellung von Wohnraum zunächst als dringlichere Aufgabe erschien, war man sich bewußt, daß auch eine große Zahl neuer Kirchen notwendig wurde. Dies ergab sich einerseits aus der Tatsache, daß viele Sakralbauten zerstört waren, andererseits aus Bevölkerungsverschiebungen und damit einer Veränderung der Bevölkerungsstruktur, die weite Teile des Landes umfaßte und eine teilweise Neugliederung der Pfarrbezirke mit sich brachte[176]. In größerem Umfang setzte die kirchliche Bautätigkeit bis auf wenige Ausnahmen, zu denen auch die sogenannten Notkirchen zählen[177], erst Anfang der fünfziger Jahre ein; dies ist neben zeitbedingten Problemen etwa finanzieller Art auch, so Hugo Schnell, auf das Fehlen einer anerkannt verbindlichen theologisch-liturgischen Konzeption für den Kirchenbau zurückzuführen[178]. Nach 1950 wurde dann die durch die Zeitumstände unterbrochene Diskussion über das Wesen und die Gestalt des Kirchenbaus verstärkt und auf breiterer Ebene wiederaufgenommen, wobei sich als Anknüpfungspunkt die Ergebnisse und Erfahrungen aus der Zeit vor dem Kriege anboten. Hugo Schnell hat die einzelnen Schritte dieser Bewegung, die in Tagungen, Ausstellungen und Veröffentlichungen nachvollziehbar sind, aufgezeigt[179], so daß hier auf eine ausführlichere Beschreibung verzichtet werden kann.

Ein Kernpunkt dieser neu belebten liturgischen Bewegung auf evangelischer wie katholischer Seite blieb weiterhin die Frage nach dem Stellenwert der Gemeinde, die mehr und mehr zum gestaltgebenden Faktor des neuen Kirchenbaus wurde. Diese, oben näher ausgeführte, bereits zu Anfang des Jahrhunderts von einzelnen Theologen und Architekten gewonnene und zum Teil in den Kirchen verwirklichte Erkenntnis wurde nun von einer breiteren Öffentlichkeit getragen und in der Folge auch in kirchliche Instruktionen aufgenommen, wie etwa in den Grundsätzen für die Gestaltung des evangelischen gottesdienstlichen Raumes, die 1951 auf der Tagung in Rummelsberg erarbeitet wurden[180] oder in den Richtlinien der Kölner Diözesansynode 1954[181]. Im Vergleich zur früheren Phase des Kirchenbaus, die eine engere Anbindung des Altarbezirkes an den Gemeinderaum anstrebte, wird nun der Akzent auf die Gemeinde selber verlagert, das heißt, diese soll auf den Altar hingeordnet werden, ihn nach Möglichkeit von mehreren Seiten umschließen als Voraussetzung einer aktiven Teilnahme. Damit einher geht eine veränderte Einschätzung der Stellung des Geistlichen, der nicht mehr hierarchisch dem Gottesdienst vorsteht, sondern mit dem Laien eine Gemeinschaft bildet. An einem frei im Raum aufgestellten Altar erfolgt die Zelebration immer häufiger versus populum. Bereits in der frühen Phase der liturgischen Bewegung ist diese Liturgieordnung artikuliert worden, so hat Pius Parsch bei der Neugestaltung der Klosterneuburger Kirche St. Gertrud den Altar für die celebratio versus populum aufgestellt. Nach dem Kriege befürwortete Theodor Klauser in den Richtlinien für die Gestaltung des Gotteshauses aus dem Geist der römischen Liturgie (1949) eine solche Placierung des Altares. Heute ist diese Form üblich geworden, wobei Theologen und Liturgiker vielfach der Überzeugung sind, damit einen frühchristlichen Brauch wiederaufleben zu lassen[182].

In liturgischer Hinsicht vollzieht sich ein Wandel in der Auffassung der Eucharistie, bei der bislang der Opferaspekt betont wurde, während nun der Charakter des Mahles in den Vordergrund rückt[183]. Der Altar wird als Tisch des gemeinsamen Mahles verstanden, der als ein solcher in die Gemeinde hineingehört. Hier zeigt sich, daß der frühchristliche Gedanke der „communio" als Kultgemeinschaft eine Wiederbelebung und neue Entfaltung erfährt[184]. Damit sind in den fünfziger Jahren im Ansatz bereits wichtige Impulse vorweggenommen, die dann katholischerseits im 1962 eröffneten Zweiten Vatikanischen Konzil ihre institutionelle Bestätigung erlangten. Das Konzil wollte, so Josef Jungmann, „entschlossen den Bedürfnissen der Zeit entsprechen" und endgültig „den Bann brechen, der die Liturgie seit 400 Jahren in einem Zustand der Unveränderlichkeit und schließlich der Starre festgehalten hat"[185]. Zu den wichtigsten die Baukunst betreffenden Reformen zählt die Forderung, daß beim Bau von Kirchen darauf zu achten ist, daß sie für die Verwirklichung der tätigen Teilnahme der Gläubigen geeignet sind[186]. Damit finden wichtige Anliegen der liturgischen Bewegung, die bereits zu Ende des 19. Jahrhunderts erörtert worden waren, ihre offizielle Würdigung. Den Gemeinden wird nun auch in allen, den Pfarrbereich betreffenden Problemen eine mitwirkende Funktion eingeräumt, auf pastoralem Gebiet, das heißt in Fragen der Verkündigung, Liturgie und Sakramentspendung erhalten sie ein beratendes Recht, das von den Pfarrgemeinderäten wahrgenommen werden sollte.

Die Bedeutung der Gemeinde als Keimzelle kirchlichen Lebens löste Bestrebungen aus, die darauf abzielten, die Pfarrbezirke möglichst in überschaubaren Grenzen zu halten, um den Gläubigen das Gefühl einer erlebbaren Gemeinschaft zu vermitteln. Die in Relation zu früheren Jahrhunderten daher oftmals auch „kleinen" Kirchen stehen zumeist nicht allein, sondern sind von weiteren Einrichtungen des Gemeindelebens umgeben; solche Gemeindezentren, die zuerst in evangelischen Kreisen aufgegriffen wurden[187], treten als neue Bauaufgaben seit den sechziger Jahren verstärkt in den Vordergrund, entsprechend dem neuen Selbstverständnis der Kirche, die „den Dienst am Nächsten, die praktische christliche Tat der Nächstenliebe" deutlich betont. „In diesem Sinne", so Hans Busso von Busse, „wird das kirchliche Bauen immer mehr zur räumlichen Manifestation des

Lebens der Gemeinde, des sozialen Engagements"[188]. Im Hinblick auf Größe und Stellung der Sakralbauten wird weiterhin ein bewußter Verzicht auf den kirchlichen Repräsentationsanspruch in monumentaler Formgebung spürbar. Bei den Laien wird vielfach der Wunsch nach kleinen, schlichten Kirchenräumen, die zudem einen intimeren Charakter tragen, geäußert. In der heutigen Gesellschaft, die der Kirche nicht mehr unbedingt ihre ehemals dominante Rolle zugesteht, können auch die Bauwerke selber jene dominante Stellung nicht mehr beanspruchen[189]. Einschränkend muß zu dieser, immer wieder erhobenen Forderung allerdings gesagt werden, daß in der Baupraxis bei der Erschließung neuer Siedlungen die Kirchen mit den sie umgebenden Gemeindebauten vielfach noch immer die Ortsmitte einnehmen; insofern kommt ihnen durchaus eine sichtbar herausragende Stellung zu. Fraglich bleibt, inwieweit die Plazierung tatsächlich als Ausdruck einer ideellen Dominanz zu werten ist, oder ob nicht vielmehr ästhetische Gesichtspunkte hier eine Rolle spielen.

Trotz vielfältiger Bemühungen beider Konfessionen ist die Zahl der Kirchenbesucher zunehmend rückläufig, so daß die Gemeinden in den siebziger Jahren des öfteren auf einen ausschließlich für die Liturgiefeier reservierten Kirchenbau verzichten zugunsten multifunktionaler Räume; diese Raumkonzeption führte allerdings bei Architekten und Theologen zu kontroversen Auseinandersetzungen[190]. Da der Kirchenraum neben seiner Funktion als Versammlungsort der Kultgemeinde auch sichtbar und außerhalb der Meßfeier als „Haus Gottes" bestimmt sein soll, werden solche multifunktionalen und damit bisweilen säkularisiert erscheinenden Räume oft auch von den Gemeindemitgliedern abgelehnt. Dies betrifft nicht nur die katholischen Gläubigen, sondern auch auf evangelischer Seite wird die rationale Einstellung zum Kirchengebäude als Gemeinderaum, die sich zu Ende des 19. Jahrhunderts herausbildete, heute differenzierter gesehen; so betonen die Teilnehmer der Tagung in Rummelsberg, daß die evangelische Kirche über die Funktion als Gemeindestätte hinaus „gleichnishaft Zeugnis von dem geben soll, was sich in und unter der gottesdienstlich versammelten Gemeinde begibt: nämlich die Begegnung mit dem gnadenhaft in Wort und Sakrament gegenwärtigen heiligen Gott"[191].

Neben diesen kurz skizzierten Neuansätzen im theologisch-liturgischen Bereich, die als Grundlage für die Kirchenbaukunst angesehen werden müssen, ist weiterhin, wie schon zuvor, die Entwicklung der Baustoffe und -techniken von Bedeutung. Da die kirchlichen Bauvorschriften keinerlei Einschränkungen hinsichtlich des Materials erlassen, ist den Architekten und Bauherren völlige Freiheit in der Ausschöpfung der zur Verfügung stehenden Mittel gegeben. Die bevorzugte Bauweise wurde analog zur Entwicklung im profanen Bereich der Betonbau in unterschiedlicher Ausführung und Konstruktionsweise. Nach jahrzehntelangen Versuchen und Erfahrungen war dieses Material technologisch so vervollkommnet, daß alle gewünschten Gestaltungsformen realisiert werden konnten, wobei wichtige Entwicklungsbeiträge den Statikern und Ingenieuren zu verdanken sind. Dies trägt dazu bei, daß sich die neue Kirchenbaukunst in einer reichen Fülle von individuellen Typen und Formen in Grund- und Aufriß darbietet.

Die katholischen Bistümer in den Rheinlanden, die durch das 1957 neugegründete Ruhrbistum Essen erweitert

wurden, und die evangelischen Landeskirchen in Rheinland und Westfalen zeichnen sich nach dem Kriege wiederum durch eine große Zahl herausragender Bauten aus; vor allem im Erzbistum Köln, das durch sein relativ hohes Steueraufkommen begünstigt war, wurde intensiv gebaut. Da zudem der Kölner Kardinal Josef Frings und der Diözesanbaumeister Willy Weyres sich neuen Bauideen gegenüber aufgeschlossen zeigten, entwickelte sich das Kölner Bistum zu einem führenden Zentrum kirchlichen Bauschaffens, das bald auch die Sakralarchitektur der angrenzenden Bistümer beeinflußte. Trier und Münster nahmen diese Anregungen bereits um die Mitte der fünfziger Jahre auf, während Paderborn aufgrund seiner besonderen Situation als Diasporagebiet zunächst nur einfache, bescheidene Kapellen und Kirchen errichtete; erst in den sechziger Jahren nach dem Konzil vollzog sich auch hier eine Angleichung an die allgemeine Entwicklung des modernen Kirchenbaus[192].

II.2 Kirchenamtliche Baurichtlinien in der Diskussion

Der Abänderung beziehungsweise Neuformulierung kirchenbaulicher Richtlinien und Empfehlungen muß auch für die Zeit nach dem 2. Weltkrieg eine kurze Darstellung gewidmet werden, da aus ihrer Interpretation bedingt ein Eingreifen in das Kirchenbauschaffen abzuleiten ist.

Im Bereich der evangelischen Sakralarchitektur müssen die Grundsätze der fünften Kirchenbautagung in Rummelsberg 1951 hervorgehoben werden[193], die bis heute keinerlei Umformungen oder Erweiterungen erfahren haben. Die hier interessierenden Ausführungen über die bauliche Gestalt des gottesdienstlichen Baues und Raumes geben, in Form einer Empfehlung, allein Einschränkungen bezüglich einer Unterscheidung von profanen Bauten und Räumen und der Vermeidung eines Wetteifers mit Hochhäusern, Industrie- und Verwaltungsbauten. Diese Sätze sind nicht als Forderung nach einem eigenen kirchlichen Stil zu verstehen, sondern sie sollen gewährleisten, daß der spezifische Zweck und das Wesen[194] der Kirche zum Ausdruck gebracht wird. In der Gestaltungskonzeption ist dem Architekten völlige Freiheit eingeräumt.

Auf katholischer Seite werden ebenfalls in den fünfziger Jahren Richtlinien erarbeitet, die als Instruktion der Römischen Kongregation des Heiligen Offiziums über die kirchliche Kunst 1952 an die bischöflichen Ordinariate ergehen[195]. Wie in den evangelischen Grundsätzen wird auch hier die Unterscheidung zum Profanbau gefordert, nur ist dieser Satz deutlicher und schärfer akzentuiert: „Mag sich die kirchliche Architektur auch neuer Formen bedienen, so darf und kann sie doch auf keine Weise sich Profanbauten angleichen[196]." Darüber hinaus wird in den Richtlinien wiederum der Canon 1164 aufgeführt, der besagt, daß die von der christlichen Überlieferung übernommenen Formen und die Gesetze der christlichen Kunst beachtet werden sollen[197]. Gerade diese, seit 1918 bestehende Bestimmung, erlaubt unterschiedliche Interpretationen und führte bereits vor ihrer Bestätigung 1952 zu kontroversen Diskussionen, deren Gegenpositionen am deutlichsten von den Theologen Rudolf Müller-Erb und Alois Fuchs formuliert werden. Während Müller-Erb die These vertritt, daß hiermit nur die Respektierung der Würde dieser Formen gemeint sei und für den modernen Kirchenbau hieraus keine Traditionsverbundenheit abzuleiten sei[198], liest Fuchs aus dieser Bestimmung die unbedingte Forderung sogar eines formalen Traditionsbezuges. In seiner Auslegung müssen kirchliche Neubauten „soviel Verbindung mit der früheren kirchlichen Bauweise aufweisen . . ., daß man sie ohne Schwierigkeiten erkennt"[199], das heißt, sie müssen den herkömmlichen Gotteshäusern irgendwie ähnlich gestaltet sein, sie müssen der dem Volke vertrauten Vorstellung entsprechen. In ähnlicher Weise äußert sich Karl Boromäus Frank, der in der Beachtung der Überlieferung Formen sieht, die bleibende Geltung haben und als wesentliche allen Stilen trotz des Formenwandels gemeinsam sind. „Es sind jene Formen, die eben die Kirche zur Kirche machen[200]." Alois Fuchs begründet die Traditionsverbundenheit mit dem hierin gewährleisteten sakralen Charakter der Kirche. War die Bindung des Sakralen an die formale Tradition vor dem Kriege in den Diözesanstatuten von Köln 1937 noch verbaliter angesprochen, so wird sie nun offiziell nicht mehr aufgenommen, sondern vornehmlich nur noch von Fuchs vertreten. Wenn seinen Thesen hier dennoch Raum gegeben wird, so deshalb, weil er als ständiger Fachberater des Baudezernats im Paderborner Generalvikariat tätig war und von daher Einfluß auf das moderne Bauschaffen im Bistum nahm[201]. Die Paderborner Richtlinien von 1951 und auch 1961[202] spiegeln deutlich sein Gedankengut. In den Leitsätzen wird 1951 zwar nicht die Wiederaufnahme eines bestimmten historischen Stils gefordert, wohl aber konkrete Angaben bezüglich der Form gegeben: so soll der Architekt etwa den Spitzbogen vermeiden, da er Merkmal eines einzelnen historischen Stiles sei, während Formen von zeitloser Gültigkeit[203] wie der Rundbogen, den Fuchs als besonders edle und sakral wirkende Form bezeichnet[204], empfohlen werden. Dies hatte für das Kirchenbauschaffen der Diözese zur Folge, daß bis in die sechziger Jahre nahezu alle Bauwerke einem modernisierten, sich an der Romanik orientierenden „Rundbogenstil" verpflichtet waren. So ist vornehmlich durch den institutionellen Einfluß gewissermaßen ein regionaler, romanisierender Stil ausgebildet worden.

Die Dekrete des Heiligen Offiziums von 1952 sowie die darauf basierenden Diözesanstatuten werden durch das Zweite Vatikanische Konzil aufgehoben. In Bezug auf die kirchliche Kunst wird hier deutlich zum Ausdruck gebracht, daß die Kirche keinen eigenen Stil propagiert, den Künstlern wird Freiheit in der Ausübung gegeben, sofern sie den Sakralbauten und den heiligen Riten mit der gebührenden Ehrfurcht dienen. „Die Kirche hat niemals [!] einen Stil als ihren eigenen betrachtet, sondern hat je nach Eigenart und Lebensbedingungen der Völker und nach Erfordernissen der verschiedenen Riten die Sonderart eines jeden Zeitalters zugelassen und so im Laufe der Jahrhunderte einen Schatz zusammengetragen, der mit aller Sorge zu hüten ist"[205], wobei dieser Nachsatz allerdings nicht als traditionelles Bezugsmoment gewertet werden darf. Mit diesen Äußerungen beendet das Konzil die im Laufe des 20. Jahrhunderts immer wieder erhobene Forderung eines formalen Traditionsbezuges, der aus der Bindung dieser Formen an den ihnen zuerkannten sakralen Charakter resultiert. Den Architekten wird ein weitgehender Freiraum zugestanden und es bleibt ihnen freigestellt, ob, inwieweit und in welcher Weise sie die Tradition in ihr Schaffen einbeziehen.

Der Traditionsbegriff bleibt dennoch ein wichtiger Aspekt der Kirchenbaudiskussion. Nachdem man sich seiner negativen Auswirkungen, nämlich der einengenden formalen Bindung im oben beschriebenen Sinne weitgehend bewußt war, konnte ein Überdenken des Traditionswertes geschehen. Die Zeitschrift „Kunst und Kirche" widmete sich 1975 ausschließlich diesem Thema, wobei aus allen Beiträgen sowohl der Theologen wie der Architekten eine positive Bewertung herauszulesen ist. Als wesentliches Moment sei hervorgehoben, daß hier die Tradition in einem umfassenden Sinne als existenzielle Notwendigkeit gesehen wird: „Vergangenheit und die aus dieser sich herleitende Tradition gehört wesenhaft zum Menschsein[206]." Ihr Fehlen, so Hans R. Blankesteijn, hat fast immer eine kulturelle und geistige Machtlosigkeit zur Folge[207]. Die kirchliche Begründung der Tradition resultiert aus der Geschichtlichkeit des Glaubens, sie betrifft nur den Geist und die religiösen Leitideen, im Hinblick auf die Kunst nicht Erscheinungsformen und Baukonzepte; oder wie dies Kardinal Konstantini bereits 1955 formulierte, „Tradition bedeutet im Bereich kirchlicher Kunst einen geistigen Inhalt, nicht etwa die Form, die sich im Verlauf der Zeit ändert"[208].

II.3 Die Entwicklung der Kirchenbauten nach 1945 unter besonderer Berücksichtigung des Traditionsbezugs

II.3.a Grundriß

Die evangelischen und katholischen Kirchenbauten nach 1945 bieten im Laufe ihrer Entwicklung ein immer reicher werdendes Bild neuer Grundrißlösungen. Da eine allgemein verbindliche Gestaltungskonzeption nicht erarbeitet und auch nicht gesucht wurde, konnten die Architekten in Absprache mit den kirchlichen Bauherren die in der Liturgiereform enthaltenen ideellen Forderungen auf individuelle Weise baulich umsetzen. Die unterschiedlichen Lösungen sollen im folgenden in ihren Hauptentwicklungslinien dargelegt werden, wobei auf eine getrennte Beschreibung evangelischer und katholischer Kirchenbauten verzichtet werden kann, da die Annäherung der beiden Konfessionen auch dazu geführt hat, daß im Hinblick auf die bauliche Gestalt kaum mehr gravierende Unterschiede bemerkbar sind. Um die Formfülle überschaubar vorzustellen, sei zunächst wiederum eine Unterteilung vorgenommen in Bauwerke, die sich über einem längsausgerichteten Grundriß erheben, somit also das Prinzip der Wegkirche weiterhin verfolgen, und solche, denen eine zentralisierende Form zugrunde liegt. Wie zu zeigen sein wird, sind die beiden Gruppen allerdings nicht exakt voneinander zu trennen, da auch die Langhausbauten, vor allem nach dem Konzil, mehr und mehr zentralisierende Tendenzen aufweisen. Beide Gruppen sind zudem in einer gewissen zeitlichen Abfolge zu sehen, das heißt, es erfolgt ein stufenweiser Abbau der eindeutigen Längsausdehnung in Richtung auf den zentral orientierten Raum, der seit Beginn der sechziger Jahre dominiert. Die Entwicklung verläuft allerdings in den einzelnen Bistümern unterschiedlich, insofern, als in Paderborn, Trier und Münster der Langhausbau noch länger beherrschend bleibt.

In den ersten Jahren nach dem Krieg knüpften die Architekten an die Grundrißformen an, die bereits zu Ende der zwanziger Jahre entwickelt worden waren. Bevorzugt wurden einfache längsrechteckige Anlagen, die

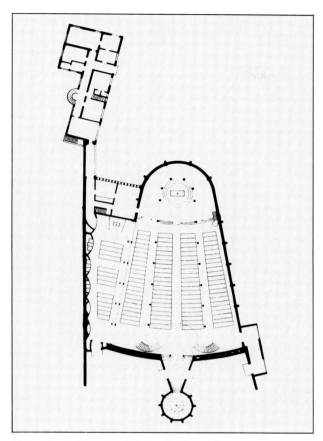

Abb. 72   Koblenz, St. Elisabeth, Grundriß

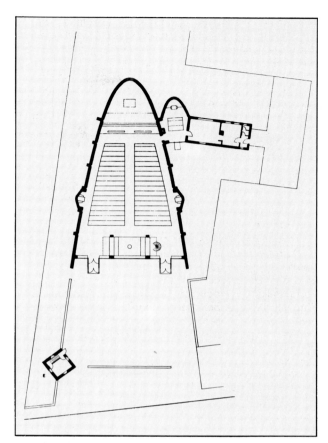

Abb. 73   Bottrop, Heilig-Kreuz-Kirche, Grundriß

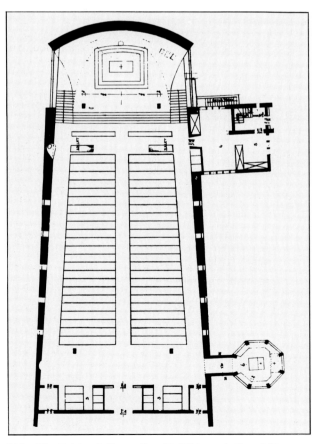

Abb. 74   Sulzbach-Neuweiler, St. Hildegard, Grundriß

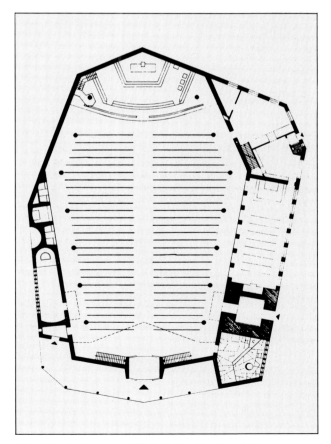

Abb. 75   Ochtendung/Eifel, St. Martin, Grundriß

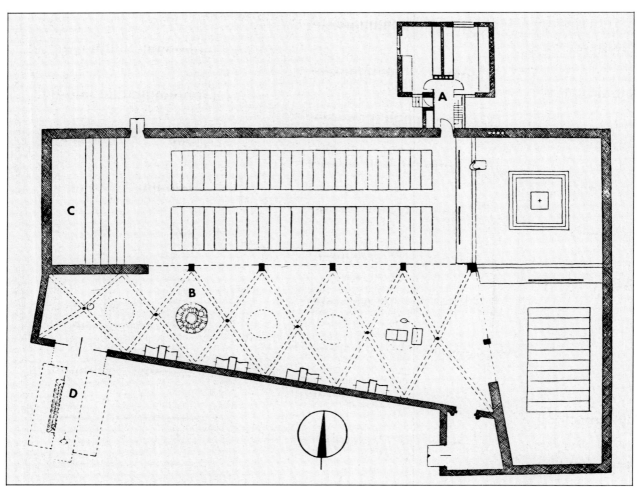

Abb. 76 Düren, St. Anna, Grundriß

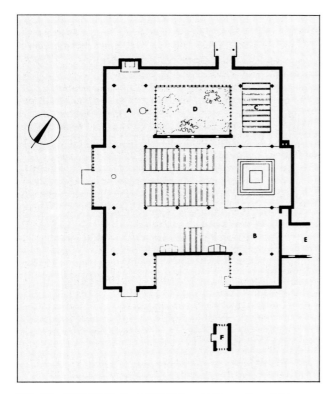

Abb. 77 Köln-Rath, Zum Göttlichen Erlöser, Grundriß

größtenteils mit einem eigenen Chorraum in apsidialer Gestalt ausgestattet waren. Um 1960 wurde im allgemeinen dieser baulich abgesonderte Chor aufgegeben, wobei in der evangelischen Landeskirche Rheinland und in den katholischen Bistümern Köln und Aachen dieses Prinzip bereits in der zweiten Hälfte der fünfziger Jahre verstärkt auftrat. Dennoch klingt auch später noch der alte Chorgedanke gerade in den Rheinlanden immer wieder an. Im Hinblick auf die Themenstellung soll dieses Phänomen in einem eigenen Abschnitt näher erläutert werden.

Schon frühzeitig bemühten sich unter anderen die Architekten Dominikus und Gottfried Böhm, Josef Lehmbrock, Alfons Leitl und Kurt Schweflinghaus um eine Auflockerung des starrechteckigen Raumgefüges etwa durch die Schrägung oder Abknickung von Wänden, die, so Hugo Schnell, sich zwischen etwa 1953 und 1960 in solchem Maße durchsetzte, daß die abgeschrägte Wand zu einer erkennbaren Stilphase wurde[209]. Charakteristische Beispiele für die aus der Schrägung sich ergebende Trapezform sind die katholische Kirche St. Hildegard in Sulzbach-Neuweiler (Bistum Trier; 1955—57, Gottfried Böhm) (Abb. 74) oder die evangelische Klarenbachkirche in Düsseldorf-Holthausen von E. Petersen und W. Köngeter (1955). Erinnert sei in diesem Zusammenhang an die evangelische Petri-Nikolai-Kirche in Dortmund (Abb. 11) aus dem Jahre 1930, die diese Form bereits vorgebildet hatte. Möglicherweise führte die

Abb. 78   Köln-Rath, Zum Göttlichen Erlöser, Inneres

Bedeutung dieser Kirche dazu, daß gerade im Bereich der westfälischen Landeskirche die Grundrißform: Trapez mit ausgesondertem Chor sehr häufig aufgegriffen wurde[210].

Eine weitere aus der Abknickung entwickelte Raumform kann beispielhaft durch die Martinkirche in Ochtendung/Eifel (1958) (Abb. 75) vorgestellt werden. Alfons Leitl hat sowohl die Seitenwände wie auch die kürzere Chor- und Eingangsseite in schräger Linienführung auseinandergezogen und somit eine im Laienbereich sich weitende Raumentwicklung erreicht[211]. Vom Grundriß her vergleichbar ist die Pauluskirche in Neuss-Weckhoven (Abb. 120) von Fritz Schaller, die allerdings erst 1966 entstand, zu einer Zeit, da allgemein die schräge Wandführung bei Langhausbauten bereits aufgegeben war. Ebenfalls vergleichbar ist die evangelische Jesus-Christus-Kirche in Sennestadt von Dieter Oesterlen (1966), deren Grundriß in schräger Linienführung zwei vom Boden aufsteigende, dreieckige Betondachflächen entsprechen.

In die oben angesprochene Stilphase ist auch die Parabelform einzugliedern, die, wie das Trapez, bereits ebenfalls vor dem Kriege durchdacht und in der evangelischen Pressa-Kirche verwirklicht war. Rudolf Schwarz hatte die Parabel 1938 in seinem Buch „Vom Bau der Kirche" als Archetyp „Heiliger Wurf" aufgenommen und die Gedanken, die ihn zu dieser Form geführt hatten, erläutert[212]. Fast zwei Jahrzehnte später konnte er

diese Bauidee der Heilig-Kreuz-Kirche in Bottrop zugrunde legen (Abb. 73). Im Unterschied zu Otto Bartning, der jene Raumform wählte aufgrund der ihr innewohnenden Kraft, die Gemeinde zu sammeln[213], betont Schwarz die besondere Bewegung des Raumes, der als große „Apsis" die irdische Versammlung fließend zur heiligsten Stelle um den Altar heranführt; so schreibt er in Bezug auf die Bottroper Kirche: „Die Gemeinde . . . blickt in eine weite offene Bucht, in der der Altar steht. Diese Bucht ist die Apsis der Kirche; ihre Wände sind himmlischer Hintergrund, ‚theologischer Ort‘, der den Altar gleichsam hervorbringt. Sie reicht mit offenen Armen bis hinter die Versammlung der Menschen zurück, alles Volk ist in ihr darin, und seine ganze Welt ist heilig durchwirkter Zwischenraum. Das Volk blickt nach vorn in die bergende Bucht, es steht vor dem Thron, seine Bewegung fließt vorwärts und schlägt dann in ihren Rücklauf um. Die rückläufige Bewegung des Baus wird vom Raum ernährt. . . . Das ist der Gedanke des ‚Heiligen Wurfs‘: die Menschen werden zu einer allerheiligsten Stelle vorgetragen und dann von der Bewegung der Ewigkeit zurückgetragen[214]." Die Interpretation der Parabel als große Apsis macht deutlich, daß baugeschichtlich diese Grundrißform entstanden ist als Weiterentwicklung und Aktualisierung des traditionellen Langhausbaus mit Chorapsis. Trotz der unbestreitbaren Neuheit dieser Form wird dennoch, auch auf ikonologischer Ebene, ein Bezug zur Geschichte offenbar. Neben Rudolf Schwarz und anderen hat im Rheinland

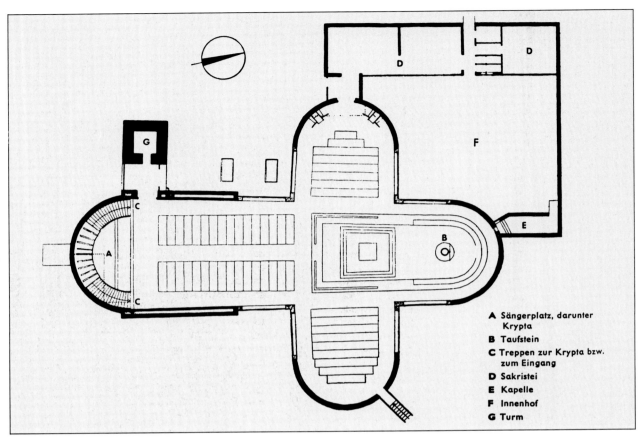

A Sängerplatz, darunter
  Krypta
B Taufstein
C Treppen zur Krypta bzw.
  zum Eingang
D Sakristei
E Kapelle
F Innenhof
G Turm

Abb. 79   Essen-Rüttenscheid, St. Andreas, Grundriß

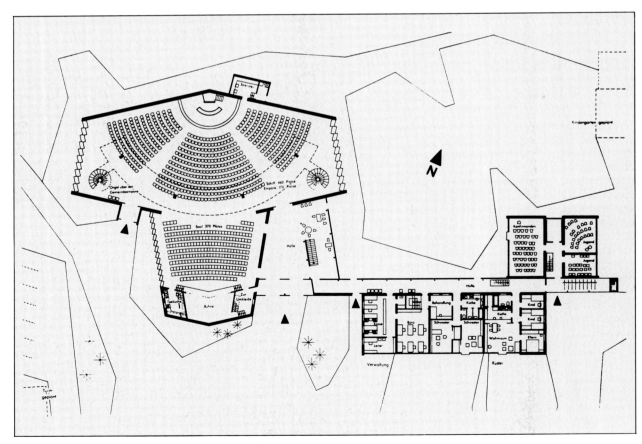

Abb. 80   Duisburg-Rheinhausen, Erlöserkirche, Grundriß

Dominikus Böhm in Zusammenarbeit mit seinem Sohn Gottfried 1954 eine Kirche über parabolischem Grundriß errichtet: St. Elisabeth in Koblenz (Abb. 72), mit weit gerundeter Chorbucht und sanft nach außen geschwungener Eingangsfront. Als Vorstufe für dieses Projekt sei auf die Pläne für St. Josef in Offenbach, 1925, verwiesen. Zu Ende der fünfziger Jahre wurde die Parabel wie viele andere Langhausformen aufgegeben zugunsten stärker zentralisierender Grundrisse.

Das geschlossen-überschaubare, längsrechteckige Raumgefüge, das kennzeichnend für die Bauwerke vor dem Kriege war, erfuhr teilweise schon kurz nach 1950 eine Auflockerung durch die Anfügung kleinerer Baukompartimente, die Platz boten für die Aufstellung des Taufsteins, den Sängerchor oder für die Einrichtung einer Werktagskapelle; letztere diente zugleich als intimerer Raum für die private, stille Andacht der einzelnen Gläubigen. Darin spiegelt sich eine veränderte pastorale Auffassung, die erkannt hatte, daß die einräumigen großen Kirchen diesen Anspruch oftmals nur ungenügend erfüllen konnten[215]. Die Erweiterung des Hauptschiffes führte zu einer immer unregelmäßigeren Grundrißstruktur aus zueinander verschobenen, voneinander abgesetzten Raumteilen, die zunächst jedoch geradlinig ausgerichtet sind. Allein die apsidiale Gestaltung des Chorraumes und der Taufstelle durchbrechen dieses Prinzip. Die halbrund ausgeformte Taufkapelle, welche häufig der Altarstelle gegenüberliegt, wurde bisweilen schon im frühen modernen Kirchenbau verwendet, z. B. von Dominikus Böhm, als Folge der aus der Liturgiereform entwickelten Neuordnung des Kircheninneren. Nach 1945 erscheint sie vornehmlich im rheinischen Raum und wird

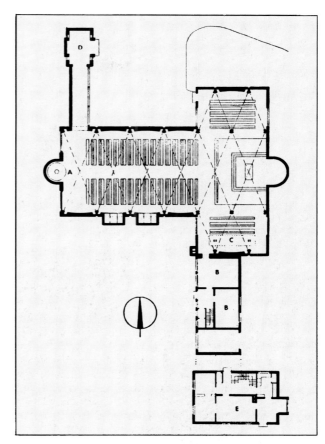

Abb. 81   Berrenrath, St. Wendelin, Grundriß

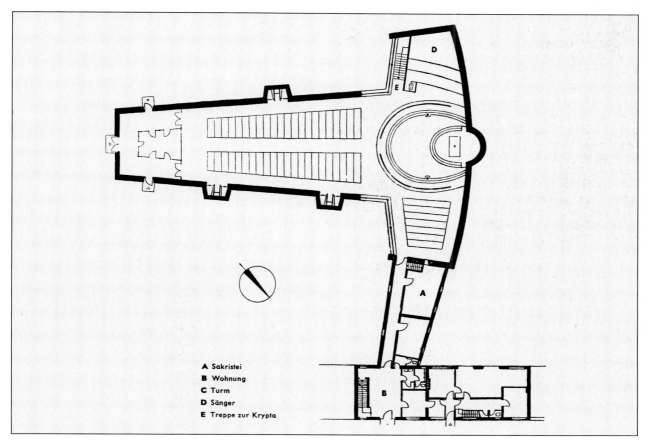

A Sakristei
B Wohnung
C Turm
D Sänger
E Treppe zur Krypta

Abb. 82   Frechen, St. Maria Königin, Grundriß

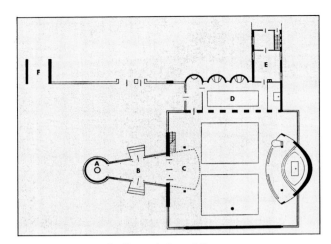

Abb. 83   Neuss, St. Konrad, Grundriß

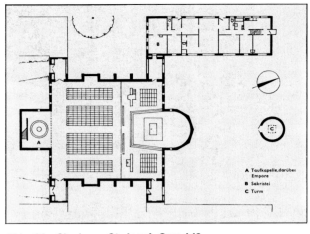

Abb. 84   Siegburg, St. Josef, Grundriß

vor allem von Karl Band, Dominikus und Gottfried Böhm, Wolfram Borgard, Stefan Leuer, Fritz Schaller, Heinrich Otto Vogel oder Fritz Vollmer vielfach variierend aufgenommen. Dieses Phänomen soll an anderer Stelle eingehender erläutert werden.

Das neue gruppierte Raumgefüge zeigt sich vor allem im Bauschaffen von Fritz Schaller, wobei als frühestes Beispiel die Pfarrkirche Zum Göttlichen Erlöser in Köln-Rath (Abb. 77, 78) zu nennen ist. Die 1951 geplante und 1954 geweihte Kirche bildet ein quergelagertes Rechteck, das von einem durch Pfeiler längsrechteckig ausgerichteten Hauptschiff durchbrochen wird; seitlich des Schiffes sind Beichtraum, Raum für den Chor, Werktagskapelle, Taufkapelle und ein innen liegender Gartenhof angeordnet. Das Motiv des in die Kirchenanlage einbezogenen Gartenhofes, das in Verbindung mit dem Atriums- und Paradiesesgedanken zu sehen ist[217], erscheint als neues Element in den Sakralbauten nach dem 2. Weltkrieg auch im Werk von Rudolf Schwarz und den beiden Böhm.

Rudolf Schwarz, dem die Kirchenbauentwicklung wichtige Impulse verdankt, entwickelte für die St. Anna-Kirche in Düren (Abb. 76) ebenfalls eine durch Anbauten erweiterte Grundrißlösung: das langgestreckte Hauptschiff bildet mit der kürzeren Werktagskapelle einen Winkel, in den eine trapezförmig verlaufende „Pilgerhalle" eingefügt ist; diese enthält die Taufstelle, Beichtstühle und die Wallfahrtsstätte, den St. Anna Schrein. Nach der Interpretation von Hugo Schnell wurde hier „programmatisch eine Kirche der Bewegungsmöglichkeiten errichtet, da Hauptkirche, Werktagskapelle, Wallfahrer- und Sakramentsräume abgeschlossen für sich und doch miteinander kommunizierend geschaffen sind"[218]. Die Sakralbauten von Schwarz spiegeln die Vielfalt der neuen Grundrißlösungen im Bereich des Langhausbaus wider. Von wenigen Ausnahmen abgesehen hielt er im Gegensatz zu anderen Architekten am Prinzip der Wegkirche fest. Extrem deutlich wird dies bei St. Anna in Duisburg (1952—53) oder St. Albert in Andernach[219], die beide als langgestreckte Einraumkirchen die 1928 entwickelte Grundrißidee der Fronleichnamskirche in Aachen noch einmal aufgreifen. Schwarz bekannte sich zur Wegform als einer Möglichkeit, den Weg der Gemeinde zu Gott sinnbildlich darzustellen. „Das Volk hat den Aufbruch vollzogen . . . sein Dasein ist Weg, Reihe hinter Reihe zieht es zu Gott hin. . . . Der

Zug beginnt im Dunkel des Tores und endet im Licht[220]." Die oben genannten Lösungen in ihrer ausgeprägten Form als Wegkirche bilden insofern eine Ausnahme, als sich gemeinhin die Tendenz zu verkürzten, gedrückteren Proportionen abzeichnet, um im Bauwerk selber jene enge Verbindung zwischen Altar und der Gemeinschaft der Gläubigen deutlicher zum Ausdruck zu bringen. So werden auch die vor dem Kriege fast gänzlich aufgegebenen querhausartigen Erweiterungen wieder aufgenommen, da in ihnen die Möglichkeit erkannt wird, die Gemeinde von mehreren Seiten her dem Altar zuzuordnen. Je nach Lage der Querarme entsteht im Grundriß die T- oder Kreuzform[221]. St. Franziskus in Essen von Rudolf Schwarz und St. Bernhard in Köln-Longerich, 1961 von Fritz Lill erbaut, seien als Beispiele für die T-Form erwähnt; letztere zeichnet sich dadurch aus, daß Lill die Altarwand und die ihr gegenüberliegende Langhauswand in einem stumpfen Winkel gebrochen hat. Eine ähnliche Gesamtform zeigt die 1957—62 nach Plänen des Architekten Rudolf Esch errichtete evangelische Erlöserkirche in Duisburg-Rheinhausen (Abb. 80); allerdings wurde hier im Langhaus der Gemeindesaal untergebracht, der je nach Platzbedarf miteinbezogen werden kann. Wird er ausgegliedert, erscheint der eigentliche Kirchenraum als ein aus zwei kurzen Trapezen zusammengesetztes, quergelagertes Raumgefüge. In den stumpfen Winkel ist der Altar gestellt, umschlossen von segmentbogenförmigen Bankreihen. Bisweilen wird in katholischen Bauwerken die T-Form zusätzlich bereichert durch eine kleine halbkreisförmige Apsis; so in St. Maria-Königin in Frechen (Rudolf Schwarz, 1954) (Abb. 82) oder in leicht gestelzter Form bei der Pfarrkirche von Berrenrath (Abb. 81), St. Wendelin (Fritz Schaller, 1956). Die Kombination von Langhaus und durchlaufendem Querhaus mit direkt anschließender Apsis läßt trotz einiger Modifizierungen noch einmal den vorromanischen Grundrißtypus mit „römischem Querhaus" anklingen. Ein unmittelbar beabsichtigter Rückbezug zu diesen frühchristlichen Kirchen ist aber wohl kaum mehr gegeben.

Für die oben erwähnten Bauwerke, die über dem lateinischen Kreuz errichtet sind, ist ebenfalls ganz allgemein auf historische Vorbilder zu verweisen; im Vergleich mit diesen erscheinen die modernen Kreuzformen vereinfacht, das heißt, reduziert auf vier zumeist gerade schließende, nicht in Schiffe unterteilte Kreuzarme. Als katholi-

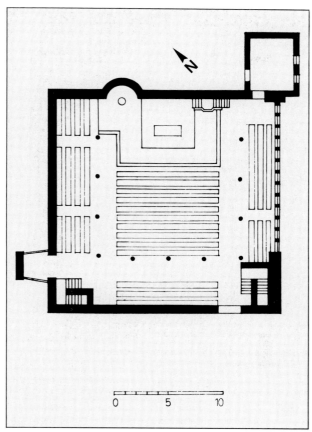

Abb. 85 Bonn, Lukaskirche, Grundriß

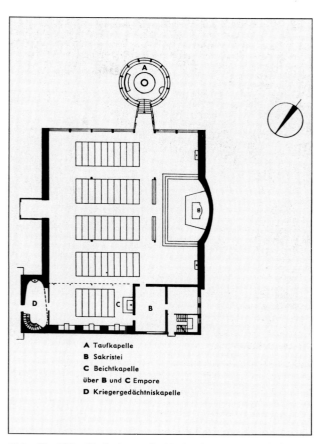

A Taufkapelle
B Sakristei
C Beichtkapelle
über **B** und **C** Empore
D Kriegergedächtniskapelle

Abb. 86 Köln-Marienburg, St. Maria Königin, Grundriß

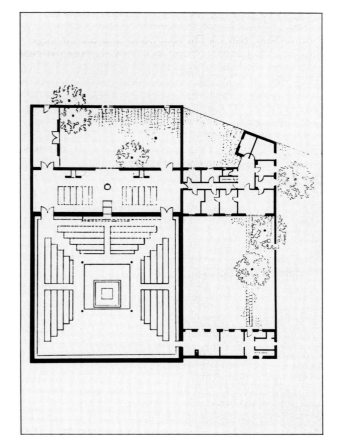

Abb. 87 Oberhausen, Heilige Familie, Grundriß

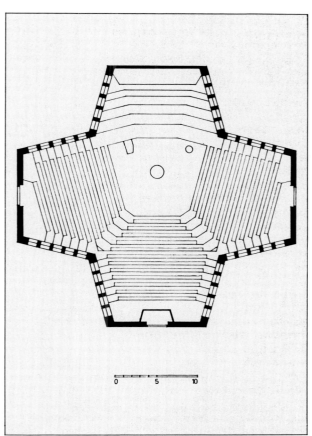

Abb. 88 Düren, Christuskirche, Grundriß

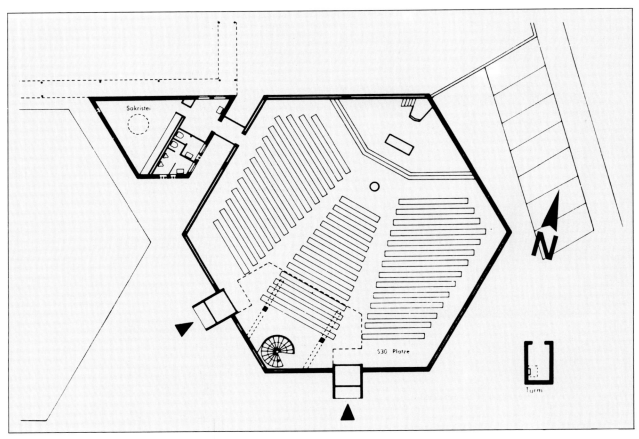

Abb. 89   Leverkusen-Bürrig, Petruskirche, Grundriß

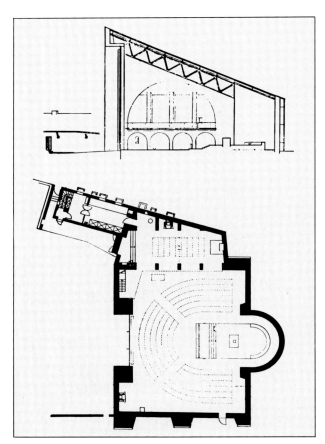

Abb. 90   Opladen, St. Elisabeth, Grundriß und Schnitt

sches Beispiel sei die Pfarrkirche Maria-Königin in Trier-Pallien angeführt (Heinrich Otto Vogel, 1958—59): sie ist gekennzeichnet durch ein breites Langhaus, kurze Querarme und einen im Verhältnis zu diesen tieferen und weiteren Altarraum, der den vierten Kreuzarm bildet. In seiner Achse wird die gegenüberliegende Langhauswand durch eine kleine Konche ausgenischt. Auch evangelische Kirchenbaumeister haben des öfteren das Motiv des Kreuzgrundrisses variiert, so Ernst Dossmann in der Johanneskirche von Iserlohn (1960), deren Kreuzarme im Hinblick auf eine stärkere Zentralisation zum Schnittpunkt trapezförmig auseinandergezogen sind.

Im Unterschied zu diesen Beispielen sind die auf der Kreuzform basierenden Kirchenbauten von Rudolf Schwarz stets apsidial geschlossen. Sowohl bei St. Maria-Königin in Saarbrücken wie auch bei St. Andreas in Essen (Abb. 79) und St. Michael in Frankfurt mündet das Längsschiff in eine zentralisierende Anlage aus drei gleich gestalteten Apsiden. In freier Variation wird hier die mittelalterliche Sonderform des Kleeblatt- oder Dreikonchenchores wieder zum bestimmenden Element des Erscheinungsbildes. Schwarz selber bekennt sich zu diesen historischen Vorbildern, indem er schreibt: „Baugeschichtlich gesehen nimmt der Entwurf den großartigen Gedanken des Kleeblattchores auf[222]."

Die Wahl der Kreuzgrundrißformen schließt neben dem im 20. Jahrhundert neu hinzugetretenen funktionalen Gesichtspunkt auch die Vermittlung eines bestimmten Symbolgehaltes mit ein. Wie literarische Zeugnisse erweisen[223], hat die in der Tradition verankerte inhaltliche Bedeutung der Kreuzform als ältestes Heilszeichen der Menschheit, Symbol der Gottheit wie des Alls und

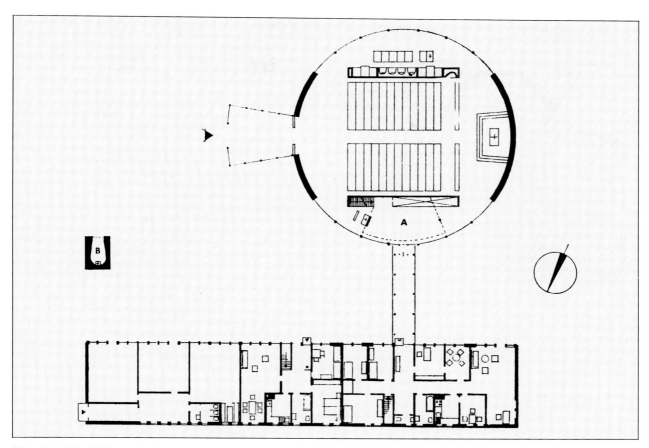

Abb. 91   Köln-Mülheim, St. Theresia, Grundriß

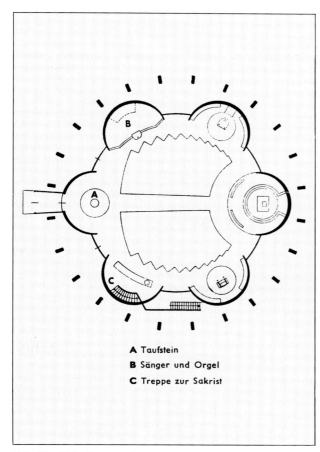

Abb. 92   Kalscheuren, St. Ursula, Grundriß

A Taufstein
B Sänger und Orgel
C Treppe zur Sakrist

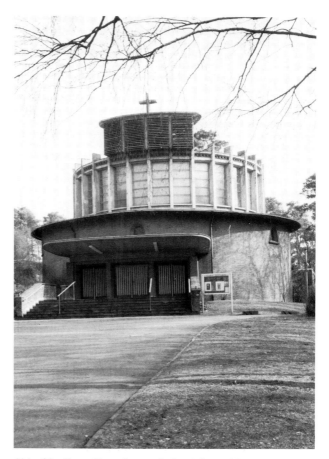

Abb. 93   Bonn-Venusberg, Auferstehungskirche, Außenansicht

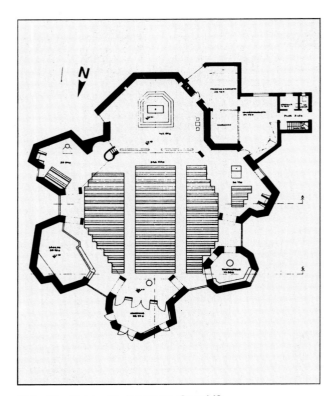

Abb. 94 Rheda, St. Johannes, Grundriß

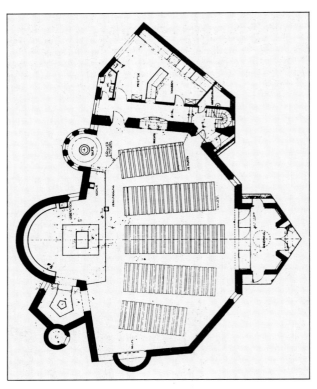

Abb. 95 Köln-Vogelsang, St. Viktor, Grundriß

deutlichstes Zeichen der Erlösung[224] bis heute ihre Gültigkeit nicht verloren. In dieser sinnfälligen Zeichenhaftigkeit wird die bewußte Verwendung der Kreuzform als konstituierendes Element eines Kirchengrundrisses zu einem Moment traditionellen Bezuges, da hier an die seit dem frühen Mittelalter geläufige Form einer Kirche über dem Kreuz angeknüpft wird.

Ein weiterer Interpretationsstrang erstreckt sich auf die antropomorphe Auslegung dieser Architekturform, das heißt, die kreuzförmige Anlage wird bezogen auf die Struktur des menschlichen Körpers. Diese Deutung erscheint bereits in karolingischer Zeit in den Schriften des Durandus und wird dann zu verschiedenen Zeiten wiederaufgegriffen[225]. Entscheidend in diesem Verständnis von Architektur ist die daraus zu folgernde Entsprechung von Corpus Christi und Ecclesia, wobei Ecclesia zu verstehen ist einerseits als Gemeinschaft der Gläubigen[226], andererseits als materielles Gebäude, das dieser Versammlung Ausdruck verleiht. Es erscheint mir wichtig, diese Erneuerung des paulinischen Gedankens von der Kirche als dem Leib Christi hier hervorzuheben, da sie als weiterhin gültige Vorstellung in zeitgenössischen theologischen Schriften wiederkehrt[227] und wie das Bauschaffen von Rudolf Schwarz zeigt, gerade in den kreuzförmigen Anlagen eine sinnfällige architektonische Umsetzung erfahren hat. Schwarz selbst verweist auf Durandus und dessen Erklärung zum Leib Christi, ein allgemeingültiges Bild als Leitvorstellung für den Kirchenbau, das wir nun nach langer Zeit wieder zu verstehen beginnen. So spiegelt die Frechener Kirche Maria Königin nachweisbar dieses Gedankengut wider als „heilige Gestalt des göttlichen Menschen mit weit ummantelnden Armen und dem Altar als dem Haupt"[228].

Der bislang gegebene Überblick über die Entwicklung der Kirchengrundrisse läßt erkennen, daß die Verbin-

dung von Gemeinde und Altar im Hinblick auf eine aktivere Teilnahme der Gläubigen an der Meßfeier ein wichtiges Anliegen der Kirchenbauplaner war, das trotz Beibehaltung der traditionellen Wegkirchenform ansatzweise verwirklicht wurde. Deutlicher noch zeigt sich dieses Anliegen bei den schon in den fünfziger Jahren wieder stärker in den Vordergrund tretenden Diskussionen über den Zentralbau[229]. In offiziellen kirchlichen Stellungnahmen und Empfehlungen manifestierte sich zunächst eine ablehnende Haltung, da weiterhin an der sichtbaren Richtungsbezogenheit der Gemeinde auf den Altar hin festgehalten wurde[230]. Die hohe Bedeutung, die diesem Faktor zugestanden wurde, bewirkte eben jene Vorrangstellung des Langhausbaus bis in das siebte Jahrzehnt des 20. Jahrhunderts. Um die Richtungsbezogenheit aufrecht zu erhalten, wird dann auch bei den genehmigten und ausgeführten Zentralbauentwürfen der frühen Zeit auf eine zentrale Stellung des Altares verzichtet. Die quadratische Pfarrkirche Heilige-Familie in Oberhausen (Abb. 87) aus den Jahren 1956—58 von Rudolf Schwarz ist eines der ersten katholischen Beispiele, bei denen der Altar die Mitte des Raumes einnimmt; nach dem Konzil konnte diese Anordnung häufiger realisiert werden. Für den evangelischen Kirchenbau ist die über einem griechischen Kreuz errichtete Christuskirche in Düren (Abb. 88) von Helmut Hentrich und Hubert Petschnigg zu erwähnen, da hier bereits 1953 die Prinzipalstücke fast genau die Raummitte markieren. Im folgenden soll ein kurzer Überblick über die unterschiedlichen Zentralbautypen gegeben werden, wobei auch solche Bauwerke mitberücksichtigt werden müssen, die nicht genau symmetrisch um einen Mittelpunkt angelegt sind.

Als viel benutzte Zentralform vor allem im katholischen Bereich erweist sich das Quadrat oder der fast quadratische Raum, dem in der Kirchenbaugeschichte der frühe-

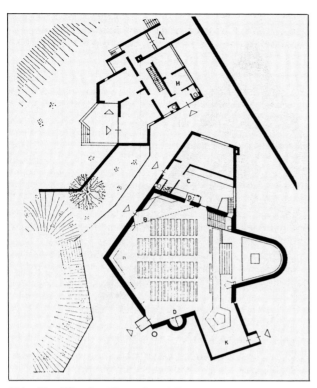

Abb. 96   Köln, St. Alban, Grundriß

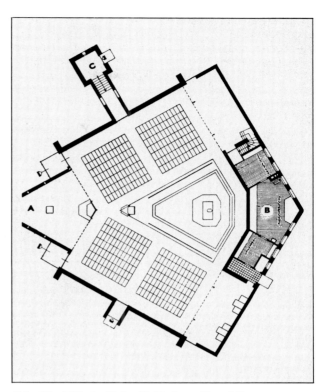

Abb. 97   Mülheim/Ruhr, St. Barbara, Grundriß

ren Jahrhunderte mit Ausnahme einiger evangelischer Bauwerke des 18. und 19. Jahrhunderts[231] keine bedeutende Rolle zukam. In der frühen Phase des modernen Kirchenbaus hat allein Dominikus Böhm die quadratische Grundrißlösung verwirklichen können, so zum Beispiel 1929 bei der Erweiterung der katholischen Dorfkirche in Birken. Allgemein wurde das Quadrat vorbereitet durch die Entwicklung der Langhausbauten, die, von Ausnahmen abgesehen, mehr und mehr verkürzt und gleichzeitig verbreitert wurden, sich also einem Quadrat annäherten. Typische Beispiele eines fast quadratischen Raumes sind St. Josef in Siegburg (Abb. 84) von Stephan Leuer (1955) und St. Konrad in Neuss (Abb. 83) von Gottfried Böhm (Plan 1954). Bei beiden wird die Längstendenz gesteigert durch das Anfügen einer Apsis sowie eines Taufraumes an der der Apsis gegenüber liegenden Seite. Eine apsidiale Erweiterung ist auch bei rein quadratischen Räumen des öfteren festzustellen, so etwa in St. Sebastian in Aachen (Alfons Leitl, 1951—52), Maria-Königin in Köln-Marienburg (Dominikus Böhm, 1954, Abb. 86) oder in der evangelischen Kirche in Münster Zum-Evangelisten-Lukas (Heinrich Otto Vogel, 1961 vgl. Abb. 85). Als wichtiges, sehr frühes Beispiel für den quadratischen Raum mit Bänken an drei Seiten ist die Dreifaltigkeitskirche in Köln-Poll von Karl Band aus dem Jahre 1951 zu erwähnen. Bisweilen wird der zentral angelegte Hauptraum durch eine Werktagskapelle und Sakristeiräume vergrößert, so daß sich die Gesamtanlage als Querrechteck darbietet, deutlich ausgeprägt beispielsweise in der evangelischen Lukaskirche in Krefeld-Gartenstadt (1960) von Ernst Fohrer.

Eng verwandt mit den quadratischen Bauwerken sind die querrechteckigen, die ab 1950/51 im Rheinland entstanden und bis auf wenige Ausnahmen allein im katholischen Kirchenbau Verwendung finden. Aus der großen Gruppe dieses Typus seien stellvertretend genannt die

Heilig-Geist-Kirche in Bonn-Venusberg von Stephan Leuer (1957), zwei Kirchenbauten von Emil Steffann, St. Elisabeth in Opladen (1957) und St. Maria-in-den-Benden in Düsseldorf-Wersten (1958—59), die beide mit einer dominierenden Halbkreisapsis ausgestattet sind[232] (Abb. 90), und in extremer Breitenentwicklung St. Josef in Wesseling von Marcel Felten (1957). Bisweilen wird die straffe Rechteckordnung aufgelockert durch gebogene Mauerzüge wie sie ein weiterer Kirchenbau von Stephan Leuer, St-Andreas in Setterich bei Aachen, aus dem Jahre 1959 zeigt oder St. Suitbert in Essen-Überruhr (1964—66) von Josef Lehmbrock mit konvex ausschwingenden Langseiten und unregelmäßig konkav eingezogenen Schmalseiten.

Um die Mitte des fünften Jahrzehnts können in den rheinischen Bistümern zum ersten Mal in der Geschichte des modernen Kirchenbaus regelmäßige polygonale Zentralbauten verwirklicht werden, die allerdings quantitativ nicht die Bedeutung der quadratischen, querrechteckigen oder anderer, noch zu nennender Zentralformen erreichen. Beispiele für das regelmäßige Achteck sind vor allem im evangelischen Kirchenbau zu finden, so in Marl-Drewer (Auferstehungskirche, Denis Boniver, 1961), Hilden (Erlöserkirche, J. Clemens, Hch. Rosskotten, E. Tritthart, 1955—56) oder Leverkusen-Bürrig (Petruskirche, Helmut Hentrich, Hubert Petschnigg, 1957, Abb. 89). Auch das Hexagon wird von katholischen Kirchenbaumeistern in den hier zu behandelnden Bistümern nur selten angewandt, als Beispiele seien die Pfarrkirche St. Johannes-der-Täufer in Neunkirchen/Wellesweiler (Bistum Trier) von Albert Dietz und Bernhard Grothe, 1959, und die evangelische Kirche in Duisburg-Meiderich von Lothar Kallmeyer (1960—62) erwähnt[233].

Ein weiterer zentraler Typus des Kirchenbaus im 20. Jahrhundert ist der Rundbau, eine Form, die Otto Bartning bereits 1929 seiner Auferstehungskirche in Essen zugrunde gelegt hat. Nach dem Kriege wird dieser Typus aufgegriffen zum Beispiel von Denis Boniver in der evangelischen Auferstehungskirche in Bonn-Venusberg (1956—57, Abb. 93) oder auch von Gottfried Böhm für katholische Kirchenbauten: als einfache Rotunde bei St. Theresia in Köln-Mülheim, 1956, und bereichert durch einen Kapellenkranz bei St. Ursula in Kalscheuren, ebenfalls 1956 (Abb. 91, 92). Häufiger noch als der Rundbau wird katholischerseits das Oval angewendet, wohl aufgrund der dieser Form innewohnenden Längsausrichtung durch seine definierte Mittelachse bei einem gleichzeitig möglichen zentrierenden Zusammenschluß der Gemeinde. Somit stellt diese Form also einen Kompromiß zwischen Zentralität und Richtungsbau dar. Schon Dominikus Böhm hatte in der ersten Phase des modernen Kirchenbaus elliptische Grundrißformen in Plänen mehrfach variiert[234].

Bevor die Entwicklung der Kirchengrundrisse weiter fortgesetzt wird mit der Beschreibung der zentralisierenden Vieleckbauten, bleibt zu fragen, inwieweit die bislang betrachteten regelmäßigen Zentralbauten in die Tradition des Kirchenbaus einzugliedern sind. Der Zentralbau in jenen möglichen Grundformen, die sich zwischen den beiden Antipoden Kreis und Quadrat ergeben, ist eine zu allen Zeitspannen kirchlichen Bauschaffens bekannte, bisweilen zum Ideal verklärte Bauaufgabe. Aufgrund der jeweiligen theologisch-liturgischen Bedingungen diente er jedoch mit Ausnahme evangelischer Bauten nur selten als Gemeindekirche, da die ideale Zentralform dem geforderten, als unabdingbar angesehenen Richtungscharakter zuwiderläuft. Erst die Liturgiereform der zweiten Hälfte des 20. Jahrhunderts erlaubte den Architekten, den Zentralbau gleichgewichtig neben dem Longitudinalbau als Gemeindekirche zu realisieren. In den siebziger Jahren wird die Langhausform sogar durch diesen verdrängt, wobei gleichzeitig mehr und mehr der Idealfall eines mittenbetonten, mit zentraler Altarstellung versehenen Bauwerkes möglich wird. Im Hinblick auf die historischen Zentralbauten muß gesagt werden, daß heute die Wahl eines Achtecks zum Beispiel als konstituierende Grundrißfigur einer Kirche nicht Kopie bedeuten muß, sondern vielmehr ein Anknüpfen oder eine Fortsetzung an eine durch alle Jahrhunderte christlichen Bauschaffens tradierte Hauptvariante sakraler Zentralarchitektur[235]. Dies schließt nicht aus, daß in einigen Fällen Architekten bewußt historische Anregungen aufgegriffen haben. Letzteres gilt sicher für Denis Boniver, der sich intensiv mit dem historischen Zentralbau beschäftigt hat und diesen als Grundlage seines eigenen Bauschaffens ansah. So ist die evangelische Auferstehungskirche in Bonn (Abb. 93) „in bewußter Anlehnung an mittelalterliche Zentralbautraditionen als Rundbau errichtet"[236]. Diese Kirche läßt gleichzeitig in ihrem zweiteiligen, turmüberhöhten Aufbau an die ebenfalls als einfache Rotunde angelegte Auferstehungskirche in Essen von Otto Bartning denken. Auffallend ist, daß beide sowie ein weiterer turmartig aufgebauter Zentralbau von Boniver in Marl-Drewer mit dem Auferstehungspatrozinium ausgestattet sind. An diese Tatsache knüpft die Vermutung, daß hier Bauprogramm und Patrozinium miteinander verbunden sind. Betrachtet man die Genese der Auferstehungs- beziehungsweise Heilig-Grab-Kirchen im Mittelalter und in der Renaissance, so folgen sie alle einem zentralen Bautypus, dessen Vorbild in der Jerusalemer Anastasis

begründet ist. Hypothetisch kann angenommen werden, daß in den genannten modernen Bauwerken diese symbolische Bedeutungsebene wiederauflebt oder zumindest mitberücksichtigt wurde[237].

Betrachtet man weitere Zentralbauten von Boniver im Hinblick auf ihre Einbindung in die Kirchenbaugeschichte, so wird deutlich, daß hinsichtlich des Grundrisses des öfteren formale Vorbilder herangezogen werden können. Für die Lukaskirche in Bielefeld wählte Boniver eine kreisrunde Grundform, die durch eine Halbkreisapsis und einen runden Turm in deren Achse erweitert wird; der Turm dient zugleich als Eingang in die Kirche. Die gleiche Grundrißkonzeption ist bereits vorgegeben etwa in kleinen romanischen Kirchen in Böhmen[238]. Eine, allerdings nicht näher zu bestimmende Verbindung der Bauwerke scheint mir in Anbetracht der kunsthistorischen Zentralbaustudien von Boniver durchaus denkbar. Wenn auch diese wahrscheinlich existierende Abhängigkeit allein im Hinblick auf den Grundriß zu sehen ist, das heißt, nicht raumprägend wirkt, so bleibt sie dennoch erwähnenswert, da hierin ersichtlich wird, daß historische Grundrißlösungen für den modernen Kirchenbau relevant bleiben.

Einschränkend muß allerdings gesagt werden, daß dieses Phänomen relativ selten anzutreffen ist, der größte Teil der Grundrißformen nach dem 2. Weltkrieg ist als Neuinvention beziehungsweise schöpferische Weiterentwicklung „zeitloser" Grundformen zu werten. Dazu zählt die Gruppe der Vieleckbauten, die im Rheinland innerhalb der zentralisierenden Bauwerke dominieren. Vieleckige Raumformen wurden zunächst im katholischen Kirchenbau entwickelt und konnten vereinzelt schon um die Mitte der fünfziger Jahre realisiert werden. Als frühestes Beispiel aus den rheinischen Bistümern ist St. Barbara in Mülheim/Ruhr (Abb. 97) zu nennen, die 1953—55 von Alfons Leitl errichtet wurde und in jener Zeit eine der deutlichsten zentralorientierten Anlagen darstellte. Es handelt sich um ein aus zwei sich zueinander öffnenden, unterschiedlich großen Dreiecken zusammengesetztes Bauwerk, wobei die Spitze des größeren Dreiecks ersetzt wird durch eine eingezogene trapezförmige Taufkapelle.

Im Zusammenspiel von schief gestellten Mauern, Dreiecksformen und Kreissegmenten offenbart sich der Einfluß einer plastisch-dynamischen Architekturströmung, die im Kirchenbau zu Ende der fünfziger Jahre mehr und mehr zu einer neuen Rhythmik und damit auch zu einer neuen Raumvorstellung führte. Architektonisch und liturgisch überzeugende Lösungen im Bereich der polygonalen Grundrißformen gelangen vor allem Gottfried Böhm und Hans Schilling, dessen Sakralbauten oftmals das Apsismotiv enthalten, so auch die beispielhafte Kirche St. Alban in Köln (1957—59) (Abb. 96): ein regelmäßiger Fünfeckbau, der durch eine große Chorapsis, eine kleine Beichtkonche und eine rechteckige Sakramentskapelle erweitert wird. Schilling variierte noch mehrfach diese Grundrißform wie etwa bei St. Martinus in Esch oder St. Viktor in Köln-Vogelsang (Abb. 95).

Gottfried Böhm bevorzugte in der Gestaltung zentralisierender Bauwerke statt apsidialer Formen eckige, das heißt mehrfach gebrochene Anbauten und Ausbuchtungen. Ein deutliches Beispiel ist die Johanneskirche in Rheda (1961—64), an deren Mittelraum kreisförmig sechs in Größe und Form unterschiedliche Kapellen angefügt sind, die liturgisch genutzt werden; in der größten Bucht ist der Altar frei aufgestellt, hier laufen die seitlichen Wände in einem stumpfen Winkel auf die schmale, gerade Altarwand zu, sodaß eine dreiseitig gebrochene Apsis entsteht (Abb. 94). Dieses Motiv kehrt auch in Böhms Kölner Kirchen Christi-Auferstehung und St. Gertrud wieder, ferner in der vielbesprochenen Wallfahrtskirche in Neviges (1964—68). An diesen Bauwerken von Böhm läßt sich deutlich eine Tendenz der sechziger Jahre aufzeigen: die starr rechtwinkligen Raumformen werden aufgegeben zugunsten eines freien Rhythmus in Grund- und Aufriß. Asymmetrische Anlagen mit kaum mehr parallel verlaufenden Mauerzügen, die in kein geläufiges Schema einer geometrischen Figur einzupassen sind, bestimmen gerade in den Rheinlanden häufig das Erscheinungsbild der Kirchen[239]. Im Hinblick auf die Traditionsfrage sind bei diesen Bauwerken bis auf Einzelelemente wie etwa die Apsis keinerlei Anknüpfungspunkte mehr gegeben.

Die stilistische Entwicklung der Kirchengrundrisse umfaßt neben der vielfältigen Gestaltung polygonaler Bauwerke gleichzeitig auch eine plastisch-organische Richtung, deren kennzeichnendes Element die konkave oder konvexe Modellierung der Mauern ist. Diese kündigt sich bereits kurz vor der Mitte der fünfziger Jahre in dem sanft kurvenförmigen Verlauf einzelner Mauerzüge an, wie sie etwa die katholische Kirche in Ehrang bei Trier von Fritz Thoma (1954) zeigt. Zu bewegter schwingenden Formen gelangten Hans Schilling in der Kapelle von Feld (1956) und Rudolf Steinbach in Süchterscheid (1957—60), die beide an einen Einfluß der Wallfahrtskirche in Ronchamp von Le Corbusier (1950—55) denken lassen. Auch Rudolf Schwarz, der im allgemeinen die

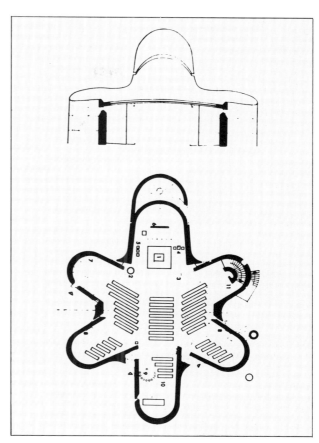

Abb. 98 Neuss, St. Pius, Grundriß und Schnitt

Abb. 99 Neuss, St. Pius, Außenansicht

geradlinigen Formen bevorzugt, hat vereinzelt Kirchen über „fließendem" Grundriß erstellt, so die Ludgeri-Kirche in Wuppertal-Vohwinkel (1960—64); bei diesem Bauwerk fällt die in Schwarz' Bauten immer wieder anzutreffende apsidiale Gestaltung des Chores mit der kurvenförmigen Bewegung des Gesamtraumes zusammen. Als evangelisches Beispiel dieser Richtung ist die Petrus-Kirche in Gladbeck-Rosenhügel (1964) von Karl Wimmenauer zu erwähnen.

Ein weiterer herausragender Kirchenbau über plastisch-bewegtem Grundriß ist die Pius-Kirche in Neuss (Abb. 98, 99), von Joachim Schürmann, bei der sechs unterschiedlich gestelzte Konchen zu einem zentralisierenden Raumgefüge zusammengeschlossen sind. Trotz der eigenwilligen Raumgestalt kann hier eine Verbindung zu historischen, rheinischen Kirchenbauten, das heißt den rheinischen Dreikonchenanlagen nicht ausgeschlossen werden. Schürmann hat diese historischen Vorgaben sehr frei und individualistisch erfaßt und in eine neue, zum Zentralbau verdichtete Gestalt überführt[240]. Diese Assoziation betont auch Hugo Schnell, indem er schreibt, „in kühner Weise griff Schürmann — in rheinischer Disposition — die Grundrißform, die unmittelbar an ein Kleeblatt erinnert, in freier Variation auf"[241].

Zentrale Konchenbauten sind im Rheinland bereits in den fünfziger Jahren erstellt worden, so zum Beispiel die Franziskus-Kirche in Krefeld (1958) von Stephan Leuer als ein Vierkonchenbau oder die Dreikonchenanlage (Abb. 123) von Paul Schneider-Esleben in Düsseldorf (1955). Eine Dreikonchenanlage ist auch die Bonner Pfarrkirche Maria-Königin-des-Friedens von Erwin Schiffer (1964—65) mit drei kurvig ineinander übergehenden Apsiden und einem vorgelagerten rechteckigen Schiff; beide Bereiche sind auch im Aufgehenden deutlich differenziert. Erinnert sei in diesem Zusammenhang noch einmal an die kreuzförmigen, apsidial geschlossenen Anlagen von Schwarz in Essen und Saarbrücken, die ebenfalls in Verbindung mit den historischen Dreikonchenanlagen zu sehen sind.

II.3.b Grundzüge der Entwicklung im Aufgehenden

Mehr noch als in der frühen Phase des modernen Kirchenbaus gilt für die Zeit nach dem 2. Weltkrieg, daß der Grundriß nur einen annähernden Eindruck des Aufgehenden vermitteln kann. Unter Ausnutzung aller gestalterischen Möglichkeiten sind die entstehenden Bauten bei vielfach ähnlichen Grundrissen dennoch sehr unterschiedlich und in ihren Tendenzen oftmals diametral einander gegenübergestellt. Die große Breitenentwicklung ergibt sich dabei nicht nur aus der Vielzahl der im Kirchenbau tätigen Architekten, sondern ist auch im Bauschaffen jedes Einzelnen abzulesen. So wird nicht zuletzt durch dieses zahlreiche Nebeneinander individueller Ausdrucksformen ein vergleichender Überblick aller Richtungen an dieser Stelle kaum zu geben sein[242]; im folgenden sollen daher vornehmlich solche Tendenzen aufgezeigt werden, die im Hinblick auf die spezielle Themenstellung von Bedeutung sind. Durch diese Einschränkung wird bereits indirekt offenkundig, daß in dieser Phase, vor allem nach 1960, Bauwerke entstehen, bei denen bewußt jegliche Anbindung an die Kirchenbaugeschichte vermieden wird; besonders ausgeprägt ist diese Einstellung beispielsweise bei Walter Förderer, dessen Kirchen völlig in die Welt des Profanen eingebunden werden, um jeder „rezeptiven Sakralität" zu entgehen[243]. Die aus diesem spezifischen inhaltli-

chen und formalen Verständnis von Kirche resultierenden Werke scheiden ungeachtet ihres legitimen Anspruchs aus dem Rahmen dieser Untersuchung aus.

Verallgemeinernd kann für die Entwicklung des Kirchenbaus nach 1945 vorab festgestellt werden, daß im Vergleich zur früheren Phase deutlicher und häufiger neue Wege beschritten werden. Eine der wesentlichen neuen Komponenten betrifft beispielsweise das Verhältnis vom Innenraum zum Außenbau: die Entwicklung macht deutlich, daß die Kirchen mehr und mehr von Innen her konzipiert werden, das heißt, primär Innenraum sind, während der Außenbau als bloße Umhüllung des Inneren zu verstehen ist. Da somit die Außenform der des Inneren entspricht, wird die Raumkonzeption bereits im Äußeren zeichenhaft ablesbar. Eine der Folgen dieses Architekturverständnisses ist, daß die Eingangsseiten der Kirchen nicht mehr im herkömmlichen Sinne als Fassade akzentuiert werden, wie dies bei den Sakralbauten der zwanziger und dreißiger Jahre noch häufig der Fall war. Trotz der Negierung von „Schauseiten" wird der Außenbau dennoch auf vielfältige Weise in die gestalterischen Überlegungen miteinbezogen, wobei allerdings die Bindung an das Innere stets gewahrt bleibt.

Im Hinblick auf die Außengestalt der Kirche muß erwähnt werden, daß trotz immer wieder aufflammender Diskussion um seine Berechtigung in unserer Zeit dem Kirchturm weiterhin eine signifikante Rolle zufällt. Zum bevorzugten Typus kristallisiert sich der freistehende Campanile heraus, der zunächst zweckgebunden die Funktion eines Glockenträgers hat, darüber hinaus aber „auch heute in weit verbreiteter Anschauung als charakteristisches Zeichen des Kirchengebäudes und als Erinnerungsmal an die christliche Welt" gilt, „so daß er in dieser Beziehung einen berechtigten Platz erhalten kann"[244].

Im Vergleich zur früheren Phase des modernen Kirchenbaus kann eine gliedernde Unterteilung des Aufgehenden nicht mehr auf der Grundlage der herkömmlichen Typen Basilika, Saal- oder Hallenkirche erfolgen, da diese im allgemeinen zugunsten von aus dem Saalraum entwickelten neuen Raumvorstellungen aufgegeben werden. Dreischiffige Kirchenbauten wie St. Agatha in Dorsten (1952) oder der anstelle einer zerstörten neugotischen Kirche errichtete Sakralbau St. Servatius in Bad Godesberg-Friesdorf (1950), beide von dem Kölner Stadtbaurat Otto Bongartz, bei denen die Unterteilung durch Rundstützen mit Würfelkapitellen und halbrunden Jochbögen geschieht, sind als Ausnahmeerscheinungen anzusehen. Bongartz' Albertus-Magnus-Kirche in Köln-Lindenthal (1950/51) ist in direkter Nähe des frühromanischen „Krieler Dömchens" errichtet und mag von dorther ihre romanisierende Haltung bezogen haben (Abb. 100, 101). Solche deutlich romanisierenden Bauwerke entstanden zu Beginn des neu einsetzenden Kirchenbaus nach dem 2. Weltkrieg vereinzelt im Bistum Köln und häufiger noch in den Bistümern Münster und Paderborn[245].

Der Kirchenbau der frühen fünfziger Jahre knüpft zunächst an vor dem Kriege gebildete Raumformen an, das heißt, bevorzugt werden schlichte kubische Saalräume oder Hallen, die durch schlanke Stützen unterteilt werden, so daß eine freie Überschaubarkeit gewährleistet ist. Die Pfarrkirche St. Paulus in Bonn-Tannenbusch (1952—53) von Stephan Leuer sei stellvertretend für viele andere genannt: hier handelt es sich um einen längsrechteckigen Saal mit großer raumübergreifender

Abb. 100 Köln-Lindenthal, St. Albertus Magnus, Außenansicht

Abb. 101 Köln-Lindenthal, St. Albertus Magnus, Inneres

Abb. 102 Essen-Frohnhausen, St. Antonius, Außenansicht

Abb. 103 Essen-Frohnhausen, St. Antonius, Inneres

Abb. 104 Köln-Ehrenfeld, St. Mechtern, Inneres

Apsis, errichtet aus Backsteinmauerwerk, im Inneren glatt verputzt. Eine Reihe kleiner rechteckiger Fenster unter der Traufe sowie ein vom Boden ansteigendes großes Rundbogenfenster in der rückwärtigen Wand belichten den Raum, der in einer Satteldecke seinen oberen Abschluß findet.

Statt des massiven Steinbaus wird nun mehr und mehr die Mischbauweise angewandt; Stahlbetonskelette bilden das konstruktive Gerüst, während die Zwischenfelder mit unterschiedlichen Materialien gefüllt sind. Beliebt ist die Backsteinausfachung, wie sie beispielsweise die Konrad-Kirche in Bergisch-Gladbach von Bernhard Rotterdam (1957—58) zeigt. Der Raum wird bestimmt durch

sichtbare Stahlbetonstützen, die im Inneren verputzte Backsteinwände rahmen. Chor und Eingangsseite sind dagegen durch steinsichtig belassenes Bruchsteinmauerwerk hervorgehoben. Die Belichtung erfolgt im Gemeinderaum durch halbhohe, tiefliegende Fenster, während der Chorbereich durch ein seitliches, raumhohes Fenster in große Helligkeit getaucht wird. Dieses Motiv, das Dominikus Böhm bereits um 1930 als symbolerfüllte Lichtauszeichnung des Altarraumes entwickelte, wird im Kirchenbau beider Konfessionen verstärkt wieder aufgegriffen. Die Lichtfülle wird noch gesteigert, wenn, wie in der evangelischen Klarenbachkirche in Düsseldorf-Holthausen (E. Petersen, W. Köngeter,

Abb. 105 Essen-Rüttenscheid, St. Andreas, Außenansicht

1955), zwei Fensterwände den Chor rahmen. Da dieser in der genannten Kirche nicht baulich abgesondert ist, wird eine Akzentuierung und damit Auszeichnung des Chorraumes durch eben jene Lichtführung erreicht.

Deutlicher ausgeprägt zeigt sich die Skelettbauweise in der Essener Antonius-Kirche (Abb. 102, 103) von Rudolf Schwarz (1957). Ein rechtwinkliges, dichtes Rasterwerk aus Stahlbeton wurde teils mit roten Ziegeln ausgefacht, teils mit farbigen Fenstern verglast. Das innen und außen gleichermaßen zu Tage tretende Konstruktionsgerüst ist hier zugleich als Schmuckform zu verstehen im Sinne einer ornamentalen Wandgliederung, in die die Deckengestaltung mit ihren frei tragenden Betonunterzügen, welche über dem Altarbereich sich zu einem dekorativen Liniengefüge verdichten, einbezogen ist. Damit verdeutlicht die Antonius-Kirche beispielhaft eine Richtung der modernen Architekturkonzeption, in der das Raumgefüge aus den konstruktiven Gegebenheiten lebt; alle Bauteile sind zugleich Form und Konstruktion.

Rudolf Schwarz, der nach dem Kriege zahlreiche Kirchenbauten in den Rheinlanden entwarf, sind wesentliche Impulse einer neuen Raumfindung zu verdanken. Ein Beispiel seiner frühen Lösungen ist St. Mechtern in Köln-Ehrenfeld (1947—54) als eine hohe, durch sechs massive Pfeiler gegliederte, lichte Hallenkirche (Abb. 104). Wie in der Fronleichnamskirche in Aachen von 1928 folgte Schwarz auch hier einem kubischen, blockhaften Gestaltungsprinzip, dessen Raumwirkung durch die neuartige Konstruktion der Wände allerdings doch eine andere ist. Vier große Riegelfelder aus horizontalen und vertikalen Betonbändern, in die kreuzweise Fenster

eingespannt sind, bilden das tragende Gerüst der Raumhülle, während die gemauerten Eckpartien statisch unbedeutend bleiben[246]. Die optischen Strukturen dieser Riegelwerke, einem monumentalisierten Ornament vergleichbar, verhelfen dem Raum gegenüber der Aachener Kirche zu einer stärkeren Lebendigkeit. Statt großer Fensterscheiben sind hier Glasbausteine verwandt — ein in den fünfziger Jahren beliebtes Material —, die durch ihre Prismengläser das Licht in sich brechen und in ihrer Anordnung den Raum in einen gleichmäßigen Lichtsaal verwandeln. Auffallend an der Mechternkirche ist die für eine Pfarrkirche dieser Zeit ungewöhnliche Höhe und Weite. Schwarz bekennt sich ganz bewußt zu dieser „kathedral"-haften Größe, da hierdurch „die irdische Kirche ein wenig so ist wie der himmlische Festsaal, dessen Einwohner sie [die Gemeinde] nach allem Schweren und Leidvollen sein werden. Festsaal Gottes und Gleichnis des Himmels"[247]. Nahezu alle Kirchenbauten von Schwarz bleiben in ihren domähnlichen, hohen und langen Wegräumen dem Eindruck der großen historischen Kirchenbauten verhaftet, beziehungsweise kehren ganz bewußt zu diesen zurück.

Die Konzeption des hohen Lichtraumes, wie sie in St. Mechtern deutlich wird, hat Rudolf Schwarz in unterschiedlichen Raumlösungen variiert, wie etwa der Andreaskirche in Essen (Abb. 105, 106) (1954—57) oder der dieser verwandten St. Maria-Königin in Saarbrücken. In der Essener Kirche bilden vier winkelige Stahlbetongerüste, kreuzförmig angelegt, den Kern des Bauwerkes; sie sind mit Glasbausteinen ausgemauert, so daß raumhohe Lichtwände entstehen, die den Altar umziehen. Nach Schwarz' eigener Auslegung bildet so „die

Abb. 106   Essen-Rüttenscheid, St. Andreas, Inneres

Abb. 107   Köln-Lindenthal, St. Stephan, Außenansicht

Abb. 108   Köln-Lindenthal, St. Stephan, Inneres

Altarstelle einen ins Licht gebauten Baldachin"[248]. Um diese symbolische Aussage zu unterstreichen, sind die weiteren Wände dieses Vierkonchenbaus in unverputztem Backstein belassen. Die Saarbrücker Kirche greift diesen Gedanken noch einmal auf, nur werden anstelle der streng rechtwinklig bestimmten Stahlbetongerüste große Glasparabeln in die Verschmelzungspunkte des kreuzförmigen Konchenbaus eingefügt. Milchig schimmernde Glasscheiben schirmen den Blick nach außen ab und verwandeln das Innere stärker noch als in der Essener Andreas-Kirche in einen hellen, klaren Lichtraum.

Das Zusammenspiel großer umschließender Mauerzüge und scheinbar aus „Licht" gebauten Teilen des Raumes findet sich auch im Werk anderer Architekten, so beispielsweise in der im Vergleich zu den vorgenannten Bauten weit weniger monumentalen Köln-Marienburger Kirche (Abb. 86, 166) von Dominikus Böhm (1954): ein quadratischer, durch Nebenschiff und flache Apsis erweiterter Raum in ziegelverblendetem Schwemmsteinmauerwerk, dessen Südseite in Glas aufgelöst ist. Nach Hugo Schnell manifestiert sich in diesem Spätwerk Böhms „Traum, einen leichtgefügten Betonraum mit einer milchigen, in atmosphärischen Farben schimmernden großen Glaswand zu möglichst vollkommener Einheit eines Kultraumes zu führen, der empfängt und behütet, meditativ einwirkt und Grenzen belasteter Erde weitet. Er traf sich hier mit Ideen aller großen Kultzeiten abendländischer Geistesgeschichte, die in der Spätgotik und im Spätbarock mit der Überwindung der schweren Masse des Gesteins und durch die Einblendung sanft geführten Lichts gleiches Ziel, wenn auch mit anderen, zeitgebundenen Mitteln, erstrebten"[249].

Abb. 109 Leverkusen-Schlebusch, Albertus-Magnus-Kirche, Inneres

Abb. 110 Leverkusen-Schlebusch, Albertus-Magnus-Kirche, Außenansicht

Abb. 111 Düsseldorf-Rath, Heilig-Kreuz-Kirche, Inneres

Abb. 112 Köln-Stammheim, Bruder-Klaus-Kirche, Inneres

Abb. 113 Oberhausen, Heilige Familie, Inneres

Dieser Lichtraumkonzeption vergleichbar ist die Stephanus-Kirche in Köln-Lindenthal (Abb. 107, 108) von Joachim Schürmann (1959—60), vom Raumtypus her ein einfacher Rechtecksaal mit Umgang. Schlanke Stahlstützen tragen das Dach, von dem an Stahlseilen die hohen gläsernen Lichtwände des Schiffes herabhängen; an diesen wiederum ist die Decke des niedrigen Umgangs aufgehängt. Der Unterbau wird nach außen abgeschlossen durch unverputzte Ziegelsteinwände. Dieser Aufbau mit steinernem, massivem Unterbau und gläsernem Obergaden, dessen Scheiben silbrig durchscheinend, jedoch nicht unmittelbar lichtdurchlässig sind, führt zurück zu den Gestaltbildern gotischer Chöre, die hier nicht formal, sondern auf einer übertragenen, strukturellen und symbolischen Aussageebene weiterleben. Im Unterschied zu der Gotik-Affinität im ersten Abschnitt des modernen Kirchenbaus, die wesentlich mitbestimmt war durch die Wiedergeburt gotischen Geistes in der Technik moderner Ingenieurbaukunst[250], liegt hier die Vergleichbarkeit in der visuellen Auflösung der Form nach oben hin, die, so Justus Dahinden, Symbol für eine gotisierende Grundhaltung ist; „man öffnet den Raum in den Himmel hinein"[251]. Diese visuelle Entstofflichung bewirkt, im Sinne von August Hoff, daß das Gotteshaus der Sphäre des Irdischen entrückt wird[252] — Gedanken, die auch die formal deutlich von der Gotik inspirierte Pressa-Kirche von Otto Bartning bestimmten.

Im Hinblick auf die übergeordnete Bedeutung des Gesamtgebäudes werden auch die jeweils gewählten Einzelformen signifikant; gemeint sind hier die zwölf blattvergoldeten Stahlstützen, denen eben durch die Vergoldung wie die Zwölfzahl über ihre reine Tragefunktion hinaus besondere Bedeutung zukommt. Die Anzahl der Stützen verweist auf die schon in frühchristlicher Architektur sich manifestierende Beziehung von Säule

und Apostel, die dann vor allem im Bericht des Abt Suger über den Chorneubau von St. Denis ganz bewußt ausgesprochen wurde[253]. Abstrahierend von der realen Tragekonstruktion im architektonischen Kontext symbolisieren die zwölf Stützen das Apostelkollegium, welches das geistige Gebäude der Kirche trägt. In der zeitgenössischen Aussage ist hierin weiterführend wohl auch die Gemeinschaft der Gläubigen in der Nachfolge der Apostel eingebunden, der in dem heutigen Selbstverständnis der Kirche eine tragende Rolle zukommt. Durch die Vergoldung wird diese Bedeutungsebene gesteigert und damit noch sichtbarer herausgehoben.

In der Wiederaufnahme des zeichenhaften Hinweises auf die geistig-ideellen Träger der Kirche bleibt die Stephanus-Kirche kein Einzelfall. Zu nennen wäre beispielsweise auch die Marienkirche im westfälischen Ochtrup von Dominikus Böhm (1953), wo ebenfalls zwölf runde, schlanke Stützen, in formaler Vereinfachung einer Säule, die dreischiffige Halle mittragen, und deren schimmernde Kupferummantelung die ihnen innewohnende Bedeutung sinnfällig unterstreicht. Sehr deutlich wird der Bezug auch in der Erlöserkirche von Aachen-Brand, in der das hochgezogene Mittel-„Schiff" von zwölf runden Sichtbetonstützen getragen wird, an denen Apostelkreuze angebracht sind.

Die vorgestellten Kirchen in Köln-Marienburg, Köln-Lindenthal und eingeschränkt auch die vorgenannten Bauten von Schwarz können einer Richtung des modernen Kirchenbaus zugeordnet werden, deren Raumkonzeption im wesentlichen mitbestimmt wird durch die Öffnung, beziehungsweise Auflösung eingrenzender Mauern. Während in den genannten Beispielen diese Öffnung vermittels diaphaner Wände erreicht wird, die den Innenraum durchaus noch als in sich geschlossen erfahrbar werden lassen, wird in einer weiteren Gruppe

Abb. 114 Leverkusen-Alkenrath, St. Johannes, Inneres

Abb. 115 Bochum, Christuskirche, Außenansicht

jene Umgrenzung aufgehoben durch das Einfügen klarer Glaswände. Kirche und umgebende Landschaft werden in direkte Beziehung zueinander gesetzt, fließen ineinander über, am konsequentesten bereits 1951 von Frank Lloyd Wright verwirklicht in der Wallfahrtskapelle über der Küste bei Palos Verdes, Kalifornien; ein konstruktives Gerüst aus Holzbindern wird hier vollständig umgeben von einer durchsichtigen Haut aus Glas. Evangelischerseits wählten Architekten um 1960 des öfteren für die Chorwand durchgehende Glasscheiben, so etwa Fritz Winter in der Auferstehungskirche Marienberg bei Aachen (1957—58), während in katholischen Bauten fast ausnahmslos die Seitenwände, wie bei St. Joseph in Köln-Wesseling (Marcel Felten, 1956), oder die Rückwand geöffnet werden. „Mit Rücksicht auf Sammlung und Zelebranten"[254], so Hugo Schnell, bleibt die Chorwand geschlossen oder nur durch kleinere Fenster erhellt.

Dieser Grundkonzeption nahezu konträr verhalten sich Bauwerke, deren Lichtquellen nicht offen sichtbar, sondern nur zu erahnen sind. In der Albertus-Kirche von Leverkusen-Schlebusch (Josef Lehmbrock, 1959) wird der ovale Raum gebildet aus teleskopartig angeordneten Betonscheiben, die durch hohe Glasfelder miteinander verbunden sind, so daß ein indirekter Lichtmantel den Raum umgibt (Abb. 109, 110). Zum Altar hin steigert sich die Helligkeit durch die zunehmende Höhe und abnehmende Tiefe der Pfeiler. Eine ähnlich verhaltene Lichtwirkung erreichte Lehmbrock in seiner Düsseldorf-Rather Heilig-Kreuz-Kirche (1956—58), ein parabelförmiger Bau, dessen Umfassungswände aus flammenförmigen Kunststeinplatten bestehen (Abb. 111). Diese sind im oberen Bereich, zum Altar hin zunehmend, teilweise in

stark farbiges Glas aufgelöst. Durch die unregelmäßige, gitterartige Öffnung der Wandflächen wird das Licht in zahllose Einzellichter aufgelöst und so der Raum in ein diffuses, dämmriges, nahezu als mystisch zu bezeichnendes Licht getaucht. Ausgehend von dem Verständnis des Kirchenraumes als „Zeichen und Symbol überirdischer Wirklichkeit"[255], kommt dieser Licht-Wand-Gestaltung in ihrer suggestiven Kraft eine sinnvermittelnde Eigenschaft zu. „Licht und Schatten werden gleichsam sinnlich wahrnehmbare Zeugen einer übersinnlichen Welt[256]." Weitere Beispiele, in denen wohl diese Aussage auf formal vergleichbarem Wege beabsichtigt ist, sind die Pfarrkirche Heilige-Familie in Oberhausen (Rudolf Schwarz und Josef Bernard, 1956—58), deren Umfassungswände im unteren Bereich aus Backsteinen gemauert sind, während die oberen Teile, aus Betonformsteinen gefügt, teils hell, teils in glühenden Farben verglast sind (Abb. 113), oder die Bruder-Klaus-Kirche in Köln-Stammheim (Abb. 112) von Fritz Schaller (Plan 1955): der fast quadratische Raum wird in der Längsrichtung durch ein über Rundstützen hochgeführtes Mittelteil basilikal überhöht; dieser Obergaden ist in ein gitterförmiges Lichtornament aufgelöst. Wiederum wird hier eine gestreute, diffuse Lichtwirkung erzielt, die im Sinne von Günter Rombold „die emotionelle Erlebnisfähigkeit des Menschen anspricht"[257]. In seiner Sindorfer Kirche St. Maria-Königin (1956—57) hat Schaller in das sattelförmige Dach ringsumlaufend Glasprismen eingesetzt, die, so Hugo Schnell, zu einer „verklärenden" Wirkung führen[258]. Gerade in jenen Kirchen wird deutlich, daß die Lichtkonzeption zum bestimmenden Faktor für Anlage und Konstruktion des modernen Sakralbaus werden kann.

Abb. 116   Bochum, Christuskirche, Inneres

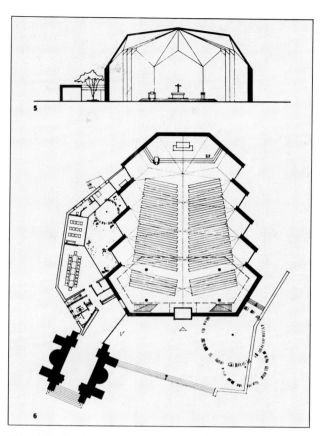

Abb. 117   Bochum, Christuskirche, Grund- und Aufriß

Die Schallerschen Raumlösungen nehmen im modernen Kirchenbau dieser Zeit eine gewisse Sonderstellung ein, da sie fast immer eine gliedernde Unterteilung durch Stützenstellungen erfahren. Hugo Schnell belegt diese ausgesprochene Vorliebe für Pfeiler schlagwortartig mit dem Begriff „heimliche Gotik"[259] — ein Gedanke, der sicherlich richtig ist, aber dennoch einer näheren Erläuterung bedarf. Betrachtet man beispielsweise die Mariä-Himmelfahrt-Kirche in Duisburg-Hüttenheim, so wird deutlich, daß Schaller Raumstrukturen gotischer Hallenkirchen aufgegriffen und sehr frei neu materialisiert hat. Das konstruktive Gerüst des dreischiffigen Langraumes wird hier gebildet durch vier Betonpfeilerreihen, die sich unter der Decke gabeln und durch rautenförmige Unterzüge miteinander verbunden sind. Gerade diese Stützenstellung läßt an gotische Pfeiler- und Rippenkonstruktionen denken, ohne daß hier allerdings ein Gewölbe geformt wird. In der Leverkusen-Alkenrather Johanneskirche (1956—57) hat Schaller eine diesmal gefaltete Decke auf vier gebogene, sich wie Äste verzweigende Binder gesetzt, die wiederum Assoziationen obengenannter Art hervorrufen (Abb. 114, vgl. auch Abb. 153). In beiden Bauten ergeben sich für den Betrachter je nach Standort wechselnde Raumdurchblicke und Raumverschränkungen. Gerade die sichtbar hervortretenden Stahlbetongerüste, deren Binder sich im Deckenbereich überkreuzen, lassen an das Linienspiel von Kreuzrippengewölben denken, so etwa auch in Lehmbrocks Düsseldorfer St.-Reinhold-Kirche oder der Matthäus-Kirche in Grevenbroich-Allrath (Ludger Kösters, 1968), die zudem durch Rundstützen vor den Seitenwänden und spitz geschlossene Fenster im Obergaden weitere traditionsverbundene Elemente aufweist.

Die schöpferische Wiederbelebung gotischer Strukturen, die in jenen Beispielen anklingt, erstreckt sich nicht auf die gesamte Ausformung des Raumes; neuartige Grundrißlösungen oder Gestaltungselemente wie die Ausfachung mit roh belassenen Backsteinen führen doch zu einer neuen Raumkonzeption.

Zur Person Fritz Schallers sei hier angemerkt, daß bei ihm auch aufgrund weiterer Architekturwerke wie dem verändernden Wiederaufbau der neugotischen Kölner Kirche St. Mauritius oder der Gestaltung der Kölner Domumgebung eine intensive Beschäftigung mit der gotischen Formensprache angenommen werden kann.

Die gotische Baukunst als Quelle und Inspiration einer neuen Gestaltung lebt in den Kirchenbauten nach dem Kriege insgesamt auf sehr unterschiedliche Weise weiter fort. In einem anderen Sinne als Schaller hat Dieter Oesterlen in der evangelischen Christus-Kirche in Bochum (Abb. 115—117) (1957—59) gotische Strukturen in eine neuzeitliche und eigenständige Form übersetzt. Der leicht trapezoid verlaufende Raum, dessen Seitenwände aus kurzen, schräggestellten Mauerscheiben und hohen, schmalen Glasfenstern bestehen, ist mit einer Faltbetondecke aus unterschiedlich großen, zur Firstlinie ansteigenden Dreiecks- und Vierecksfeldern überdeckt, die mit den inneren Faltwänden korrespondiert. Obwohl hier keine eigentliche Wölbung eingezogen ist, erinnert dieser Aufbau der Decke doch an gotische Gewölbe, wobei das Vergleichsmoment in der beiden Deckenformen innewohnenden kristallinen Struktur begründet liegt[260]. Diesem herausragenden Beispiel für freie gotische Impressionen, nach Hugo Schnell die ausgereifteste evangelische Kirche im Rheinland[261], kann die ein Jahrzehnt später entstandene katholische Pau-

Abb. 118   Neuss-Weckhoven, St. Paulus, Inneres

luskirche in Neuss-Weckhoven Abb. 118—120, 1968)
von Fritz Schaller zur Seite gestellt werden: ein kompli-
ziert aufgebautes, kristallähnliches Raumgebilde, das
durch ineinandergreifende, gefaltete Rhomben plastisch
durchstrukturiert wird, Decke und Wandfläche miteinander verschleifend. Im oberen Raumbereich ist die Decke
teils filigran gearbeitet, um so dem Inneren indirekt Licht
von oben zuzuführen. Die Gestalt des kupferbeschlage-
nen Außenbaus ergibt sich konsequent aus den Auffal-
tungen des Inneren, sie bedingen sich wechselseitig, so
daß Außen wie Innen Wand- und Dachzonen nicht mehr

voneinander zu trennen sind; der Außenbau wird einer
kristallinen Monumentalplastik vergleichbar.
Dieser sehr expressive Sakralbau läßt an die Konzeption
der frühen Wölbungsbauten von Dominikus Böhm, wie
etwa die Frielingsdorfer Apollinariskirche denken; jene
fand Ende der dreißiger Jahre einen vorläufigen
Abschluß und wird nun in einer neuen Strömung als
Reaktion auf die teilweise sehr nüchternen, einfachen
Saalbauten der fünfziger Jahre wiederaufgegriffen. Im
Hinblick auf die in beiden Strömungen sich offenbarende
Umsetzung gotischer Strukturprinzipien muß für die spä-

Abb. 119   Neuss-Weckhoven, St. Paulus, Außenansicht

tere Phase eine noch deutlichere formale Loslösung von den „Vorbildern" festgehalten werden.

Der Nachklang mittelalterlicher Wölbformen in gratigen, prismatischen Deckenkonstruktionen ist schon in den fünfziger Jahren für einige evangelische und katholische Bauten kennzeichnend, wenn auch nicht in so ausgeprägter Form wie bei der Neusser Kirche; zu nennen sind als frühe Beispiele die Marienkirche in Ochtrup von Dominikus Böhm (1953) oder die Dorfkirche in Ingembroich von Alfons Leitl (1951—52) mit hölzernen Faltwerkdecken. Ein Betonfaltwerk zeigt die Luther-Kirche in Gelsenkirchen (Hans Rank, 1962) und die katholische Bonifatius-Kirche in Buer-Erle (Ernst von Rudloff, 1964); bei letzterer wächst die im weitesten Sinne gewölbeähnliche Decke pilzartig aus sechseckigen Betonstützen hervor.

Die Gestaltung der Decken geriet in der Mitte der fünfziger Jahre wieder zu einem wichtigen architektonischen Anliegen, das heißt, die Architekten bemühten sich, diese in das nunmehr aufgelockerte, dynamischere Raumgefüge miteinzubeziehen; die zeitweilig dominierende Flachdecke wird mehr und mehr verdrängt. Wesentliche Impulse gingen von der Entwicklung des Schalenbetons aus, in der die dem Material Beton eigentümliche Fähigkeit des beliebig gestaltbaren, freigespannten Tragens zur vollen Entfaltung gebracht wurde. Schon 1949 hatte Alfons Leitl für den Neubau der Pfarr- und Wallfahrtskirche St. Martin in Aldenhoven bei Jülich (Abb. 121) auf den Außenfundamenten der zerstörten Kirche aus dem Anfang des 16. Jahrhunderts einen Ske-

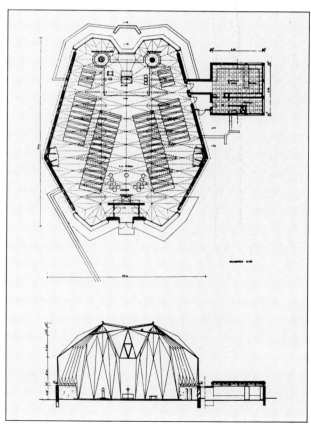

Abb. 120   Neuss-Weckhoven, St. Paulus, Grund- und Aufriß

lettbau mit einer Schalendecke aus Stahlbeton entworfen. Quer zum Raum liegende, hintereinander gereihte Halbzylinderschalen bilden den Raumabschluß. St. Martin ist die erste Schalenbetonkirche Deutschlands; sie bleibt aber ansonsten dem Raumgefüge der Vorkriegszeit verpflichtet, mit einem langgestreckten Wegraum und durch Rundstützen bezeichneten hoch liegenden Apsidialchor sowie einer Zweiturmfassade. Der Altar wurde allerdings aus der Apsis vorgezogen und diese zum Sängerchor umgestaltet. Formbestimmend wurde die Schalenbauweise zum Beispiel auch in der monumentalen Marienkirche von Koblenz-Asterstein (M. Christens, 1959), wo wiederum quer liegende Schalen auf Stahlbindern ruhen, die an den Längswänden als hochgezogene Rundbogenfolgen erscheinen. Alfons Leitl griff die Schalenwölbung noch mehrfach wieder auf, so 1954 in der Aachener Sebastian-Kirche, die im Gemeindebereich von Wellbetonschalen überdeckt wird, während eine segmentbogenförmige Schale höhergelegt über dem Chor quer zur Raumrichtung verläuft. Im gleichen Jahr wählte er für den quadratischen Raum der Christkönigskirche in Neuss eine freitragende Schalenbetonkuppel auf vier Stützen. Schon vom Motiv her ist diese monumentale raumüberspannende Kuppel mit historischer Bedeutung befrachtet[262]; möglicherweise hat Leitl hier bewußt einen zeichenhaften Hinweis auf das Himmelsgewölbe geben wollen.

Noch deutlicher raumprägend ist die Schalenbetonkonstruktion in der Düsseldorfer St.-Rochus-Kirche (1955) von Paul Schneider-Esleben (Abb. 122, 123). Da die Kirche auf Wunsch des Bauherren den Dreieinigkeitsgedanken symbolisieren sollte, wählte der Architekt einen Dreikonchengrundriß, dem im Aufgehenden drei hohe

parabolische Betonschalen auf zwölf Rundstützen entsprechen. In die Stoßwinkel der Schalen sind schmale nach oben hin sich erweiternde ornamentierte Lichtbänder eingesetzt, die in einem kreisrunden durchlichteten Ornament am Kulminationspunkt zusammenlaufen. Der Kernbau ist umgeben von einem niedrigen Umgang, der die monumentale Wirkung der Schalen noch steigert. Die Wahl der Dreikonchenanlage ist möglicherweise auch angeregt worden durch den kriegszerstörten Vorgängerbau an gleicher Stelle, eine 1894—97 von Kleesattel errichtete Kirche, bei der sich im Ostteil drei Konchen um einen zentralen Turm gruppierten. Ihr erhaltener Eingangsturm ergänzt den heutigen Kirchenbezirk.

Auffallende Deckenkonstruktionen, die das innere und äußere Raumgefüge bestimmen, finden sich häufig bei den Kirchenbauten von Gottfried Böhm, für die hier stellvertretend die Heilig-Geist-Kirche in Essen-Katernberg (1955—58) vorgestellt sei: der quadratische Raum wird von einem längeren Rechteck durchkreuzt, dessen Aufgehendes durch die kühne Form der Hängebetondecke gekennzeichnet ist. Zwei mächtige, unten durch einen Rundbogen geöffnete Dreieckspfeiler tragen auf ihrem Verbindungsbalken eine nach hinten und vorne in einer leichten Kurve abfallende Decke auf Zugseilen. In Verbindung mit den in Glas aufgelösten Seitenwänden vermittelt sie dem Raum eine schwebende Leichtigkeit.

Besondere Beachtung innerhalb der Deckengestaltung muß den Bauten von Josef Lehmbrock zuteil werden, da diese konsequent die technischen Mittel dieser Zeit nutzen und ihre Konstruktion offen im Kirchenraum sichtbar wird. Die schon erwähnte Düsseldorf-Rather Kirche (Abb. 111) wurde mit einer Stahlrohrkonstruktion überdeckt, der sogenannten Tetraplatte der Firma Mannes-

Abb. 121   Aldenhoven b. Jülich, St. Martin, Inneres

Abb. 122   Düsseldorf, St. Rochus, Außenansicht

mann, die aus gleichlangen, auf Kugeln zusammenge-
schweißten Stäben besteht. Im Raumgefüge ist dieses
filigrane Gitterwerk durchaus von größerem ästhetischen Reiz. Wie in der Albertus-Magnus-Kirche von
Leverkusen-Schlebusch mit ihrer engmaschigen, rauten-
förmigen Betondeckenkonstruktion versteht Lehmbrock
diese Gebilde als Netze, die über Altar und Gemeinde
ausgeworfen sind[263]. Ähnliche Stabgitterdecken werden
auch von Hentrich und Petschnigg eingesetzt, so in der
evangelischen Petrus-Kirche in Düsseldorf-Unterrath
(1956) und in der sechseckigen Petrus-Kirche in Leverkusen-Bürrig (1958). Offene Tragewerke aus Eisenstä-
ben erscheinen auch am Außenbau, beispielsweise an
der Jakobus-Kirche von Düsseldorf-Eller (Eckhard
Schulze-Fielitz, 1962), wo ein raumgreifendes Gitter den
Kernbau umzieht und so dem Kirchenbau einen eher
technischen Charakter verleiht. Im Gegensatz zu flächig,
scheibenhaft ausgebildeten Raumabschlüssen bilden
diese Gitter eine dreidimensionale Zone, nach Wend
Fischer eine gerüstartig differenzierte räumliche Hülle,
deren Struktur nicht körperhaft voluminös, eher gänzlich
unplastisch charakterisiert ist[264]. Anstelle einer
geschlossen-einheitlichen Wandstruktur werden in den
sechziger Jahren häufig die konstruktiven Elemente hervorgehoben, das heißt, als optisch mitsprechende Fak-
toren eingesetzt.

Die Erörterungen über Bestimmung und Gestalt des
modernen Kirchenbaus als Haus der Gemeinde haben
nach 1945 zu einer Gruppe von Bauwerken geführt,
deren gemeinsames Kennzeichen in ihrer introvertierten
Abgeschlossenheit begründet ist, einhergehend mit
einer bewußten Einfachheit in Konstruktion, Material und

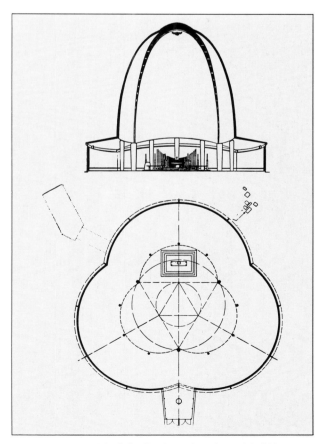

Abb. 123   Düsseldorf, St. Rochus, Grund- und Aufriß

Abb. 124 Essen-Huttrop, St. Bonifatius, Außenansicht

Abb. 125 Essen-Huttrop, St. Bonifatius, Inneres

Ausstattung. Grundlage dieser Baukonzeption ist die Vorstellung vom Haus der Gemeinde als einem bergenden, intimen Raum, der kraft seiner Gestaltgebung gemeinschaftsbildend, sammelnd wirkt, den Gläubigen Nähe und Geborgenheit vermittelt und in der Einfachheit eine Betonung des Wesentlichen erfährt[265]. Architekten, die diese Gedanken in den Vordergrund stellen, sind vor allem Emil Steffann, Josef Bernard oder Heinrich Otto Vogel; gerade Steffann hat diese Vorstellung konsequent in seinem gesamten Bauschaffen verfolgt[266]. Steffanns Auffassung von Sakralarchitektur ist wesentlich geprägt durch die Begegnung mit der frühen christlichen Baukunst Roms und den romanischen Bauwerken der Toskana, wobei vor allem Assisi und der in dieser Stadt gestaltgewordene „Geist franziskanischer Armut"[267] ihn tief beeindruckte. Diese Eindrücke leben in seinen eigenen Bauwerken ausdrucksmäßig wie auch formal weiter; die Bonifatius-Kirche in Essen-Huttrop (Abb. 124—126, 1959—61) kann dieses beispielhaft verdeutlichen: es handelt sich um eine dreischiffige Basilika mit Vorhof, Atrium, Taufkapelle und einer kleinen Apsis im Osten. Das Mittelschiff, betont breit angelegt und mit einem hölzernen Satteldach überdeckt, bildet den eigentlichen Hauptraum. Die Öffnung zu den Seitenschiffen ist durch Rundbogenarkaden gegeben, in deren Achsen im Obergaden kleine Rundbogenfenster eingeschnitten sind. Nach oben sich verflachende, strebepfeilerähnliche Wandvorlagen zwischen den Rundbögen verleihen der Wand eine zusätzliche Gliederung. Als Baumaterial wählte Steffann wie für fast alle seine Kirchen sichtbar belassenes Backsteinmauerwerk, das den schlichten, fast asketisch zu nennenden Raumcharakter noch unterstreicht. Zweifelsohne zeigt gerade die Bonifatius-Kirche im Inneren wie im Äußeren einen direkten, deutlichen Bezug zu frühromanischen Sakralbauten; aber auch die anderen Werke Steffanns legen eine solche Verbindung nahe, wie etwa als weiteres Beispiel die Hedwigskirche in Köln-Holweide (Abb. 127, 128), 1967 mit dem Architekturpreis der Stadt Köln ausgezeichnet, oder St. Elisabeth in Opladen (1957) (Abb. 156, 157). Vergleichbare Komponenten sind die Einfachheit und Klarheit der Gliederung sowie der Einzelformen, die Verwendung von Rundbögen und Rundbogenfenstern und die durch dichte Steinmassen gegebene, feste geschlossene Gesamtform. Peter Salm, der im Bistum Aachen nach dem Kriege zahlreiche Kirchen-Wiederaufbauten leitete, hat für die Erweiterung von St. Hubert in Süsterseel eine der Opladener Kirche ähnliche Grundriß- und Aufrißdisposition gewählt. Schon in der ersten Phase des modernen Sakralbaus offenbarte sich auch in Salms Schaffen eine der frühen Romanik nahestehende Konzeption.

„Vor dem Hintergrund der Entwicklung der Architektur des 20. Jahrhunderts und der herrschenden Vorstellung einer Progression allein durch ständige Innovation, durch das Abwerfen von Traditionen, Konventionen und Hierarchien zugunsten des Freisetzens subjektiver Erfindungskraft, vor diesem Hintergrund wird die Architektur Emil Steffanns, wenigstens auf den ersten Blick, in den Verdacht eines regressiven Traditionalismus, möglicherweise eines ‚architektonischen Nazarenertums' geraten können[268]."

Trotz der Verwandtschaft zu frühromanischen Bauwerken kann dieser Verdacht, den Ulrich Weisner hier anspricht (und den er ebenfalls ablehnt) nicht aufrecht erhalten werden, da er der Intention Steffanns wie den

Abb. 126 Essen-Huttrop, St. Bonifatius, Blick in das nördliche Seitenschiff

zeitgemäßen Momenten seiner Architektur nicht gerecht wird. Diese äußern sich zunächst in einer, den Reformgedanken des 20. Jahrhunderts entsprechenden theologisch-liturgisch orientierten Raumauffassung, ausgehend von einer sinngerechten, gottesdienstlichen Gestaltung des Raumes von innen her, von der um den Tisch des Herrn versammelten Gemeinde; demzufolge bevorzugte Steffann zentralakzentuierte Raumformen wie das Quadrat oder das Querrechteck. Wichtigstes Prinzip in der Gestaltgebung ist das materialechte und -gerechte Bauen, das heißt für ihn Bauen mit natürlichen Stoffen wie Stein, Holz oder Backstein, aus denen heraus die jeweils angemessene Bauweise und Konstruktion zu entwickeln ist, wie etwa der einfache Rundbogen sich aus dem Steinbau ergibt. Steffanns Kirchen sind keine komplizierten, kühnen Raumgefüge, sondern eher schlichteren Hausanlagen angeglichene, unmittelbare Gestalten[269], die aus der Einfachheit elementarer Bauformen leben, wobei elementar zu verstehen ist auch als ursprünglich-primäre Bauform. Einfachheit, Armut und Askese sind, so Steffann, die Leitworte, aus denen heraus die Baukunst für unsere Zivilisation zu einer neuen Größe geführt werden kann[270]. Die Besinnung auf diese in der Vergangenheit bereits gestaltgewordenen Werte, für den Kirchenbau zum Beispiel in der frühen romanischen Kunst, kann durchaus Grundlage des schöpferischen Bauens werden.

Die Architektur Emil Steffanns ist in ihrer so umrissenen Grundtendenz im großen Spektrum des modernen deutschen Kirchenbaus nicht als Einzelfall zu werten; fortge-

Abb. 127 Köln-Holweide, St. Hedwig, Inneres

führt und weiterentwickelt werden seine Baugedanken von den ehemaligen Mitarbeitern Heinz Bienefeld, Nikolaus Rosiny, Karl Otto Lüfkens, Paul Hopmann und im evangelischen Bauschaffen von Ernst Fohrer. In einem bewußten Verzicht auf außergewöhnliche „Formexperimente" zugunsten klarer, einfacher Kirchenanlagen und in der Bezogenheit des Bauwerks auf die jeweilige örtliche Situation stehen ihr die Kirchenbauten des rheinischen Baumeisters Josef Bernard[271] nahe, dessen Siegburger Elisabethkirche (1956—59) als ein Beispiel seiner vorwiegend in dörflichen Gegenden angesiedelten Sakralbauten näher betrachtet sei (Abb. 129, 130; vgl. auch Abb. 131, 132). Der einschiffige Wegraum ohne ausgesonderten Chor wurde in Ziegelsteinen aufgeführt, die im Inneren weiß geschlämmt sind. Die Nüchternheit des Raumes wird allein belebt durch die rhythmische, auf- und niedersteigende Anordnung kleiner Rundbogenfenster, die sich an der Chorwand noch steigert sowie die offen sichtbare Holzbinderkonstruktion der Decke. Beherrschendes Element im Äußeren ist der mächtige Westbau mit innerer Empore, aus dem ein quadratischer blockhafter Turm aufsteigt; ansteigende Rundbogenfenster bilden auch hier die einzige Gliederung. Wie bei Steffann findet man auch in Bernards Bauten häufig absatzlos in die Mauerfläche eingeschnittene Rundbogenarkaden und freiliegende hölzerne Dachstühle. Eindrucksmäßig besteht hier wiederum Verwandtschaft zu einfachen Kirchen der Romanik. In der Siegburger Anlage mag die Nähe der alten Benediktiner Abtei nicht ohne Einfluß auf Bernard geblieben sein. Bernards Kirchenbauten lassen insgesamt an eine Weiterbildung Dominikus Böhmscher Sakralbauauffassung denken, wie sie sich etwa in der Ringenberger Kirche äußerten. Vor dem 2. Weltkrieg war Josef Bernard eine

Zeitlang Mitarbeiter von Dominikus Böhm, während er nach 1945 zusammen mit Rudolf Schwarz im Kölner Wiederaufbau tätig war und mit diesem auch mehrere Kirchenneubauten erstellte.

Das Motiv einer auf- und absteigenden Anordnung von Rundbogenfenstern verwendet auch Heinrich Otto Vogel, so in der evangelischen Kirche von Zell an der Mosel (1958). Der Trierer Kirchenbaumeister Vogel ist ebenfalls in die Gruppe jener Architekten einzugliedern, deren Bauwerke aus der Tradition, in diesem Falle der romanischen Tradition, geschaffen sind, bei gleichzeitiger Berücksichtigung zeitgenössischer theologisch-liturgischer Gedanken. Die Bindung an diese Epoche des Kirchenbaus macht sich dabei auch formal bemerkbar, ohne daß allerdings einzelne „romanische" Motive einem modernen Strukturgefüge wie aufgelegt erscheinen. In jedem Fall ist hier eine freiere, weitaus eigenschöpferische Umsetzung festzustellen als in jenen zu Eingang des Kapitels erwähnten Kirchen von Otto Bongartz.

Das Bekenntnis zu schlichten, eher introvertiert als offenen Kirchenräumen wird von den Architekten durchaus in sehr individuelle Baugestalten überführt. Verwandt mit der Konzeption Steffanns, aber doch sehr eigenwillig ist die Willibrord-Kirche in Waldweiler/Hunsrück (Abb. 133—135) (Plan 1968) von Heinz Bienefeld[272]. Die Kirche erhebt sich über einem unregelmäßig gebrochenen, aus dem Querrechteck entwickelten Grundriß, dessen freier Rhythmus die Schrägung und Brechung der Wände bewirkt. Die Belichtung erfolgt durch wenige kleine Fensterschlitze, die mit dünnen Alabasterscheiben geschlossen sind, sowie durch das Oberlicht einer Laterne, die die gefaltete Holzdachkonstruktion durch-

Abb. 128   Köln-Holweide, St. Hedwig, Außenansicht

stößt. Als Baumaterial für das Aufgehende wie für den Fußbodenbelag wählte Bienefeld Ziegel, die, sichtbar belassen, zum Teil ornamental geschichtet sind und in Form und Anlage an das Mauerwerk spätantiker Bauwerke, wie beispielsweise die nahegelegene Trierer Basilika des 4. Jahrhunderts erinnern. Der herbe, einfache, fast asketisch zu nennende Raumcharakter wird durch die wenigen Lichtquellen von einem mystischen Dunkel erfüllt. Ohne genauer bestimmbare Übernahmen erkennen zu können, wird eine vage frühchristliche Stimmung spürbar, die wohl aus der formalen Strenge der Anlage, der Behandlung des Mauerwerks und der Lichtwirkung erwächst[273]. Eine Bereicherung des Innenraumes bildet der kleine gotische Chor der alten Vorgängerkirche, den Bienefeld als Sakramentskapelle freistehend in das moderne Gefüge integriert hat.

St. Willibrord in Waldweiler ist in eine Gruppe von Kirchenbauten einzugliedern, die von Architekturkritikern des öfteren als Katakomben, moderne oberirdische Katakomben, charakterisiert werden[274]; gemeint ist damit jene reine Innenräumlichkeit der Kirchen, die höhlenartige und in ihrer rauhen Oberfläche auch bewußt „primitive" oder archaisierende Züge trägt. Diese Tendenzen offenbaren sich ebenso deutlich in einigen Betonbauten der sechziger und siebziger Jahre, wie etwa St. Gertrud in Köln von Gottfried Böhm, deren felsartiges, aufgefaltetes Gewölbe die Katakomben-Assoziation noch steigert. Die Charakteristika dieser Kirche, der freie Rhythmus in Grund- und Aufriß, in unterschiedlichen Winkeln gebrochene, aufgefaltete Wände, denen eine ebenfalls stark aufgefaltete, auf- und absteigende Deckenbildung entspricht, kennzeichnen sie als Teil einer plastisch-dynamischen Architekturströmung, die

sich zu Ende der fünfziger Jahre im Kirchenbau mehr und mehr durchsetzte und die Gerüstbauweise der funktionell-geometrisch bestimmten Richtung ablöste. Die Auflockerung des Raumgefüges, sei es durch polygonale oder kurvenförmige, organisch schwingende Mauerbildung, erfaßte auch die Decken- und Dachgestaltung; durch schalenartige Wölbungsformen oder bewegte Auffaltung wurden sie in die neue Dynamik miteinbezogen. Gerade bei letzteren werden oftmals Erlebnismomente bewirkt, die denjenigen gotischer Gewölbe gleichen[275], man denke etwa an St. Paul in Neuss oder die Christus-Kirche in Bochum (Abb. 115—120). Diese neue Richtung führte nicht nur zu höhlenartig, katakombenähnlichen Kirchen im oben angesprochenen Sinne, sondern vor allem zu solchen Konzeptionen, die als burg- oder festungsartig umschrieben werden können. Als Beispiel eines Steinbaus sei St. Alban in Köln (Abb. 136, Titelbild) von Hans Schilling angeführt, mit jenen burgartig monumental wirkenden Backsteinmauern, die für die Bauten Schillings kennzeichnend sind, und kleinen Fensterschlitzen, die aufgrund ihrer unregelmäßigen Anordnung nur punktuell dämmriges Licht in den Kirchenraum einlassen. Schillings Kirchen im Rheinland, die häufig durch Baudetails wie zahnartig verkantete Mauerecken hervortreten, erhalten durch die allen Bauten gemeinsamen glatten, stereometrischen Formen, den geschlossenen, nur sparsam durch Fenster gegliederten Wandflächen und den in vielfacher Variation den Ecken vorgelegten Rundtürmen einen festungsartigen Charakter.

Das berühmteste Beispiel für die rheinischen „Betonburgen" ist wohl Gottfried Böhms Wallfahrtskirche in Neviges (Abb. 140, vgl. auch Abb. 138, 139), die allein

Abb. 129 Siegburg-Deichhaus, St. Elisabeth, Außenansicht

Abb. 130 Siegburg-Deichhaus, St. Elisabeth, Inneres

schon durch ihre gewaltigen Dimensionen beeindruckt. Die ganz in Stahlbeton errichtete und mit einem freitragenden Betonfaltwerk überdeckte Kirche gleicht einer kristallähnlichen Monumentalplastik, die sich aus einzelnen, ineinander verschachtelten und felsartig zerklüfteten Baukuben zusammensetzt. Asymmetrie und eine scheinbar freie, plastisch-expressive Gruppierung sind die kennzeichnenden Merkmale der inneren und äußeren Baugestalt. In Deutschland ist Gottfried Böhm wohl der wichtigste Interpret dieser neoexpressionistischen Architekturströmung, deren Bauten bisweilen, nach Reyner Banham, auch als brutalistisch bezeichnet werden[276]. Gemeint ist hier vornehmlich die „Zurschaustellung des unverputzten rauhen Betons oder des Sichtmauerwerks"[277], die rohe Wirkung von Konstruktion und Material und eine allen Bauwerken anhaftende Tendenz zur Monumentalität. In den letzten Jahren, nach 1970, ist mehr und mehr eine Abkehr von dieser Kirchenbaukonzeption festzustellen[278], die einhergeht mit einer allgemeinen Umorientierung der Architektur. Statt festgefügter Betonburgen erscheinen leichtere Raumgefüge, die sich mehr zum Licht öffnen, stärker farbig geprägt sind und auch den „wärmeren" Baustoffen wie Ziegelstein und Holz wieder mehr Bedeutung einräumen; oftmals sind sie zelt- oder pavillonähnlich aufgebaut. Wie das Gemeindezentrum Kettwig-Nord zeigt[279], hat gerade Gottfried Böhm diese Neuerungen mitgetragen.

Die Idee der Zeltkirche ist allerdings schon seit den fünfziger Jahren immer wieder aufgegriffen worden. Bereits vor dem Kriege hat Dominikus Böhm in der kleinen Dorfkirche von Birken (1929) diesen Gedanken beispielhaft verwirklicht (Abb. 142). Nach Emil J. Lengeling sagt das Leitbild Zelt „etwas über das Wesen des wandernden

Abb. 131 Siegburg, St. Josef, Blick auf die Chorseite

Abb. 132 Siegburg, St. Josef, Außenansicht, Westseite

Abb. 133 Waldweiler/Hunsrück, St. Willibrord, Außenansicht

Gottesvolkes und auch des unter den Menschen zelten-
den Gottes (Joh. 1, Apok. 21,3)"[280]. Diese spezifische
Vorstellung von Kirche ist in ihrer baulichen Umsetzung
gekennzeichnet durch jedwede Absage an monumen-
tale Formen; gestaltprägend ist das große Zeltdach, das
im Inneren als leichte Holzdecke, teils mit sichtbarer
Dachkonstruktion, erscheint. Zu unterscheiden sind einmal längsausgerichtete Kirchen, die im Querschnitt ein
Dreieck bilden, das heißt, das Satteldach ist auf beiden
Seiten bis zum Boden heruntergezogen, wie es die
evangelische Christus-Kirche in Lohmar (Abb. 141) zeigt
(G. Rasch, 1960); daneben werden auch quadratische
Kirchen oft mit Zeltdächern versehen, so die katholische
Franziskus-Kirche in Bottrop-Boy (E. Burghartz, 1962)
oder auch Vieleckkirchen wie etwa die fünfeckige evan-
gelische Jesus-Christus-Kirche in Witterschlick (Hein-
rich Otto Vogel, 1962); gerade im Bistum Trier wird die
Idee der Zeltkirche für evangelische und katholische
Bauwerke gleichermaßen sehr häufig aufgegriffen.

Der Überblick über die unterschiedlichen Raumgefüge
im Kirchenbau nach 1945 bedarf noch einiger Ergänzun-
gen hinsichtlich besonderer gliedernder oder auszeich-
nender Einzelformen, die bislang unerwähnt blieben.

Wie in der Frühphase des modernen Kirchenbaus
behauptet sich zunächst der weitgehende Verzicht auf
Wandgliederungssysteme, die außerhalb des strukturellen Gefüges liegen. Die Vorliebe für glatte, „leere" Wandflächen im Inneren und Äußeren wird nur vereinzelt
durchbrochen, so etwa in der Köln-Braunsfelder Josefskirche, deren Backsteinaußenwände Rudolf Schwarz mit
kleinen, aus vorstehenden Steinen gebildeten Kreuzen

überzog. Eine reliefartige Außenwandbehandlung findet
sich ebenfalls an der Köln-Sülzer Waisenhaus-Kirche
(1959) von Gottfried Böhm. Der Bildhauer Jochen
Pechau gestaltete hier in monumentaler Form das
Thema des Guten Hirten mit in Dreiergruppen
rhythmisch geordneten Lämmern. Wenn auch eine solche, die ganze äußere Längswand einer Kirche einneh-
mende, bildnerische Komposition sicherlich eine Selten-
heit darstellt, so sind im modernen Kirchenbau durchaus
häufiger figürliche Darstellungen zu finden, die einzelne
Bereiche des Bauwerkes auszeichnen. Ohne auf die pla-
stischen Arbeiten näher eingehen zu wollen, sei doch
als Beispiel St. Alban in Köln (Hans Schilling) genannt,
deren Eingangsportal (Abb. 137) mit einem Türsturz versehen wurde, den Elmar Hillebrand 1961—62 in deutlicher Anlehnung an mittelalterliche Portalplastik geschaffen hat[281]. Hier zeigt sich, daß auch im Bereich der
Sakralplastik wie ferner der Goldschmiedekunst, Glas-
und Wandmalerei Annäherungen an die sakralen Bildlei-
stungen des Mittelalters spürbar werden[282].

Im Rahmen der plastisch-dynamischen Architekturkonzeption der sechziger Jahre erfährt dann bisweilen auch
die einzelne Wand eine plastische Durchstrukturierung
im Sinne einer abstrakten Reliefierung. Solche in Sichtbeton gearbeiteten Reliefwände zeigt die evangelische
Versöhnungskirche in Detmold von Lothar Kallmeyer
(1967) und als Backsteinrelief seine evangelische Kirche
in Duisburg-Meiderich (1962, Wandrelief W. Habig).

Betonende Gliederungselemente sind vornehmlich im
Altarbereich zu finden, der somit auch eine architektonische Auszeichnung erfährt. Das durch die Liturgische

Abb. 134 Waldweiler/Hunsrück, St. Willibrord, Inneres

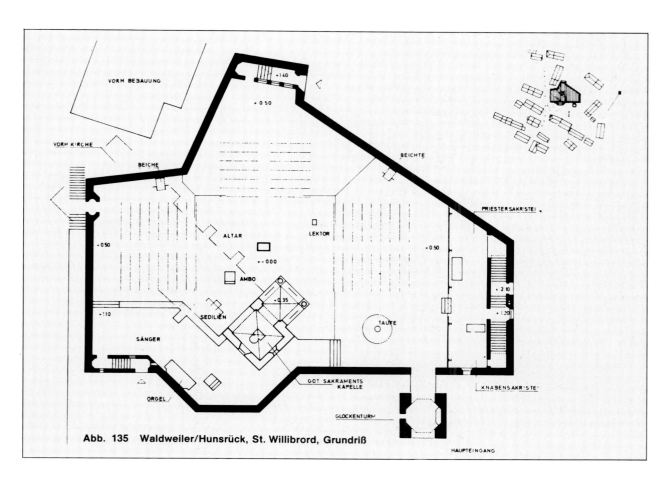

Abb. 135 Waldweiler/Hunsrück, St. Willibrord, Grundriß

Abb. 136 Köln, St. Alban, Inneres

Bewegung vertiefte Verständnis für die Bedeutung des Altares, der wieder wie in altchristlicher Zeit zum Tisch des Herrn wird und als Symbol Christi der Ort ist, an dem Gott und Mensch sich in der Feier des heiligen Mysteriums begegnen[283], führt eben zu einer bewußten Hervorhebung dieses Ortes, wobei unterschiedliche Gestaltungsmöglichkeiten zu verzeichnen sind. Auffallend ist, daß gerade in diesem Bereich der Formenkanon oftmals durch die Tradition vorgegeben ist — eine Beobachtung, die bereits in der frühen Phase deutlich wurde. Prägnante Beispiele sind die Clemenskirche in Köln-Niehl (Abb. 143—145) von Karl Band (1962—64), deren Apsidialchor zusätzlich durch einen Stützenumgang bereichert wird, oder die kleine evangelische Christuskirche in Meckenheim-Merl (Abb. 146, 147) von Heinrich Otto Vogel (1960), die über dem Chor mit einem backsteingemauerten Kreuzgratgewölbe überdeckt ist, während der Gemeindebereich von einer hölzernen Flachtonne geschlossen wird. Anfang der fünfziger Jahre wird auch das Triumphbogenmotiv noch mehrfach wiederaufgegriffen, formal reduziert auf einen hochgezogenen Rundbogen, beziehungsweise einen spitzwinkligen Einschnitt in die Chorwand, so in der katholischen Pfarrkirche von Essen-Holsterhausen (Wilhelm Seidensticker, 1952) oder in der schon erwähnten Wesselinger Kirche von Marcel Felten.

Ein häufiges Element der Altarauszeichnung ist in katholischen Kirchen der Baldachin, der vor allem in Gottfried Böhms Sakralbauten in vielfach variierender Form erscheint. Einen eigenständigen, von Stützen getragenen Überbau über dem Altar entwarf er für die Waisenhaus-Kirche in Köln-Sülz (1959) und die katholische Kirche in Grevenbroich (1958—59); bei letzterer ist der

Abb. 137 Köln, St. Alban, Portal

Abb. 138 Köln-Melaten, Christi-Auferstehung-Kirche, Außenansicht

Abb. 139 Köln-Melaten, Christi-Auferstehung-Kirche, Außenansicht mit Gemeindezentrum

Abb. 140 Neviges, Wallfahrtskirche

Abb. 141 Lohmar, Christuskirche, Außenansicht

Abb. 142 Birken, St. Elisabeth, Außenansicht

bewußt konzentrierte Lichtfülle im Altarbereich erscheint bei den modernen Kirchenbauten sehr häufig im Sinne einer Auszeichnung, wobei dieses Phänomen vor allem dann deutlich in Erscheinung tritt, wenn ein Kontrast zum eher dunklen Gemeinderaum besteht. Eine stimmungsmäßig eingesetzte Lichtwirkung wird gerade in den Hell-Dunkel-Effekten von den Gläubigen wie auch von den Kirchenbaumeistern weiterhin als ein sakrales Element interpretiert.

Neben dem Altarbereich wird bei den Kirchenbauten nach 1945 auch der Eingangsseite bisweilen noch eine

würfelförmige, nach vorn auf zwei Stützen aufruhende Baldachinblock mit einer apsidialen Nische in Mauerstärke verbunden (Abb. 148). Damit knüpft Böhm an Ausstattungsstücke frühchristlicher Bauwerke an. Als gleichsam abgekürzte Form des Hoheitszeichens Baldachin kann die den Altarbereich eingrenzende Vierstützenstellung gelten, wie sie Rudolf Schwarz für die Kirche Heilige-Familie in Oberhausen (Abb. 113) wählte; die runden Stützen sind an der Decke mit einem quadratischen Ringbalken zusammengehalten, so daß das Baldachinmotiv deutlich am Bauwerk ablesbar ist.

Ausgehend von dieser Grundform kann der Baldachin eine monumentalere Ausprägung erfahren, indem er chorturmartig das liturgische Zentrum überhöht. So wird zum Beispiel in der Maria-Königin-Kirche von Düsseldorf-Lichtenbroich (1956—58) dieser Bereich durch einen für das Bauschaffen von Gottfried Böhm typischen hohen Spitzturm[284] schon im Außenbau deutlich herausgehoben. In seiner achtseitigen, ursprünglich von vielen kleinen Fenstern durchbrochenen Gestalt gemahnt er an spätstaufisch-rheinische Vierungstürme. Im Inneren ruht der Turm auf acht geknickten Betonfüßen, in deren Zentrum der Altartisch steht. Ein weiteres Beispiel ist die Kinderheim-Kirche in Zieverich (1962—63) von Nikolaus Rosiny, deren von schlanken Stützen getragener Chorturm oder -laterne durch ein breites Fensterband aufgelöst ist, so daß der Altar durch die Lichtführung eine zusätzliche Betonung erhält. Die

Abb. 143 Köln-Niehl, St. Clemens, Inneres

100

Abb. 144   Köln-Niehl, St. Clemens, Eingangsseite mit Taufkapelle

Abb. 145   Köln-Niehl, St. Clemens, Chorseite

Abb. 146   Meckenheim, Christuskirche, Außenansicht   **Abb. 147   Meckenheim, Christuskirche, Inneres**

Abb. 148   Grevenbroich, St. Josef, Inneres

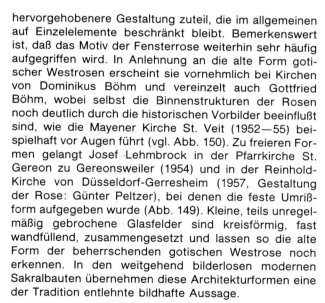

Abb. 149 Düsseldorf-Gerresheim, St. Reinhold, Fassade

Abb. 150 Bonn-Beuel, St. Paulus, Fassade

hervorgehobenere Gestaltung zuteil, die im allgemeinen auf Einzelelemente beschränkt bleibt. Bemerkenswert ist, daß das Motiv der Fensterrose weiterhin sehr häufig aufgegriffen wird. In Anlehnung an die alte Form gotischer Westrosen erscheint sie vornehmlich bei Kirchen von Dominikus Böhm und vereinzelt auch Gottfried Böhm, wobei selbst die Binnenstrukturen der Rosen noch deutlich durch die historischen Vorbilder beeinflußt sind, wie die Mayener Kirche St. Veit (1952—55) beispielhaft vor Augen führt (vgl. Abb. 150). Zu freieren Formen gelangt Josef Lehmbrock in der Pfarrkirche St. Gereon zu Gereonsweiler (1954) und in der Reinhold-Kirche von Düsseldorf-Gerresheim (1957, Gestaltung der Rose: Günter Peltzer), bei denen die feste Umrißform aufgegeben wurde (Abb. 149). Kleine, teils unregelmäßig gebrochene Glasfelder sind kreisförmig, fast wandfüllend, zusammengesetzt und lassen so die alte Form der beherrschenden gotischen Westrose noch erkennen. In den weitgehend bilderlosen modernen Sakralbauten übernehmen diese Architekturformen eine der Tradition entlehnte bildhafte Aussage.

Zusammenfassend sei abschließend noch einmal unterstrichen, und dies zeigen eigentlich die zahlreichen vorgestellten, in ihren Gestaltungsprinzipien doch sehr heterogenen Bauten, daß anders als in jener ersten Bauperiode vor dem 2. Weltkrieg nach 1945 das Gestaltungsspektrum immer vielfältiger wird und sich dem Versuch einer Gruppierung mehr und mehr entzieht. Neben der Vielzahl der nun auch im Sakralbau tätigen Architekten mag dies in der freien Verwendung fast aller nur denkbaren Materialien und Konstruktionen liegen, was gemeinsam mit den nicht minder unterschiedlichen theoreti-

schen Vorstellungen von der Bewältigung der Aufgabe, eine Kirche zu bauen, zu vorstehendem, im Sinne der Themenstellung heraus zwangsläufig auswählendem, eingeschränkten Überblick geführt hat.

II.3.c Form und Bedeutung der Apsis

Eines der bemerkenswertesten Elemente der Übernahme, beziehungsweise Weiterführung eines durch Jahrhunderte kontinuierlich tradierten Baumotivs ist die Apsis. Wie die Grund- und Aufrißentwicklung gezeigt hat, bleibt sie auch im 20. Jahrhundert, vor allem im katholischen Kirchenbau, häufig mitbestimmendes Merkmal der Kirchenanlagen, wobei vor allem nach dem 2. Weltkrieg durchaus schöpferische Formumwandlungen zu verzeichnen sind, das heißt, die ursprüngliche, einfache Halbkreisform wird bisweilen übergeführt in die Parabel- oder Segmentbogenform, oder aber, entsprechend der stilistischen Ausformung des Gesamtgrundrisses winkelig gebrochen. Diese in der Anlage trotz verschleifender Tendenzen stets deutlich ablesbaren Apsiden werden in die unterschiedlichsten Grundrißlösungen eingefügt. Daneben haben sich, vereinzelt bereits in der frühen Phase des Kirchenbaus Sonderformen wie Parabel- und Konchenbauten entwickelt, in denen ebenfalls das alte Apsismotiv weiterlebt.

In den Rheinlanden und in Westfalen wird im Aufgehenden die aus Backstein gemauerte oder mit Klinkern verblendete Halbkreisapsis bevorzugt. Als gemauerte Bauteile stehen sie des öfteren im Gegensatz zur übrigen Ausformung des Baukörpers in Beton oder Glas, so daß

Abb. 151 Köln, Kirche des Priesterseminars St. Petrus Canisius, Außenansicht

Abb. 152 Köln, Kirche des Priesterseminars St. Petrus Canisius, Inneres

Abb. 153 Köln-Weidenpesch, Christ-König-Kirche, Inneres

Abb. 154   Köln-Weidenpesch, Christ-König-Kirche, Außenansicht

Abb. 155   Soest, Heilig-Kreuz-Kirche, Inneres

Abb. 156 Opladen, St. Elisabeth, Außenansicht

Abb. 157 Opladen, St. Elisabeth, Blick in den Altarraum

hier eine deutliche Differenzierung erreicht wird. Der Verzicht auf dekorative Gliederungselemente und der Kalottenabschluß in den nicht raumhohen Nischen sind weitere kennzeichnende Merkmale; diesen entspricht ein glatter, halbzylindrischer und mit einem Kegeldach versehener Außenbau. Gerade diese konstituierenden Elemente drängen assoziativ den Vergleich mit frühchristlichen-frühromanischen Apsislösungen auf. Als anschauliches Beispiel sei die Kirche des Priesterseminars in Köln (Abb. 151, 152, vgl. auch Abb. 153, 154) hervorgehoben (Hans Schumacher und Willy Weyres, 1956—58), wo eine gemauerte, leicht gestelzte Halbkreisapsis gleichsam zitathaft als ein deutliches Hoheitszeichen in die östliche Glaswand eingefügt wurde. Besondere Beachtung verdient auch die Soester Heilig-Kreuz-Kirche (Abb. 155) von Rudolf und Maria Schwarz (1965—67): in das längsrechteckige Kirchenschiff ist eine halbrund verlaufende, raumhohe Mauer gestellt, die die Altarstelle ummantelt. Vom Grundriß her erinnert diese Anlage an einfache frühchristliche Rechtecksäle mit einer ebenfalls rundbogig geführten Mauernische frei im Raum[285]. Wenn diese auch als Sitzbank für die Geistlichen sehr niedrig gehalten war, so kann doch ein Einfluß auf die Soester Kirche allein hinsichtlich der Grundrißsituation nicht ausgeschlossen werden. Dieser Apsisanlage vergleichbar ist die Innenraumgestaltung der Kirche Madonna-dei-Poveri in Mailand (1952/53, Luigi Figini und Gino Pollini), wo eine etwa drei Meter hohe, fünfseitig gebrochene Betonwand den Altar freistehend umstellt. Ähnlich, wenn auch nicht so dominierend, ist etwa auch die Altarbegrenzung in Josef Lehmbrocks Mariä-Himmelfahrt-Kirche in Düsseldorf-Unterbach (1964) durch eine leicht geschwungene Betonscheibe.

Im folgenden seien nun eine Reihe von Gründen aufgezeigt und näher untersucht, die die häufige Erscheinung des Apsismotivs im modernen Kirchenbau klären sollen. Wenn der näheren Erläuterung dieses Problems hier mehr Raum gegeben wird, so geschieht dies allein schon deshalb, weil die kirchlichen Bauvorschriften und -empfehlungen einen abgesonderten Chorraum und damit die Apsis an sich nicht mehr vorsehen[286]. Gerade der allgemeinen, immer wieder betonten Tendenz zum „Einheitsraum" scheint eine Beibehaltung dieses Baumotivs zuwiderzulaufen. Allerdings bleibt anzumerken, daß, vor allem im späteren 20. Jahrhundert, entsprechend der Liturgischen Bewegung der Altar nur noch in den seltensten Fällen seinen Platz in der Apsis selbst findet, sondern in den Gemeinderaum vorgezogen ist. Damit scheidet für das Motiv der Apsis eine ihrer möglichen Funktionen als eigenständiger Altarraum aus. Der Vollständigkeit halber sei angefügt, daß auch im Mittelalter die Apsis nicht immer Aufstellungsort des Altares war.

Jene bereits auf formaler Ebene angesprochene Beziehung zu frühchristlichen Vorläufern bedingt weiterhin die Frage, inwieweit die ursprünglich christlich-allegorische Bedeutung aufgenommen wird, oder anders ausgedrückt, ob das Raummotiv „Apsis" einem Bedeutungswandel unterliegt. Die von Felix Kreusch vertretene Ansicht, daß hier kein Rückgriff auf frühere Chöre vorliege, sondern eine räumliche Betonung des Altares, wie es früher das Retabel in anderer Hinsicht war[287], erklärt dieses Formelement nur ungenügend. Die Auszeichnung des heiligen Ortes, des Altares, die von den Architekten in unterschiedlicher Formgebung gesucht wird, erfährt zweifelsohne in der Apsis eine adäquate architektonische Gestaltgebung. Nicht immer kann entschieden werden, ob der Architekt dieses im Sinne eines Hoheitszeichens eingesetzte Motiv nur aus bloßer historischer Reminiszenz aufgreift. Das über Jahrhunderte kontinuierliche Erscheinen der scheinbar grundlegenden Bauform Apsis, ungeachtet ihrer stilistischen Ausformung, birgt die Gefahr in sich, daß diese Form zur sakralen Formel wird, die dann zur Kennzeichnung eines Sakralbaus angewandt wird. Dem gegenüber steht allerdings die intensive Auseinandersetzung in Theologen- wie Architektenkreisen mit diesem Baumotiv, resultierend aus einem heute wieder vertieften Verständnis für die Bedeutung des Altares. Vor allem Rudolf Schwarz hat in seinen Schriften und Bauwerken die Apsis immer wieder in das theologische Programm aufgenommen, ja, sie wird in seiner Interpretation sogar zu einem unabdingbar notwendigen Bestandteil der Aussage[288]. „Ich habe schon in einer, wie ich hoffe genügenden Ausführlichkeit dargelegt, daß die Kirche nicht im Altar beendet ist. Im Altar geschieht Niederlassung Gottes auf der Erde, zu Füßen und vor dem Hintergrund des Himmels, von dem aus Menschwerdung geschieht und zu dem die Gebete hinübergehen, der also der perspektivische Hauptpunkt des durch die Kirche repräsentierten Weltalls ist: sie ist auf ihre offene Stelle hin gebaut. Ein besonders besagendes Beispiel hierfür ist und bleibt die Apside, der eigentlich himmlische Ort, in dem die Kirche offen und ihre Wand durchsichtig wird. Von der Welt her ist sie Horizont der Ewigkeit, von dort her die um die Erde gebreitete offene Höhlung und Rundung, die die Welt gütig schaffend durchwirkt und in ihrem Brennpunkt den Altar hervorbringt. Der Himmel macht sich in ihr geräumig[289]." In dieser Aussage von Rudolf Schwarz

sind die Kernpunkte seiner Apsis-Interpretation enthalten: sie ist zeichenhafter Ausdruck des transzendenten Ortes, „himmlischer Hintergrund"[290], im Übergang von der irdischen Versammlung zu einem nicht darstellbaren Jenseits. Die hier angesprochene Raumsymbolik führt zurück zur Bedeutung der frühchristlich-frühromanischen Apsiden. Jene waren, so Günter Bandmann, „das Tor, in dem die Epiphanie sichtbar wird, sie gestatten einen Einblick in das himmlische Gefilde"[291]. Wesentlich bestimmend für diese Aussage ist das Bildprogramm der Apsismosaiken oder -malereien, die den himmlischen Thron, Triumph- und Pardiesesszenen oder Visionen aus der Offenbarung des Johannes darstellen. Die heutigen Apsiden können im eigentlichen Sinne nicht mehr als Bildträger gelten; wenn ihnen dennoch eine vergleichbare Aussage zukommt, so bedeutet dies, daß die Symbolik des Bildprogramms in ihren wesentlichen Zügen auf die architektonische Form selbst übergegangen ist.

Diese spezifische Raumikonologie erschließt sich nicht nur aus den Schriften von Rudolf Schwarz. Schon Heinrich Laag hat festgestellt, daß beispielsweise in dem großen Handbuch zum Kirchenbau von Weyres und Bartning die Ansicht vertreten wird, daß der Altar „zugleich Zielpunkt aber auch Grenze unseres irdischen Bereiches sein" soll[292]. Demgemäß wird wiederum in der Apsis der „Einbruch einer anderen Dimension"[293] versinnbildlicht. Anknüpfend an die altchristliche Tradition kann dieses Baukompartiment somit als eigenständiger Hoheitsraum gedeutet werden, der dem Gemeindesaal gegenübergestellt ist und in dieser Anordnung das exponierte Blickziel der Gläubigen bildet. Im modernen Kirchenbau wird die Eigenwertigkeit des Raumes, wie bereits gezeigt, teilweise durch formale Andersartigkeit prägnant hervorgehoben.

In der Frühzeit des Kirchenbaues bildeten die Apsiden einen wichtigen Bestandteil des liturgischen Geschehens; der inneren Rundung folgend waren hier Bänke für die Priesterschaft angeordnet sowie in deren Mitte die Kathedra des Bischofs, von denen aus die Versammlung der Gläubigen geleitet und jene Teile der Messe gelesen wurden, die wir heute als Wortgottesdienst bezeichnen, während am vorgezogenen Altar die Opferhandlung stattfand. Diese Anordnung wurde in unserem Jahrhundert wieder in Erinnerung gerufen, in dem Moment, als, gefördert durch die Liturgische Bewegung, der selbständige Gottesdienst mit Lesung, Gesang, Homilie und Gebet wiedereingeführt wurde[294] und auch räumlich akzentuiert werden sollte. Emil Steffann hat 1955 in der Münchener Laurentiuskirche jene aus liturgischen Überlegungen gewonnene, unterteilende Ordnung des Raumes zum ersten Male verwirklicht; in den Rheinlanden können seine Elisabethkirche in Opladen (1958 Abb. 157) oder St. Maria-in-den-Benden in Düsseldorf-Wersten (1956—59) diese Gedanken beispielhaft vor Augen führen[295]. Wie in den frühchristlichen Anlagen enthalten hier die großen Apsiden Sitz für die Geistlichkeit und die ihnen assistierenden Laien; statt des Bischofs nimmt der Priester als Leiter der Gottesdienstgemeinschaft den Platz in der Mitte ein[296]. Gerade in Steffanns Sakralbauten hat wohl dieser Aspekt zur Übernahme des Apsismotivs geführt.

Aus all diesen, hier nur kurz dargestellten Überlegungen wird deutlich, daß eben jene, oben zitierte Äußerung von Felix Kreusch auf die Apsis als sakralem Bauelement nicht zutrifft. Zuzustimmen ist ihm allein hinsichtlich der

Abb. 158 Düren, St. Anna, Inneres

Funktion der Apsis als Aufstellungsort des Hochaltares. Diese in der Romanik einsetzende Tradition wird im modernen Kirchenbau nicht weitergeführt. Das vertiefte Verständnis für den Symbolgehalt der Architektur hat vielmehr dazu geführt, daß die altchristliche Bedeutung der Apsis erneut erkannt und im modernen Sakralbau bewußt eingesetzt wird. Dies heißt weiterhin, daß auch in formaler Hinsicht die so wiederbelebte Apsis sich an ihren frühchristlichen Vorbildern orientiert.

II.3.d Die Bedeutung der Werkstoffe

Die Gestaltgebung des modernen Kirchenbaus wird wesentlich mitbestimmt durch die Verwendung der im 19. beziehungsweise 20. Jahrhundert entwickelten neuen Materialien wie Eisen, Glas, Stahl und Beton, die neuartige Formen und Konstruktionen ermöglichten. Dennoch wurden durch diese neuen Baustoffe die althergebrachten Materialien Stein, Backstein und Holz nicht vollständig verdrängt, ja es ist sogar auffallend, daß in den Rheinlanden diesen, teilweise in Kombination mit neuen Stoffen, eine dominierende Rolle zufällt. Es wird zu zeigen sein, daß gerade der Steinbau hier als bedeutungsmäßiger „Ausdrucksträger"[297] eingesetzt wird.

Eine nicht unwichtige Komponente ist wie in der frühen Phase des Kirchenbaus die durch die Werkstoffwahl sichtbare örtliche Einbindung. Vor allem in ländlichen Gegenden werden die Materialeigenschaften der bodenständigen Architektur mitberücksichtigt und Neubauten durch Zurücknahme modernster Technologien dem bestehenden Bild angepaßt. Diese bewußte Anbindung an die historischen landschaftlichen Gegebenheiten

Abb. 159 Düren, St. Anna, Außenansicht

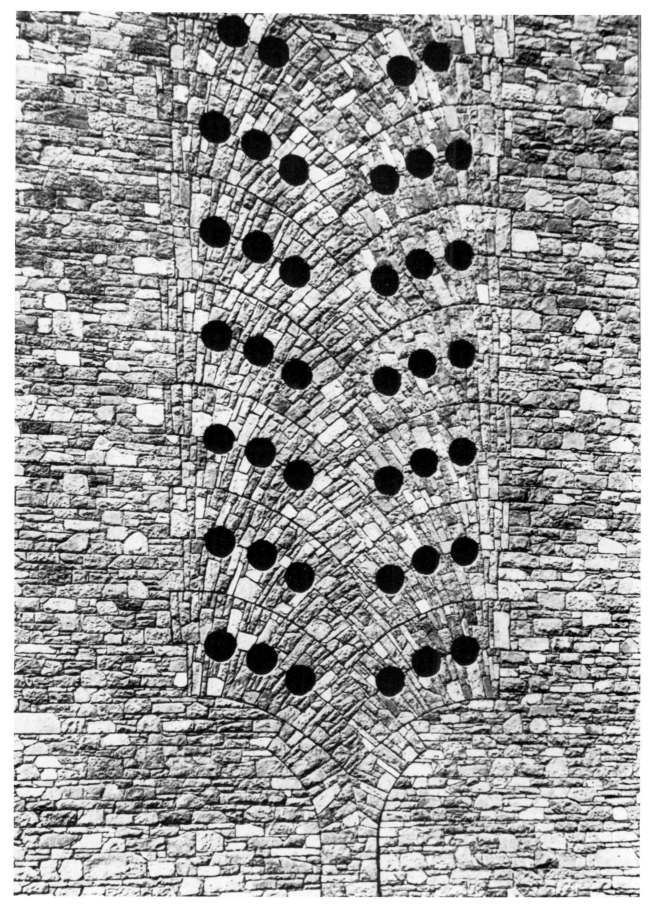

Abb. 160   Düren, St. Anna, Lebensbaum-Darstellung in der Chorwand

erfährt gerade in den letzten Jahren eine neue Wertschätzung, so daß Paulhans Peters in einem Überblick über die heutigen Architekturströmungen von einem neuen Regionalismus spricht[298].

Die Vorliebe der rheinischen Baumeister für Steinmauerwerk liegt wohl zum Teil begründet in der großen romanischen Bautradition dieser Gegend, deren Zeugnisse noch immer eine bedeutende Ausstrahlung besitzen[299], die nicht ohne Einfluß auf den modernen Kirchenbau geblieben ist. Die Begeisterung von Rudolf Schwarz etwa für eine „herrliche ottonische Quadermauer"[300] läßt vermuten, daß er die ästhetischen Qualitäten solcher Vorbilder auch in seinem eigenen Bauschafen zum Ausdruck zu bringen versuchte. Gerade die ästhetischen, sinnlichen und teils weiterführend in die Sphäre des Symbolischen gerückten Werte, die aus den Zeugnissen vergangener Steinbaukunst abgeleitet werden, bewirken die Bedeutung des althergebrachten Werkstoffes Stein im modernen Kirchenbau, wobei anzumerken ist, daß auch im Profanbau die Verwendung roh belassener natürlicher Baustoffe mehr und mehr eine Rolle spielt. So schreibt Günter Bandmann: „Uns erst, die wir mit Beton, Glas und Eisen zu bauen gelernt haben, geht wieder der besondere Rang und die Macht des Steines auf, während unseren Vorgängern dieser Sinn abhanden gekommen war, da der Steinbau als einzig mögliche und gewohnte Bauweise erschien. Die seit Jahrtausenden aus seinem Stoff gebildeten Glieder galten als die natürlich gegebenen. Erst heute sehen wir den Stein wieder in seiner einmaligen Situation, in seiner historischen Gebundenheit, als Zeugnis vergangener Zustände[301]."

Als ein dem Steinmauerwerk innewohnender ästhetischer Wert ist vor allem die starke Lebendigkeit hervorzuheben, die aus der Unregelmäßigkeit und der rauhen Oberflächenstruktur herrührt sowie aus den quasi sich von selbst ergebenden feinen Farbnuancierungen. Im Gegensatz zu den, verallgemeinernd gesehen, glatten, perfektionistischen Stahl-Glas-Wänden moderner Gebäude wird den Ziegel- oder Bruchsteinwänden größere Ausdruckskraft beigemessen. Der schon zu Ende der fünfziger Jahre im Profanbau sich ankündigenden Zuwendung zu diesen Werten, die sich auch im Kirchenbau bemerkbar machte, entspricht in der zeitgenössischen Architekturkonzeption eine wieder ausgeprägtere Betonung der Stofflichkeit und der Materialeigenschaften[302]. In gewissem Rahmen muß auch der Sichtbeton hier angesprochen werden, der, so Herbert Muck, „der beliebten Rauwirkung des gewachsenen Steins durchaus entsprechen kann" und ebenso „geheimnisvoll"[303] wirkt.

Darüber hinausgehend werden dem Steinbau auch bestimmte ideelle Werte zugestanden, die in den Begriffen Festigkeit, Kraft oder sogar Gewalt der naturbelassenen Materialien zusammengefaßt werden können. Diese werden wohl am deutlichsten in monumental geschichteten oder aufeinander getürmten Steinmassen sichtbar, wie sie beispielsweise die Anna-Kirche in Düren (Abb. 158—160) von Rudolf Schwarz zeigt, wohl einer der größten Steinbauten, die im 20. Jahrhundert in Europa gebaut wurden. Die kraftvolle Massigkeit und Festigkeit dieser Kirche rückt sie zugleich in die Nähe des Unveränderlichen und damit auch des Überzeitlichen. Das scheinbar naturhaft Gegebene — in Wirklichkeit entspricht den Wänden durchaus ein sehr kunstvoller, wohlüberlegter Aufbau — bewirkt letztlich auch eine gewisse Erdenschwere, beziehungsweise Erdverbundenheit. Eine Äußerung von Günter Rombold vermag diese Bedeutungsebene näher zu interpretieren. Der moderne deutsche Kirchenbau „liebt das Fixierte, in der Erde verwurzelte. Vielleicht gerade deshalb, weil man erlebt hat, wie wenig in der Erde verwurzelt der Mensch ist, wie wenig gesichert er ist. Vielleicht aus einer Sehnsucht, in der Kirche etwas zu finden, was unwandelbar

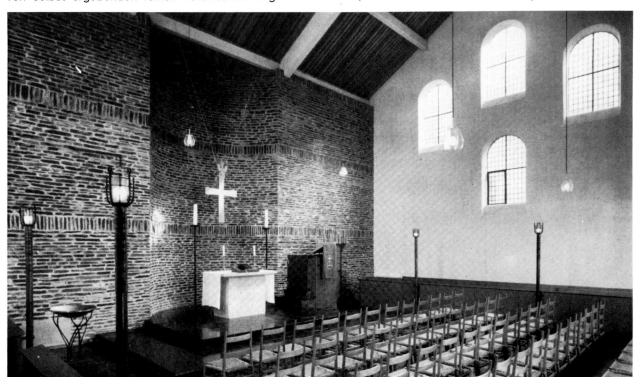

Abb. 161   Zell a. d. Mosel, evangelische Kirche, Inneres

ist. Vielleicht endlich aus der Vorstellung vom symbolhaften sakralen Charakter des Kirchenbaus, wie er der großen Tradition entspricht"[304]. Jene Fortführung der Tradition des sakralen, symbolischen Charakters des Kirchenbaus kann sich eben beispielsweise in dem Aufbau der Kirche aus steinernen Wänden im oben angedeuteten Sinne äußern. Nicht zuletzt von daher erscheinen die modernen Kirchen teilweise den romanischen Steinbauten, wie sie uns heute vor Augen stehen, eindrucksmäßig sehr nahe[305].

Die Gestaltung der rheinischen Apsiden hat bereits gezeigt, daß dem Backstein oder Bruchstein eine interpretierbare Akzentuierung zukommt. Wenn also der Architekt für den Gesamtkirchenbau „modernere" Materialien wählt, so zeichnet er doch gerade den Chorbereich des öfteren mit den traditionellen Baustoffen aus, die sich damit als die ehrwürdigeren behaupten. Zu erinnern sei hier an die Priesterseminarkirche (Abb. 151, 152) von Schumacher und Weyres oder als weiteres Beispiel G. Böhms Kirche in Köln-Melaten (Abb. 138): eine Konstruktion aus Sichtbeton und Ziegelmauerwerk, wobei letzteres Material, im Inneren zusätzlich mit roten Lochziegeln verkleidet, an hervorgehobenen Orten, wie der apsisähnlichen Chornische, Marienkapelle und Eingangsbereich erscheint. Anzuführen ist hier auch die evangelische Jesus-Christus-Kirche in Sennestadt von Oesterlen mit einer dreiseitig gebrochenen Altarnische, wobei die Seitenfelder vor dem Altarraum als Betonglaswände weitergeführt werden. Assoziativ ergibt sich von daher der Eindruck eines gemauerten Tryptichons. Das bedeutungsmäßige Einsetzen von Steinen erstreckt sich dabei nicht nur auf die Apsis, sondern wird gerade im Rheinland des öfteren auf die ganze Chorwand übertragen; ein deutliches Beispiel ist die evangelische Kirche in Zell an der Mosel (Abb. 161) von Heinrich Otto Vogel (1958).

Eine gesonderte Erwähnung verlangt die Bedeutung der Trümmer- oder Abbruchsteine, die zunächst nach dem Kriege aus der Notsituation heraus in einem Neubau Wiederverwendung fanden, dann aber, zum Beispiel bei Steffann, später weiterhin ein bevorzugtes Baumaterial waren[306]. Auch Rudolf Schwarz hat in Zusammenarbeit mit Rudolf Steinbach die Anna-Kirche in Düren aus den Steinen der alten Kirche zusammengefügt. Das Pfarrzentrum in Puchenau bei Linz (1978) von Roland Rainer ist eines der jüngsten Beispiele der Faszination für alte Steine, die im Rahmen des Architekturwandels dieser Jahre Ausdruck einer eher antiperfektionistischen, auf einfache Technologien bedachte Haltung ist und zugleich eine „neue Auffassung von der tiefen Verbindung, die Heute und Gestern besitzen müssen"[307], sichtbar werden läßt. Das Zentrum ist ebenfalls mit aus einem Abbruch gewonnenen Ziegeln gebaut, die, so Rainer, „besser, dauerhafter, billiger und vor allem viel schöner sind als unsere jetzigen Industrieprodukte"[308]. Die Vorliebe für altes Steinmaterial erklärt sich zunächst wiederum aus einer ästhetischen Wertschätzung; schon einmal verwendete Ziegelsteine zeigen eine noch stärkere Lebendigkeit und größeren Abwechslungsreichtum als neu gebrannte. Diese, aus dem Historischen gewachsene Lebendigkeit überträgt sich nach Steffann und Schwarz auf das gesamte, neu entstehende Bauwerk. Damit wird zugleich eine bereits mehrfach angesprochene Grundhaltung beider Architekten deutlich, wonach das Alte in dem Neuen weiterlebt; in diesem Falle kommt den alten Steinen dabei eine reliquienähnliche Bedeutung zu, so spricht auch Schwarz von den „geheiligten" Steinen, die der Baustoff des neuen Werkes sein sollen[309].

Nicht zuletzt muß in Zusammenhang mit den steinernen Kirchenbauten, seien sie aus Trümmersteinen oder neuen errichtet, auf die theologisch-symbolische Ebene verwiesen werden. Im Hinblick auf die im 20. Jahrhundert wiedergewonnene Bedeutung der Gemeinde erfährt das Petruswort von den lebendigen Steinen der Gemeinde hier eine sinnfällige Umsetzung. „Die vielen Steine sind zu einem großen Bau zusammengefügt, wie die Kirche aus den gläubigen Menschen"[310], oder wie es Emil Steffann 1934 ausdrückte: „Die Kirche ist ein abgegrenzter Bezirk, den die Gemeinde selbst bildet, aus lebendigen Steinen errichtet[311]."

III. Die Wiederaufnahme mittelalterlicher Bautypen in kirchlichen Sonderräumen

III.1 Taufkapellen

Betrachtet man die modernen Kirchenanlagen im Hinblick auf die Anordnung der Nebenräume, so ist auffallend, daß viele von ihnen mit einer eigenen Taufkapelle ausgestattet sind, das heißt, dem Kirchenraum ist ein architektonisch selbständiger Taufort angegliedert, wobei beide Baukompartimente zumeist durch einen Gang miteinander verbunden sind.

Eigenständige Taufhäuser sind in der abendländischen Kirchenbaukunst vornehmlich eine Erscheinung des frühen Christentums[312], bedingt durch die allgemeine Einführung des ambrosianischen Taufritus, der die alte Form der Inversions- oder Submersionstaufe durch Untertauchen des Täuflings als kultisch eigenständige sakrale Handlung vorsah. Seit dem 4. Jahrhundert bekannt[313], treten sie dann vor allem im 5. und 6. Jahrhundert häufiger auf, bis sie schließlich mit Ausnahme Italiens im Laufe der Romanik immer seltener werden. Ohne auf die besondere Problematik der Taufkapellen[314] an dieser Stelle näher eingehen zu wollen, muß dennoch kurz in Erinnerung gerufen werden, daß sie fast ausnahmslos dem Typus des Zentralbaus folgen, sei dies in quadratischer, runder oder polygonaler Form. In Raummitte befand sich stets das in den Boden eingelassene Taufbecken, in das der Täufling über Stufen hinabstieg. Mit der Aufhebung der Inversionstaufe wurde die Taufpiscina zunächst durch einen Taufstein ersetzt. Die neuen Riten der Immersionstaufe oder Aspersionstaufe führten dazu, daß die Errichtung eigener Taufhäuser allmählich aufgegeben wurde — endgültig im späten Mittelalter — und der Taufstein im Kirchenraum selber Aufstellung fand; feste Regeln für den Aufstellungsort waren allerdings nicht gegeben. Erst mit dem modernen Kirchenbau wurde der Typus einer eigenständigen Taufkapelle wiederaufgegriffen[315], zuerst 1922 in Dettingen von Dominikus Böhm, der diese Lösung dann im rheinisch-westfälischen Raum mehrfach wiederholte (Köln-Riehl, St. Engelbert, 1930; Dülmen, Heilig-Kreuz-Kirche, 1939, Abb. 64). Als evangelisches Beispiel aus dieser frühen Phase ist nur die Dortmunder Nikolai-Kirche von Pinno und Grund anzuführen, wo eine kleine Rechteckanlage mit Konche den Taufstein aufnimmt. Nach dem 2. Weltkrieg erscheinen solche Anlagen vermehrt[316], vornehmlich bei Kirchen von Dominikus und Gottfried Böhm; allerdings haben sich auch andere Architekten dieses Typus bedient, so Kleffner, Lehmbrock, Schilling, Schwarz oder Thoma. Anzumerken bleibt hier, daß die eigenständige Taufkapelle weitgehend auf den katholischen Bereich beschränkt ist und im evangelischen Kirchenbau stets eine Ausnahme darstellt. Allgemein sind die Taufkapellen als Zentralbau errichtet, ohne daß sich allerdings hinsichtlich der konkreten Zentralform ein verbindlicher Typus herauskristallisiert. Neben den häufig als Rotunde gebildeten Anlagen erscheinen ebenso quadratische, achteckige und zwölfeckige Räume, die auch in ihren Aufrissen und Baumaterialien unterschied-

lich geprägt sind. Als Sonderform der Taufhäuser sind solche zu erwähnen, bei denen die Taufstelle im Erdgeschoß eines freistehenden Turmes untergebracht wurde, wie beispielsweise in der Leverkusen-Alkenrather Kirche von Fritz Schaller (1956). Allen Anlagen gemeinsam ist die Aufstellung des Taufsteins in der Mitte des Raumes.

Vergleicht man diese modernen Taufkapellen mit ihren frühmittelalterlichen Vorläufern, so ergeben sich formale Übereinstimmungen hinsichtlich des zentralen Charakters sowie der Disposition im Eingangsbereich der Kirche. Wesentliche Grundzüge dieses in der Frühzeit des Kirchenbaus geprägten Typus werden somit in die neue Sakralarchitektur tradiert, wobei nun im folgenden die Gründe dieser Wiederaufnahme zu erläutern sind.

Ein Hauptanliegen der Liturgischen Bewegung zu Beginn des 20. Jahrhunderts war die Rückbesinnung auf das Wesen und den Vollzug der Sakramente und damit auch auf den Akt der Taufhandlung. Im Leben jedes einzelnen Christen und der Gemeinde sollte sie wieder ihren ursprünglichen Sinn zurückerhalten als die Grundvoraussetzung schlechthin für den Eintritt in das christliche Leben. Davon ausgehend haben Theologen und Kirchenbaumeister für die Taufe einen hervorgehobenen, der Würde des Sakraments entsprechenden und nur diesem dienenden Ort gefordert[317]. In der betonten Gestaltung des Baptisteriums tritt demnach eine Versinnbildlichung der Größe des Sakraments der Taufe zutage[318]. Vor allem in der Frühphase des modernen Kirchenbaus ging mit diesen Forderungen die Bestrebung einher, den Hauptraum von allen „Nebenaktivitäten" frei zu halten, um die eindeutige Ausrichtung des Raumes auf das Meßopfer, das liturgische Geschehen am Altar, zu unterstreichen[319] — Gedanken, die gleichfalls eine baulich ausgesonderte Taufkapelle nahelegten. Empfehlungen diesbezüglicher Art sind auch in kirchlichen Bauvorschriften zu finden, so etwa im 1954 erstellten Diözesanrecht Köln: „Der Taufstein soll an geziemender Stelle der Kirche, wenn möglich in einer eigenen Kapelle aufgestellt werden[320]." Auf evangelischer Seite wird in den Rummelsberger Grundsätzen, 1951, auf die Möglichkeit eines eigenen Taufraumes hingewiesen, wobei dieser allerdings mit der Kirche verbunden bleiben sollte.

Aus den Richtlinien einschließlich der Instruktion des Zweiten Vaticanum geht hervor, daß der Taufort nicht generell festgelegt ist; die Alternativen eines eigenen Taufraumes oder die Aufstellung des Taufsteins in der Kirche bleiben offen und werden in die Baupraxis gleichermaßen umgesetzt. Evangelische Theologen und Baumeister stellen allerdings den gemeindebezogenen Aspekt der Taufe stärker heraus, wonach die Taufhandlung in den allgemeinen Gottesdienst der Gemeinde eingeordnet werden soll[321]; dem entsprechend wird die Errichtung von Taufkapellen von ihnen als überflüssig erachtet. Auch in den katholischerseits geführten Dis-

Abb. 162 Köln-Mülheim, St. Elisabeth, Taufkapelle

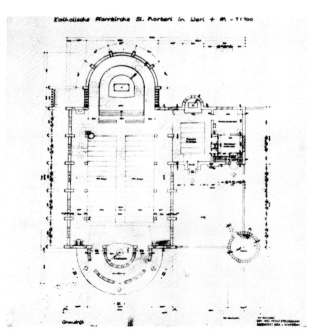

Abb. 163 Werl/Westf., St. Norbert, Grundriß und Aufriß des
Außenbaus

Abb. 164 Mülheim/Ruhr,
St. Marien,
Außenansicht mit Taufkapelle

Abb. 165 Mülheim/Ruhr,
St. Marien,
Taufkapelle, Inneres

Abb. 166 Köln-Marienburg, St. Maria Königin, Außenansicht mit Taufkapelle

kussionen klingt gerade dieser Aspekt immer wieder an;
so berichten Rudolf Schwarz und Josef Steinberg als
Ergebnis einer Tagung zum Thema Taufe — Taufstein —
Taufkapelle (1958), daß in den Gesprächen das Bemü-
hen spürbar wurde, die Taufe aus der Randstellung her-
auszuholen und sie wieder zu einem echten Bestandteil
des Gemeindelebens zu machen. Von daher reiche der
beschränkte Raum des Baptisteriums nicht aus, der Ort
der Taufe solle in den eigentlichen Kirchenraum verlegt
werden[322].

Eine Zwischenstellung nimmt die rheinische Sonderform
der apsidial gestalteten Taufnische ein, da hier einerseits
in der baulichen Heraushebung der Gedanke eines zentral konzipierten Tauforts weiterlebt, andererseits eine
größtmögliche Integration in den Hauptraum gegeben ist
und damit die Möglichkeit einer bewußten Anteilnahme
der Gesamtgemeinde gewahrt bleibt. Bei einigen Kirchen, unter denen die Norbert-Kirche in Werl (Bistum
Münster, Heinrich Stiegemann, 1960—62) wohl die
bemerkenswerteste ist, wird durch eine apsidiale Gestaltung des Chores im Osten und eine gleichfalls apsidiale
Taufnische im Westen unwillkürlich der Eindruck mittelalterlicher doppelchöriger Anlagen hervorgerufen (Abb.
163). Auch bei den Kirchenbauten von Karl Band wird
die halbrunde Taufkapelle häufig an der dem Chor
gegenüberliegenden Seite placiert (vgl. Abb. 144, 145);
im Aufgehenden ist für diese die Auflösung in Beton-
Maßwerk charakteristisch (z. B. St. Elisabeth in Köln-
Mülheim Abb. 162, St. Walburga in Overath). Schon in
der frühen Phase des modernen Kirchenbaus ist diese
Anordnung mehrfach aufgegriffen worden, so bereits in
einem Entwurf für eine Industriekirche in Gladbeck von

**Abb. 167 Köln-Marienburg, St. Maria Königin, Taufkapelle,
Inneres**

Abb. 168 Neuss, St. Konrad, Taufkapelle

Abb. 169 Köln-Lindenthal, St. Laurentius, Paradies

Carl Moritz, der in van Ackens Buch „Christozentrische Kirchenkunst" aufgenommen wurde.

Die Errichtung eines eigenständigen Baptisteriums in Form eines Zentralbaus bedeutet nicht nur das formale Nachleben eines in der früheren Baugeschichte geprägten Typus oder die Wahrung „ehrwürdiger kirchlicher Überlieferung"[323], sondern beinhaltet die Wiederaufnahme gerade jener spezifisch symbolischen Bedeutung, die erst zur Bildung eben dieser Formen geführt hat[324]. So werden in den zeitgenössischen theologischen Schriften und in den Deutungen moderner Taufkapellen grundlegende Züge der Tauflehre und der ihr innewohnenden Symbolik deutlich herausgestellt; wiederaufgenommen wird der Gedanke des „Reinigungsbades", das heißt der Abwaschung der Sünden und die Verbindung von Taufe mit Christi Tod und Auferstehung[325]. Die reinigende Fähigkeit des Taufwassers, die wesenhaft zu diesem Sakrament gehört, erhält gerade in den letzten Jahrzehnten eine erneute Betonung, indem wir uns, so Ferdinand Kolbe, nach langen Jahrhunderten wieder der altchristlichen Forderung nähern, mit „lebendigem Wasser" zu taufen[326]. Diese Lebendigkeit kommt vor allem dann zum Tragen, wenn das Wasser in fließender Bewegung gehalten wird, wie beispielsweise in der Dürener Anna-Kirche von Rudolf Schwarz, wo die Taufstelle aus einer niederen Zisterne und der eigentlichen Taufschale besteht, durch deren durchbohrte Säule das Wasser in die Erde fließt.

Das Ablegen des alten sündenhaften Lebens geschieht über die Sündenwaschung hinaus durch den symbolischen Tod; demnach bewirkt die Taufe durch das Hinabsteigen in das Taufbecken als dem mystischen Grabe Christi das Absterben im Tode Christi, symbolisch wird also der Tod Christi nachvollzogen, während sinngemäß das Wiederemporsteigen auf die letztendliche Auferstehung der Seele mit Christi Auferstehung verweist. Nach der Kernstelle des Römerbriefes im sechsten Abschnitt erhält der Gläubige durch die Taufe Anteil am neuen Leben, das durch Jesu Kreuzestod und Auferweckung seine Wirkungsgeschichte begonnen hat. Analog zu der Beziehung zwischen Taufakt und Tod liegt eine der wesentlichen Wurzeln der Architekturform der Taufkapellen im Sepulchralbau begründet. Wenn auch der heute gültige Taufritus das eigentliche Bad in einem Taufbecken nicht mehr vorsieht, so wird doch das Hinab- und Wiederemporsteigen durch eine Stufenfolge entsprechend der der frühchristlichen Anlagen deutlich gemacht. Darüber hinaus unterliegt auch die formale Ausprägung der Kapellen diesem spezifischen Symbolgehalt, wobei in den modernen Anlagen vornehmlich der Lichtführung eine wichtige Rolle zufällt. Als Beispiel für eine mögliche Gestaltung sei Dominikus Böhms Taufkapelle in Mülheim/Ruhr (Abb. 164, 165) erwähnt, die er 1936 an die Marienkirche von Emil Fahrenkamp anfügte[327]. Es handelt sich um eine kleine fensterlose Rotunde, die ihr Licht einzig aus einer den Raum überhöhenden Laterne erhält. Die einen Zentralbau allgemein kennzeichnende senkrechte Achse in der Mitte, der in den Taufkapellen die Richtungsverbindung des Versenkens und Erhebens entspricht, wird hier betont durch eine dunkle untere Zone, die auf die Versenkung ver

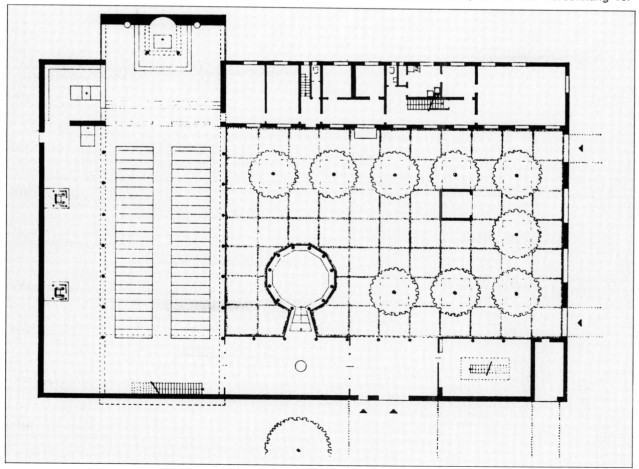

Abb. 170   Grevenbroich, St. Josef, Grundriß

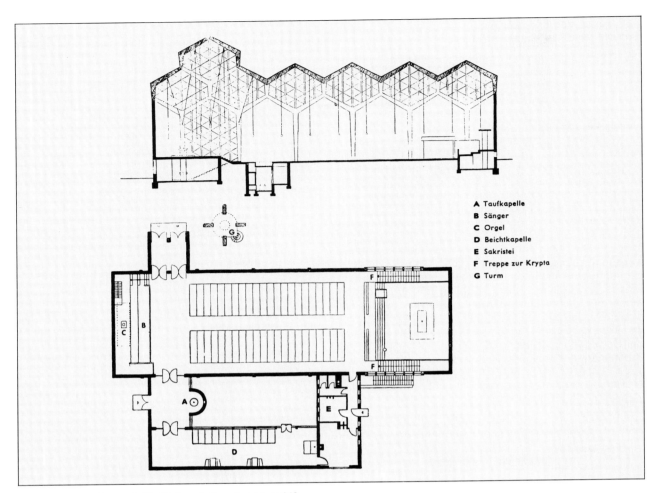

Abb. 171 Köln-Braunsfeld, St. Josef, Grund- und Aufriß

weist, während durch den Einbruch des Lichtes von oben zeichenhaft die Erhebung dargestellt wird. Gemäß Böhms Interpretation des Lichtes als sakrales Element wird durch diese spezifische Gestaltungsweise zugleich der Einbruch des Göttlichen angedeutet, an dem der Gläubige kraft seiner Taufe Anteil hat, wenn auch für die Dauer seines irdischen Lebens dieses nur eine teilweise und verborgene Anteilnahme bleibt.

„Unser Weg in das Licht" gleich dem „lumen Christi"[328] zeigt sich deutlicher noch in Böhms Taufkapelle für die Köln-Marienburger Kirche (Abb. 166, 167), wiederum ein Rundbau, der aber nun nicht mehr fensterlos gebildet ist, sondern bis auf eine niedrige Sockelzone und die abschließende Decke in Glas aufgelöst ist; zwölf schlanke Eisenbetonpfeiler bilden das konstruktive Gerüst der farbig ornamentierten Glasumhüllung. Im Vergleich zum Mülheimer Baptisterium ist hier die symbolische Raumaussage konzentriert auf die Heilsbotschaft im Licht des auferstandenen Christus. Nach Rudolf Schwarz zeigt sich gerade im Bauschaffen von Dominikus Böhm immer wieder, daß das „Licht, als geistiger Baustoff, am ehesten geeignet" erscheint, „unsagbare Dinge zu sagen"[329]. Diese Aussage wird durch die Gestaltung der Taufkapelle in Marienburg beispielhaft belegt, eine Anlage, die sein Sohn Gottfried 1959 in der Josefskirche von Grevenbroich in leicht modifizierter Form noch einmal wiederholt hat.

Wenn auch in den Taufkapellen durch die Lichtführung, beziehungsweise Lichtauflösung die Aussage des Raumes oftmals deutlicher erfahrbar wird, so zeigt doch ein weiteres Beispiel von Gottfried Böhm, daß unter Wegfall dieses Elementes ebenfalls eine symbolerfüllte Raumgestaltung möglich ist. Das kleine, über dem Kreis errichtete Baptisterium von St. Konrad in Neuss (Abb. 168) ist ein fensterloses Bauwerk, das sein Licht ausschließlich durch die Türöffnung zum Verbindungsgang zur Kirche erhält. In der Überhöhung des Raumes durch eine Halbkuppel, die in ihrer Ausformung als Himmelsgewölbe zu deuten ist, klingt ähnlich wie in der oben besprochenen Mülheimer Kapelle die Verbindung von Taufe mit Christi Tod und Auferstehung wiederum an. Durch die Lage dieser Taufkapelle in der Achse vor dem Hauptraum und mit diesem durch einen Gang verbunden, wird darüber hinaus auch der initiatorische Charakter der Taufe als einzige Eingliederungsmöglichkeit in die christliche Gemeinschaft sichtbar[330].

III.2 Atrien

Wie schon an der Errichtung eigenständiger Taufkapellen deutlich wird, kennzeichnet den modernen Kirchenbau eine differenzierte Gliederung der verschiedenen kirchlichen Bereiche. Dazu zählt neben den genannten Taufkapellen auch die bewußte Einbeziehung eines

Abb. 172   Köln-Braunsfeld, St. Josef, Taufkapelle

Außenraumes vor oder seitlich des Sakralbaus, von Architekten und Theologen oftmals als Atrium oder Paradies bezeichnet, so daß zunächst auf verbaler Ebene ein Bezug zu den frühchristlichen, beziehungsweise mittelalterlichen Anlagen gegeben ist. Die neuzeitlichen Atrien umfassen die unterschiedlichsten Gestaltungsformen, das heißt, sie sind architektonisch nicht genau festgelegt. Als einfachste Anlagen sind solche zu nennen, bei denen die Kirche von der Flucht des Straßenverlaufs abgerückt wird, so daß ein Freiraum entsteht, der häufig durch Pfarrhaus, Sakristei oder andere zum kirchlichen Bereich zugehörige Bauwerke eine seitliche Begrenzung erfährt. Aufbauend auf dieser Grundsituation wird bisweilen die Ausgrenzung deutlicher hervorgehoben, wie etwa bei der Pfarrkirche St. Nikolaus in Konz (Herrmann Baur, 1954), wo ein hohes Stützgitter einen rechteckigen, gepflasterten Vorhof ausscheidet. Ähnlich ist die Situation im katholischen Gemeindezentrum von Senne/Westfalen (1974—75). Zwischen den zwei, einander gegenüberstehenden kubischen Rechteckkörpern von Kirche und Pfarrhaus/Pfarrheim wählte Gisberth Hülsmann hier als Abgrenzung gemauerte Rundstützen, die motivisch an den Säulenumgang mittelalterlicher Atrien erinnern. Weitaus auffallendere Bezüge zu historischen Anlagen zeigen die umfriedeten Vorhöfe in Emil Steffanns Kirchenkomplexen, für die stellvertretend St. Laurentius in Köln-Lindenthal (Abb. 169) genannt sei (1960): zwischen Kirchenraum und

Pfarrwohnung ist ein quadratischer Innenhof eingeschoben, der in Art eines römischen Atriums von einem überdachten Umgang umfaßt wird; die Mitte des Hofes markiert ein Brunnen, dessen Wasser den vier Paradiesströmen gleich in die vier Himmelsrichtungen fließt[331]. Das alte Brunnenmotiv ist in den von Steffann konzipierten Atrien fast ausnahmslos ein bestimmendes Element. Aus der den Wasserbecken ursprünglich innewohnenden Bedeutung und Funktion als Reinigungsbrunnen[332] ergibt sich die im modernen Kirchenbau häufiger anzutreffende Verbindung von Atrium und Taufe, der, wie bereits dargelegt, ebenfalls „reinigende" Kraft zukommt. Als frühes Beispiel sei die für Oberkassel-Heerdt bei Düsseldorf geplante Kirche von Clemens Holzmeister erwähnt, bei der die Taufkapelle in den halbkreisförmigen Vorhof hineinragt und an der Außenwand als Symbol einen Brunnen trägt[333]. In der Josefskirche von Bochum-Hiltrop (1963) hat Gottfried Böhm eine achteckige Taufkapelle in ein quadratisches, baumbepflanztes Paradies eingeschoben. Diese Lösung wählte er bereits 1957 für die Josefskirche in Grevenbroich (Abb. 170), wo ebenfalls das Baptisterium, um wenige Stufen in den Boden eingetieft, dem Innenhof zugeordnet wurde. Eine klare, bedeutungsmäßige Beziehung zwischen Kirche, Atrium und Taufkapelle zeigen ferner Böhms Anlagen in Saarbrücken (St. Albert, 1952—53), Koblenz (St. Elisabeth, 1954, D. und G. Böhm) und Neuss (St. Konrad, 1956), bei denen die drei Bereiche in einer bewußten

Abb. 173 Köln, St. Alban, Taufkapelle in der Krypta

räumlichen Abfolge hintereinandergereiht sind (Abb. 72, 168). In bezug auf Saarbrücken schreibt Gottfried Böhm selbst: „Zwischen Taufkapelle und Kirche ist ein Atrium gegliedert als Eingangs- und Vorbereitungsraum zum Kirchenraum sowie zur Taufkapelle. Die Dachfläche dieses Vorraums verläuft in Wellenlinien, die das Wasser und somit die Reinigung symbolisieren. Das Durchschreiten des Atriums ist gleichsam der Gang durch das reinigende Wasser, das vom Taufbrunnen ausgeht[334]." Diese Interpretation ist analog auch auf die anderen erwähnten Dispositionen in Koblenz und Neuss zu beziehen. In der Josefskirche von Kierspe/Westfalen (1961, Gottfried Böhm) führt der Weg der Gläubigen zunächst durch ein klar abgegrenztes Atrium in die zu einem Turm überhöhte, runde Taufkapelle, welche den einzigen Zugang zum eigentlichen Kirchenraum bildet. Die bewußt intendierte Rückbesinnung auf die Taufe, der Gang durch das reinigende Wasser als Reinigung vor der heiligen Liturgiefeier erfährt hier noch deutlicher seine architektonische Ausformung. Ähnliches zeigt sich in Steffanns Bonifatius-Kirche (1961) von Essen Huttrop (Abb. 124); wie überhaupt anzumerken ist, daß gerade in seinem Bauschaffen diese Raumfolgen immer wieder eine wesentlich prägende Erscheinung sind. Nach Herbert Muck werden hiermit die Übergänge in ihrem Bedeutungsunterschied erlebbar dargestellt[335]. Diese Übergänge sind gleichsam Stufen einer Steigerung auf dem Weg der Gläubigen vom öffentlichen Raum bis hin zum Altar als dem liturgischen Zentrum[336], wobei die achsiale Reihung der einzelnen Bereiche dabei oftmals den Wegcharakter unterstreicht.

In dieser spezifischen Unterteilung der kirchlichen Nebenräume in einen Sammlungs- und Vorbereitungsort, verbunden mit dem Reinigungsgedanken, lebt die frühchristliche, beziehungsweise romanische Bestimmung der Atrien und Paradiesanlagen zumindest in Teilbereichen weiter[337]. Als neue soziologische Komponente tritt im modernen Kirchenbau die kommunikative Ebene hinzu, das heißt, Atrien werden angelegt als Zonen zwischenmenschlicher Begegnung, als Treffpunkt der Gemeindemitglieder. Dieser, kirchlicherseits mehrfach ausgesprochene Gedanke[338] mag als Hauptgrund für eben diese Anlage von Vor- und Innenhöfen gelten; in der Ausformung sind allerdings Parallelen zu jenen frühen Formen auffallend, sowohl formal wie auch bedeutungsmäßig.

Eine eigene Gruppe innerhalb der Gestaltung von Sammlungs- und Vorbereitungsräumen bilden die Vorhallen, quasi als abgekürzte Form eines Atriums und damit dem mittelalterlichen Narthex vergleichbar. Alfons Leitl hat der Pfarrkirche St. Martin in Ochtendung (1958) eine von Rundstützen getragene, pultgedeckte Halle vorgelegt, die eben aufgrund ihrer konstituierenden Elemente an romanische Vorbilder erinnert. Ein solcher äußerer Narthex kann, wie dies auch im Mittelalter der Fall war, nach innen verlagert sein; so hat Hans Schilling der Martinus-Kirche in Esch ein niedriges Baukompartiment vorgeschoben, das die Funktion des Paradieses übernehmen soll. Ein anschauliches Beispiel ist weiterhin die Paulus-Kirche in Bonn-Beuel von Dominikus Böhm (1955—58), deren Vorraum nach Außen als wiederum pultgedeckter, nur durch fünf kleine Fenster geöffneter Gang in Erscheinung tritt, während das Innere durch eine Stützenstellung vom Hauptraum abgetrennt wird (Abb. 150). Wie Emil Steffann hat auch Dominikus Böhm einführenden, zur Sammlung der Gläubigen

Abb. 174 Manderscheid, St. Hubertus, Taufkapelle in der Krypta

dienenden Räumen stets große Bedeutung beigemessen. In diesem Zusammenhang ist noch einmal auf die von Böhm selbst als Paradies bezeichnete Vorhalle der Bocholter Heilig-Kreuz-Kirche (Abb. 44) hinzuweisen (1936), ein in drei großen Rundbogen geöffnetes und zu einem Turm emporwachsendes Baukompartiment, das trotz formaler Modifizierung wohl bewußt in die Tradition der Atrien, beziehungsweise Paradiesanlagen gereiht werden muß[339].

Als Sonderform des modernen Atriums bleibt schließlich der innen liegende Gartenhof hervorzuheben, wie er etwa in der Josefskirche in Köln-Braunsfeld (Abb. 171, 172, 1954, Rudolf Schwarz und Josef Bernard) oder in der Köln-Rather Pfarrkirche Zum Göttlichen Erlöser (1954, Fritz Schaller) zu finden ist. Beide, mit den verschiedensten Pflanzen reich gestaltete Höfe, werden von den zur Kirche gehörigen Räumen wie Werktagskapelle, Sakristei und Taufstelle ringsum eingeschlossen, wobei mit Ausnahme der zum Kirchenlängsschiff gewandten Seiten alle Flächen in Glas aufgelöst sind. Die Integration eines kleinen Gartens in eine Kirchenanlage steht in Zusammenhang mit der nach dem 2. Weltkrieg entwickelten Sakralbaukonzeption, die im Gegensatz zu der weitgehend geschlossenen, mauerumgrenzten Raumgestaltung eine Öffnung in die Landschaft und damit die Einbeziehung der Natur anstrebte. Die Ausbildung eines eingegrenzten inneren Gartens deutet allerdings darauf hin, daß hier zugleich eine Verbindung mit dem Paradiesesgedanken gesucht wurde im Sinne des Hortus Conclusus als einem Topos für den nach der biblischen Überlieferung (Genesis) ebenfalls umfriedeten Garten Eden[340]. Wie bei den oben erwähnten modernen Atrien ist auch in diesen Beispielen ein offensichtlicher Bezug zwischen Paradies und Taufstelle gegeben, der in der räumlich-achsialen Anordnung sichtbar wird. In der Kirche von Rudolf Schwarz ragt die halbrund ausgeformte Taufnische sogar in das Paradies hinein. Wiederum mögen vornehmlich theologische Überlegungen diese Disposition bestimmt haben, denn jene, bereits angesprochene Bedeutung der Taufe als Inaugurationsakt erhält mit einer bewußten Anordnung der Taufstelle dicht bei oder gar in dem Paradies eine zweite, erweiterte Bedeutungsebene. Über den mystischen Tod und die Auferstehung in Christi hinaus steht dem Täufling mit dem real sich entfaltenden Garten das Bild des Paradieses als dem erstrebten Ort des ewigen Lebens zeichenhaft vor Augen[341].

III.3 Krypten

Die Wiederaufnahme von Baumotiven aus den frühesten Epochen sakraler Architektur, die für das Baptisterium wie das Atrium kennzeichnend war, findet sich ebenso in den Kryptenanlagen als fast ausnahmslos unter dem Chor der Kirche befindliche Räume.

In der ersten Phase des modernen Kirchenbaus vor dem 2. Weltkrieg war der Altarbereich zunächst bühnenartig erhöht, so daß der darunterliegende Raum für eine Krypta genutzt werden konnte, wie die Köln-Hohenlinder Krankenhauskirche von Dominikus Böhm (1930—32) zeigt. Durch die liturgische Neuorientierung nach dem Kriege wurde zwar der Chorraum auf gleicher Ebene wie der Gemeinderaum angelegt oder nur um wenige flache Stufen erhöht[342], dennoch wird aber in vielen Sakralbauten auf die Errichtung einer Krypta nicht verzichtet. Diese teilweise oder vollständig in der Erde liegenden Räume können den verschiedensten Zwecken dienen, sei es als Andachtskapelle, Raum der Besinnung und des Gebetes einzelner Gläubiger oder auch als Gottesdienstort kleinerer Gemeinschaften; ebenso sind hier häufig Beichtstühle und Taufstelle untergebracht. Die formale Ausprägung dieser Unterkirchen läßt sich nicht auf einen bestimmten Typus festlegen; grundrißbestimmend oder -beeinflussend ist zunächst meist die Ausdehnung der Oberkirche und oft die geländetopographische Gegebenheit des Bauplatzes; so hat beispielsweise Rudolf Schwarz in der Andreas-Kirche von Essen-Rüttenscheid in Ausnutzung des abfallenden Geländes unter einer Konche des Hauptraumes eine kleine, kreisrunde Krypta geschaffen. Quadratisch oder rund geformte Sützen bilden eine unterteilende Raumgliederung und sind zudem tragende Unterbaukonstruktion der Oberkirche. Des öfteren werden die Krypten analog zu den mittelalterlichen Anlagen mit Gewölben ausgezeichnet, wie etwa in der Hohenlinder Krankenhauskirche, wo ein weites Kreuzgratgewölbe den Raum überdeckt.

Die Anlage einer Krypta ist im modernen Kirchenbau zunächst zu erklären aus der Möglichkeit einer zusätzlichen Raumgewinnung, das heißt, Teilbereiche des Kultes, sowohl im Hinblick auf die Sakramente wie auch auf die persönliche Frömmigkeit des Einzelnen, können hier ihre adäquate, von der eigentlichen Eucharistiefeier getrennte, individuelle Gestaltung erfahren. In den von ihrem Bauvolumen her oftmals beschränkten, kleinen Kirchen wurde dieser Aspekt sicherlich mitberücksichtigt; aber auch in großen Bauwerken liegt die Errichtung einer Krypta nahe, da jene aufgrund der möglichen Weitläufigkeit des Rauminneren die Gefahr in sich bergen, daß „der Einzelne sich verliert"[343], so daß hier ein intimerer Ort für das private Gebet geschaffen wird, wie das Beispiel der Wallfahrtskirche in Neviges von Gottfried Böhm zeigt.

Über den reinen Zweck hinaus liegen die Gründe für die Anlage einer Krypta auf einer eher emotional-psychologischen Ebene, die, wenn auch nicht direkt ausgesprochen, meines Erachtens dennoch die Bildung solcher „unterirdischer" Räume beeinflußt. Den Menschen des 20. Jahrhunderts eignet vielfach eine eigentümliche Faszination für Krypten[344], die wohl aus einer ihnen innewohnenden, bestimmten stimmungshaften Raumwirkung resultiert; diese kann annähernd als bergend, höhlenartig umschrieben werden. Jene Erlebniswerte werden mitberücksichtigt, wenn die modernen Krypten als stille Orte der Besinnung, des privaten Gebetes geplant sind; in diesen Räumen ist die von den Gläubigen erwartete Sammlung und „Geborgenheit" am prägnantesten zu verwirklichen. Der dem Berneucher Kreis angehörende, evangelische Theologe Karl Bernhard Ritter betont gleichfalls diesen Aspekt, wenn er schreibt, daß uns heutigen Menschen der Gedanke an die Katakombe, die bergende Höhle sehr nahe liegt[345].

Im Hinblick auf die mittelalterlichen Krypten muß festgehalten werden, daß diese Ausdruckswerte im Nachhinein den Formen zugesprochen werden, das heißt, sie sind ursprünglich in der historischen Situation nicht enthalten. Erst in „einer späteren Zeit [heute] mit neuen Sehnsüchten und Reizempfindlichkeiten" war es möglich, diese wahrzunehmen[346].

Darüber hinaus wird durch die Dunkelheit, die im zeitgenössischen Kirchenbau nicht nur in den Krypten als künstlerischer Gestaltungswert bewußt eingesetzt wird, eine gewisse Grabesstimmung und damit ein Erschauern hervorgerufen, das zugleich als Ausdruck sakraler Raumstimmung empfunden wird[347]. Der Hinweis auf die Grabessymbolik deutet an, daß die von Beginn an in den Krypten als Räumen unter dem Ort der Eucharistie enthaltene zentrale Idee von Tod und Auferstehung heute wiederum aufgenommen wird. Ein Zitat von Emil Wachter zur Autobahnkirche in Baden-Baden (Friedrich Zwingmann, 1976—78) erläutert diese Bedeutungsebene recht anschaulich: „Die innerste Schale schließlich ist die Krypta mit ihren Bildwänden, dem Altar in der geometrischen Mitte und dem Tabernakel. Hier konzentriert sich, was in den äußeren Bezirken schon gegeben war, in der Dunkelheit und Stille der Mutterhöhle zu den zentralen Geheimnissen von Leben und Glauben. Hier geht man hinunter und kommt herauf. Der Besucher vollzieht physisch-körperlich, ob er es weiß oder nicht, um was es hier geht. Tod und Leben durchdringen sich und sind eins. Das Grab wird zum Uterus, zur Keimzelle des Unzerstörbaren[348]."

Diese Interpretation erhellt zugleich die Anlage von Taufstellen in einer Krypta, wie sie etwa Hans Schilling für St. Alban in Köln (Abb. 173) gewählt hat (1957—59) oder ähnlich für St. Michael in Dormagen (1971—74). Auch Karl Peter Böhr hat in der Hubertus-Kirche von Manderscheid (1967—68) unter der polygonalen Hauptkirche einen sechseckigen Kryptenraum als Werktagskirche und Taufkapelle eingerichtet (Abb. 174). Der in der Taufhandlung symbolisch nachvollzogene Tod Christi und seine Auferstehung erfährt durch den Bedeutungsträger Krypta einen weiteren zeichenhaften Hinweis. Jene Gedanken lassen sich analog auf die Verbindung von

Krypta und Beichtstelle übertragen, da das Bußsakrament als zweite Taufe angesehen werden kann. „Der schuldbeladene Mensch steigt hinab, gleichsam in das Bad der Wiedergeburt . . ., und er steigt wieder hinauf, gereinigt, versöhnt mit dem Herren und seiner Gemeinde[349]."

Abschließend sei noch als eine weitere Bestimmungsmöglichkeit die Widmung der modernen Unterkirchen, wie die ihrer frühchristlichen und romanischen Vorläufer, an den Märtyrer- und Grabkult zu nennen. So beherbergen die Krypten im Kirchenbesitz befindliche alte Sarkophage der Patrone oder Sitfter, dienen also in diesem Sinne weiterhin als Grablege. In der Köln-Ehrenfelder Mechternkirche, die sich über dem Platz erhebt, wo nach der Überlieferung die ersten Kölner Märtyrer St. Gereon und seine Gefährten in der Christenverfolgung den Tod gefunden haben, hat Rudolf Schwarz die Krypta als Gedenkstätte errichtet. Die Bauaufgabe „Martyrion" hat hier ihren realen Ausdruck gefunden, anknüpfend an die große Bautradition der Heiligen Gräber[350].

IV. Zusammenfassung

IV.1 Traditionelle und historisierende Momente im modernen deutschen Kirchenbau

Die Untersuchung der rheinisch-westfälischen Sakralarchitektur des 20. Jahrhunderts hat erbracht, daß diese modernen Kirchen auf vielfache, unterschiedliche Weise Bezüge zur früheren Kirchenbaugeschichte einschließen. Dieses Phänomen erstreckt sich nicht gleichermaßen auf den gesamten zeitgenössischen Kirchenbau, stellt aber mehr als eine bloße Randerscheinung dar. Als eine Komponente offenbart es sich in dem individuellen Kunstschaffen der Architekten, losgelöst von einer allgemeingültigen Verbindlichkeit. Überblickt man die Entwicklung des modernen Kirchenbaus, so wird deutlich, daß hier ein Zeit-, beziehungsweise Generationsproblem zu berücksichtigen ist, das heißt, in der frühen Phase, in der den Architekten noch eine stärkere historische Bindung zu eigen ist, sind traditionelle und historisierende Bezüge häufiger und auch deutlicher zu erfassen als in der späteren Phase nach dem 2. Weltkrieg, die von einer neuen, jüngeren Architektengeneration bestimmt wird. Jene in ihren individuellen Werken zum Ausdruck kommenden Bezüge gestalten sich diffiziler, weil sie noch stärker formal gelöst sind von „Vorbildern". In den letzten Jahren ist allerdings zu beobachten, daß Begriffe wie Tradition und Geschichtsverbundenheit wieder mehr in den Vordergrund rücken, während, so Paulhans Peters, der Begriff Fortschritt zu einer immer stärker angezweifelten Größe wird[351]. „Viele Stömungen der Architektur betonen die Quellen, aus denen sie schöpfen. Hier ist die stärkste Umkehr zu verzeichnen gegenüber der Moderne. Nicht mehr das Neue, Innovative, nicht mehr das Noch-Nie-Dagewesene ist Wertkriterium, sondern im Gegenteil: man verweist auf sein Herkommen, zeigt, daß es eine Kontinuität gibt . . .[352]."

Die in den Bauwerken sich äußernden gestalterischen Verbindungen zur vergangenen Kirchenbaukunst können aufgegliedert werden in traditionelle sowie im weitesten Sinne historisierende Momente. Als traditionelle Elemente sollen solche bezeichnet werden, die nahezu ununterbrochen über Jahrhunderte kontinuierlich wiederkehren[353]. Es handelt sich um das Weiterleben bestimmter Formen, die als Grundformen durchaus einer jeweiligen zeitbedingten Ausprägung unterliegen können. Im Hinblick auf die Grundrisse ist hier zum Beispiel auf die Langhausbauten mit ihrer deutlichen Richtungsbezogenheit auf den Altar sowie auch auf „reine" Zentralbauten zu verweisen, die als herkömmliche Grundrißdispositionen neben neuartigen im modernen Kirchenbau weiterleben. In der Gestaltung des Aufgehenden sei die basilikale Form erwähnt, die die frühe Phase teilweise noch prägt, während nach dem 2. Weltkrieg eine deutliche Abkehr von solchen tradierten Aufrißtypen zu verzeichnen ist. Ein immer wiederkehrendes Bauelement ist etwa auch der Kirchturm, der, zumeist als Campanile ausgebildet, nach wie vor einen signifikanten Teil moderner Kirchenanlagen darstellt. In den weiten Bereich der Tradition fällt weiterhin die oftmals unter anderen bei Rudolf Schwarz und Emil Steffann zu beobachtende Orientierung der Kirchen in Ost-West Richtung. Die bewußt vollzogene Ostung der Sakralbauten erfuhr in der Betonung kosmisch-christlicher Bezüge im 20. Jahrhundert eine erneuerte Bedeutung. „Soweit die räumlichen Verhältnisse sie zulassen", so Josef Andreas Jungmann, gilt sie „auch heute noch als ungeschriebenes Gesetz"[354].

Die Verbindung von Vergangenheit und Gegenwart beinhaltet neben traditionellen Momenten die Wiederaufnahme von Formen, Grundhaltungen oder Baustrukturen aus einer bestimmten Epoche der Vergangenheit, die in diesem Sinne von der Tradition als einem kontinuierlichen Vorgang abzugrenzen ist. Dieses Phänomen kann durchaus mit dem Begriff Historismus umschrieben werden, wobei in Anlehnung an Wolfgang Götz[355] hier eine positive Bewertung der Rezeption von Geschichte zugrunde gelegt wird, die den Aspekt des Schöpferischen miteinschließt. Gerade der Aspekt der freien, schöpferischen Umwandlung kennzeichnet die historisierenden Momente der Sakralarchitektur des 20. Jahrhunderts. Damit ist zugleich gesagt, daß die Wiederaufnahme sich nicht als retardierende Randerscheinung gegen die Moderne richtet; es findet vielmehr eine Integration statt, eine freie Verwandlung im Sinne der Zeitstilsituation. Die Neubelebung geschichtlicher Formen vollzieht sich nach einem auswählenden Prinzip, das heißt, aus der Geschichte wird nur das herausgegriffen, was die Architekten mit ihren eigenen Gedanken, Ideen und Bauwollen vereinbaren konnten. Damit ändert sich das Verbindliche der jeweiligen historischen Situation in das individuelle, zeitgemäße Kunstschaffen des einzelnen Baumeisters.

Für beide Phasen der modernen Kirchenkunst ist im Verlauf der Untersuchung eine stete Auseinandersetzung mit dem Mittelalter aufgezeigt worden, wobei hier besonders die frühchristlich-frühromanische sowie auch die gotische Epoche hervorzuheben sind. Im Unterschied zum Historismus des 19. Jahrhunderts ist die Beziehung im allgemeinen nicht über Einzelformen herzustellen, sondern über vergleichbare Baustrukturen, Lichtkonzeptionen und auch Ausdruckswerte. Vor allem in der späteren Phase bewegt sich die Vergleichbarkeit auf einer eher assoziativen Ebene, die aus einer bisweilen unbestimmten das heißt, nicht immer exakt zu definierenden, gefühlsmäßigen Verarbeitung der historischen Werke resultiert.

Im Hinblick auf die frühe mittelalterliche Kunst lassen sich die Bezüge erfassen einmal in bestimmten Ausdruckswerten wie Einfachheit, Klarheit, Strenge, die aus der Gesamtwirkung herrühren und von den Architekten teils bewußt als Vergleichsmoment angesprochen werden, weiterhin bei den Kirchen der zwanziger und dreißiger Jahre im Aufbau aus kubischen, blockhaften Grundformen. Zu erwähnen ist ferner die Vorliebe für glatte, weitgehend geschlossene Mauerflächen, die nur vereinzelt durch sparsame Baudetails aufgelockert werden. Auch die Neigung zum zweckmäßigen, sachlichen Bauen wird auf ein frühchristliches Ideal zurückgeführt; darin angesprochen ist die Anlage als „Nutzbau" mit klaren Umrissen, „deren innere Funktionskörper denen der altchristlichen Basiliken sehr nahe kommen"[356]. Die Assoziation des Romanischen wird verstärkt, wenn Einzelelemente wie Rundbogen, rundbogige Fensterreihen, Stützenstellungen, hölzerne Flachdecken oder Balkendecken hinzutreten. Wie bereits dargelegt, ist auch die Wahl des Baumaterials unter diesem Aspekt zu sehen. Zu erinnern sei an dieser Stelle an die im 19. Jahrhundert einsetzende neuromanische Bewegung, die in ihrer Forderung nach Geschlossenheit der Raumform, Betonung des Massig-Monumentalen zum Teil vergleichbare Gestaltungsansätze zeigte. Dies betrifft vor allem Kirchenbauten der ersten beiden Jahrzehnte des 20. Jahrhunderts, so nimmt etwa die 1907/09 erbaute evangelische Kirche in Bad Münster am Stein von Otto Kuhlmann als basilikale Anlage mit schmalen Seitenschiffdurchgängen, von Stützen begleitetem Apsidialchor, Flachdecke und durchlaufendem Obergadenfensterband bereits Elemente des modernen Kirchenbaus vorweg.

Die Beziehung zum frühen Mittelalter ergibt sich ferner aus der Wiederaufnahme bestimmter Bautypen wie Atrium, Taufkapelle, Krypta oder Apsis, wobei die Apsis zwar als ein kontinuierlich tradiertes Element anzusehen ist, in ihrer modernen Ausformung allerdings oftmals ein Rückgriff auf die frühen Formen deutlich wird. Wolfgang Götz hat in seiner Untersuchung über Albert Boßlet und die Romanik ebenfalls auf dieses Wiederaufgreifen hingewiesen und hierfür den Begriff des typologischen Historismus[357] geprägt.

Die Überlieferung gotischer Elemente zeigt sich im modernen Kirchenbau verallgemeinernd in vergleichbaren Baustrukturen[358], so etwa die Umsetzung von Pfeiler-Rippen Konstruktionen, wobei allerdings im Unterschied zur Gotik des 13. Jahrhunderts das kathedralhaft Emporstrebende kaum mehr aufgenommen wird, oder von Gratgewölben in kristallinisch anmutende Faltdecken. Die Verbindung zur Gotik über das konstruktive Moment der Skelettbauweise als Trennung von tragenden und füllenden Teilen, wie sie beispielsweise in der Deutung der Pressa-Kirche durch Paul Girkon anklingt[359], ist beeinflußt durch die Gotik-Interpretation des 19. Jahrhunderts, etwa eines Viollet-le-Duc, die eben jenes Moment vordergründig herausstellt. Hinzuweisen ist weiterhin auf vergleichbare Lichtkonzeptionen, die in einer Auseinandersetzung mit der christlichen Lichtsymbolik der Gotik begründet sind. Große Bedeutung kommt hier den farbigen oder milchig schimmernden Glasfenstern zu; sie sind „das Symbol dafür, daß es sich nicht um banale Helligkeit, sondern um geheimnisvolle Lichtfülle und ‚Verklärung', um erfülltes, auf letzten Sinngehalt hinweisendes Licht handelt"[360]. Dieser so interpretierte neue „Luminismus"[361] steht in einem verallgemeinernden Bezug zur Lichtwirkung der Gotik.

Jene Verbindungen zu der einen oder anderen hervorgehobenen Phase der Kirchenbauarchitektur haben keinen Ausschließlichkeitscharakter, das heißt, es sind in einem Kirchenbau durchaus Bezüge sowohl zur romanischen wie auch zur gotischen Epoche vereint; so kann beispielsweise der Außenbau aufgrund seines Aufbaus und der Einzelformen auf etwas Frühes verweisen, während im Inneren eine Gewölbearchitektur sich eher mit dem Gotischen assoziieren läßt.

Wenn die Begriffe Tradition und Historismus zur Kennzeichnung von Geschichtsrezeptionen herangezogen werden, so bleibt das spezifische Verhältnis von „Altem" zu „Neuem" für das 20. Jahrhundert noch näher zu erläutern. Wie bereits mehrfach betont, werden frühere Epochen entsprechend einem im Vergleich zum 19. Jahrhundert gewandelten Traditionsverständnis nicht mehr als formale Vorbilder angesehen. Nur vereinzelt sind beispielsweise in ländlichen Gegenden des Münsterlandes bis in die fünfziger Jahre hinein noch formale Rezeptionen spürbar. Im allgemeinen aber liegt ein eher abstrahierendes Verhältnis vor, das heißt, die Baukunst vergangener Epochen wird reduziert auf bestimmte Grundstrukturen, Formprinzipien und Ausdruckswerte, die in ihrer Übernahme mehr oder weniger deutlich an etwas allgemein „Romanisches" oder „Gotisches" erinnern[362]. Die Übernahme in das architektonische und geistesgeschichtliche Umfeld des 20. Jahrhunderts bewirkt zugleich eine Veränderung und führt letztlich auch zu einem neuen Stil. Beispielhaft sei hier noch einmal auf die Kirchenbauten von Rudolf Schwarz verwiesen, die von ihm selber in oben genanntem Sinne in Bezug auf die Geschichte gesehen werden. So schreibt er zur Pfarrkirche St. Pius in Wuppertal-Barmen: „Die großen, weißen Wände hüllen die Gemeinde ein. Sie legen sich still um das Volk, und von oben, unter heller Decke, fällt ein tröstliches Licht. Das ist alles, mehr geschieht in diesem Raum nicht. Eigentlich ist das auch nichts Neues. Es war doch alles schon vor vielen hundert Jahren in Santa Chiara [in Assisi] da, die Hüllung des Volks in schneeweiße Wände, das helle Gewölbe darüber und der Einfall des Lichts aus den Schildbögen; da gibt es auch nicht viel Neues zu sagen. Die Mittel der Ausführung haben sich etwas geändert, und man kann streiten, ob das einen geistigen Fortschritt bedeutet[363]."

Das Verhältnis der modernen zur historischen Architektur ist unter dem Aspekt einer ursprünglich-elementaren Baukunst oder Urbaukunst in einem weiterreichenden Zusammenhang zu erfassen. Michael Bringmann und Gesine Stalling haben bereits auf dieses Phänomen einer Verbindung von Romanik und Urbaukunst im frühen 20. Jahrhundert hingewiesen[364]. Architekturtheoretische Überlegungen machen deutlich, daß jene Verbindung auch in der späteren Phase des Kirchenbaus weiter zu verfolgen ist. Wiederum sei auf Rudolf Schwarz verwiesen, der die Romanik als Zusammenklang „geometrischer Urformen, Prismen, Zylinder, Kegel" begreift und die Bedeutung dieser Formen für die Gegenwart hervorhebt[365]. Nur in diesem Sinne kann etwa seine Soester Pfarrkirche in Bezug zur Romanik gesehen werden; das Verbindende ist hier „eine letzte Klärung der einzelnen Bauformen auf die Urgestalten des Rechtecks, des Würfels, des Zylinders, eine Vereinfachung der Konstruktion auf ihre letzte Logik und des Rhythmus auf seinen einfachsten Klang"[366].

Wie Rudolf Schwarz versteht auch Otto Bartning Tradition als Weiterwirken von „Urbildern" oder „Archetypen"[367]. Diese Urbilder können aus dem gesamten Bauschaffen der Menschheit abgeleitet werden, sind also nicht allein auf die Romanik beschränkt. Als kennzeichnend für die moderne Kirchenbaukunst betrachtet Bartning romanische und gotische Urprinzipien, wobei letzteres beispielsweise in der Auflösung und gleichzeitigen Schließung der Wände durch Glasflächen sichtbar wird[368]. Hier liegt also nicht im eigentlichen Sinne der Rückgriff auf eine bestimmte, durch kunsthistorische Forschungen exakt determinierte Geschichtsepoche vor, sondern auf Urformen oder -prinzipien, die im Laufe der Geschichte immer wieder variiert werden.

Der Anschluß an elementare und damit auch archetypische Bauformen ist weiterhin wesentlich für das Verständnis von Emil Steffanns Bauschaffen. Wenn auch nach Gisbert Hülsmann das „Freilegen und Bewahren ursprünglicher, primärer Bauform" einen „Rückschritt nicht zu historischen Bauformen — sondern zur ersten, unabdingbaren Gemeinsamkeit mit aller Baukunst" darstellt[369], so wird doch gerade in Steffanns Werk die Nähe zur frühchristlich-frühromanischen Kunst, auch in formaler Hinsicht, deutlich sichtbar.

Elementare, „archaische" Erscheinungsformen oder Urformen (nach Schwarz) erhalten in der modernen Sakralarchitektur ihre Bedeutung durch die ihnen unterlegte Sakralsymbolik[370]. Ein führender theologischer Vertreter der evangelischen Kirchenbaubewegung, Oskar Söhngen, begreift das Sakrale als eine spezifische Ausdrucks- und Gestaltungsqualität, für deren Umsetzung die Geschichte der sakralen Architektur eine Fülle von „Schemata" anbietet, zu diesen zählen in weiterem Sinne die Grundelemente der einfachen geometrischen und kristallinen Formen, da sie eine eigentümliche Affinität zum Sakralen haben[371]. Auch Herbert Muck begreift Grundformen als Ausdruck des Sakralen, da diesen, der Willkür entzogen, eine grundlegende Ordnung innewohnt, und diese somit für das Absolute stehen[372]. Die formale Askese und Klarheit solcher Gestalten wird verbunden mit ideellen Werten wie Reinheit und Wahrhaftigkeit. Bedeutsam erscheint in diesem Zusammenhang der Hinweis auf die in den sechziger Jahren vielerorts geführten Diskussionen über das Sakrale und Profane und eine neue Begriffsbestimmung des Sakralen; der Theologe Wolfgang Trillhaas definiert 1969 auf der Tagung der Vereinigten Evangelischen Landeskirchen Deutschlands „das Heilige als Lebensspendendes, das Ursprüngliche und Unverletzliche"[373]. Im Hinblick auf den Kirchenbau korrespondiert dieses Ursprüngliche mit einer elementaren, archaisierenden Formensprache, wie sie etwa die vorgeführte Waldweiler Kirche von Heinz Bienefeld kennzeichnet, die stilgeschichtlich in weitem Bogen zu frühchristlichen Anlagen zurückführt.

IV.2 Aspekte und Hintergründe eines Vergangenheitsbezuges

Das Auftreten traditioneller und historisierender Elemente im modernen Kirchenbau ist eingebunden in unterschiedliche, teils miteinander verknüpfte architektonisch-ästhetische und umfassendere geistesgeschichtlich-theologische Zusammenhänge, die im folgenden punktuell aufgezeigt werden sollen.

An den Anfang sei Günter Bandmanns Versuch einer Herleitung dieses Phänomens gestellt, der, ohne dies näher auszuführen, in der Sakralarchitektur des 20. Jahrhunderts eine Vorliebe für altchristliche und frühromanische Formen konstatiert.

„Wir können zunächst sagen, daß seit der Renaissance zunehmend und in unserer Zeit vorherrschend die ästhetische Bedeutung der Formen wirksam ist. Wenn Formen der Vergangenheit wiederverwendet werden, dann vornehmlich wegen ihrer ästhetischen Qualitäten. Wir haben keinen Sinn mehr dafür, daß nicht jeder Ort den Rang hat, durch eine Säule oder einen Giebel ausgezeichnet zu werden. Die Bauformen verdanken heute ihre Verwendung der ästhetischen Leistung im Gesamtorganismus des Kunstwerks. . . . Wenn etwa in unserem zeitgenössischen Kirchenbau auffällig wieder altchristliche und frühromanische Formen aufgegriffen werden, dann nicht nur, weil sie unserem ästhetischen Empfinden — Sinn für Flächen und übersichtliche Raumverhältnisse — entsprechen, sondern auch weil ihr Kontemplationswert, ihr ‚Stimmungsgehalt' unsere zeitgenössische Religiosität anspricht. Man könnte sagen, daß die unmystische, seelenhygienische Funktion der Religion am besten durch diese einfachen, übersichtlichen Bildungen ausgedrückt zu sein scheint. Dagegen spielt in diesem Beispiel nicht die geschichtliche und kaum die allegorisch-christliche Bedeutung eine Rolle. Höchstens, daß mit diesen Formen auch auf eine ursymbolische Bedeutung im Sinne Sempers angespielt wird . . .[374]."

Wenn auch diese Erläuterung Bandmanns meines Erachtens insgesamt nicht ausreichend ist, so kann doch dem Verweis auf die ästhetischen Qualitäten wie auch auf den Kontemplationswert zugestimmt werden. Verallgemeinerte architektonische Wesenszüge der frühen Romanik, wie die Betonung der reinen Wandfläche, die strenge Einfachheit aller Formen, die auf stereometrische Grundformen zurückgeführt erscheinen, oder die klare, kubische Gliederung bestimmen auch Teilbereiche des „Neuen Bauens" zu Anfang dieses Jahrhunderts, so daß über die ästhetische Ebene Parallelen herzustellen sind. Aus dem Wissen um diese Parallelen kann die romanische Kunst durchaus in die Nähe des Vorbildhaften rücken, ohne daß dies zugleich eine formale Wiederholung einschließt. Daß diese ästhetischen Gesichtspunkte vornehmlich ausschlaggebend seien, scheint mir allerdings dem Anliegen des modernen Kirchenbaus nicht gerecht zu werden. Soweit sich dies auch aus theoretischen Quellen erschließen läßt, ist die Weiterverwendung oder Wiederaufnahme historischer Formen gebunden an die den Formen innewohnende ikonologische Bedeutung. Trotz einer nicht mehr allgemein verbindlichen Vorstellung von einer umfassenden Ordnung des Kirchengebäudes, wie sie für das Mittelalter etwa in den Metaphern der Himmelsstadt, des himmlischen Jerusalem, zu fassen sind[375], ist die Wahl bestimmter Erscheinungen im modernen Kirchenbau, so zum Beispiel die kreuzförmige Anlage, die Apsis, die Ostung bestimmt oder zumindest beeinflußt durch die christlich-allegorische Bedeutung. Gerade im Hinblick auf die Rezeption frühchristlicher Apsisformen hat sich gezeigt, daß hier eine ursprüngliche Aussage wiederangestrebt wird. Die Liturgische Bewegung des 20. Jahrhunderts sowie historische Studien haben zu einer vertieften Kenntnis der Formen und ihrer Bedeutung beigetragen, die nicht ohne Einfluß auf das zeitgenössische Kunstschaffen geblieben ist. So ist zum Beispiel in den fünfziger Jahren nicht nur in der Kunstgeschichte, sondern darüber hinaus auch bei der architekturgeschichtlich interessierten Öffentlichkeit eine erweiterte Beschäftigung mit frühromanischen Bauten zu bemerken, die mitgetragen wird von einer Begeisterung für das Anfängliche, das Stimmungsvolle dieser Werke. Josef Andreas Jungmann spricht ganz allgemein von einer Regeneration des Symboldenkens[376], wobei vor allem das Wiederaufleben altchristlicher Symbolzeichen hervorzuheben ist.

Nicht immer kann allerdings eindeutig entschieden werden, ob das Weiterführen althergebrachter Formen aus dem Bewußtsein um seine Bedeutung und die Gültigkeit dieses Gehaltes für die heutige Zeit erfolgt oder ob nicht diese Formen als Zeichen eines allgemein Christlichen, Sakralen gesehen werden, die dem modernen Bauwerk zur Kennzeichnung seines Ranges oder überhaupt zur Kennzeichnung als Kirche eingefügt sind. Diese Anschauung findet ihre Wurzeln im 19. Jahrhundert, das die mittelalterlichen Bauformen als einen unmittelbaren Ausdruck des Christlichen sah und so die Vorstellung von spezifisch kirchlichen Stilen entwickelte. Nach Michael Bringmann ist die „untrennbare Verbindung von Bauformen mit religiösem Geist die folgenschwerste Auswirkung der romantischen Mittelaltersicht"[377]. Wenn auch die Verknüpfung des Sakralen mit architektonischen Elementen in der heutigen Kirchenbaudiskussion abgelehnt und für die ausgeführten Bauwerke bestritten wird[378], so bleibt doch zu fragen, inwieweit diese Haltung in einigen Kirchenbauten dennoch zum Tragen kommt. Zu erinnern ist in diesem Zusammenhang an die Paderborner Richtlinien von Alois Fuchs, die eindeutig bestimmte, weitgehend der Romanik entlehnte Formen mit dem Charakter des Sakralen verbinden.

Das Mittelalter, vornehmlich die Romanik, erfreut sich nach wie vor einer deutlichen ästhetischen und emotionalen Hochschätzung[379], die Heinz Dohmen zu dem Hinweis veranlaßt: „Anspruch und Wirklichkeit der mittelalterlichen Kunst sind zwar nur aus ihrer Zeit zu erklären und zu verstehen. Die Ergebnisse aber werden unbestritten allgemein anerkannt und bewundert. Darin liegt die Gefahr, sie wieder absolut zu setzen und zum einzig allgemeingültigen Maßstab zu machen[380]." Am Mittelalter orientierte oder von daher beeinflußte Leitvorstellungen vom Kirchenbau sind auch heute bei den Gemeinden teilweise noch existent, sind gültiger Maßstab eines sakralen Bauwerks, an dem die modernen Kirchen gemessen werden. Wenn Architekten in ihren Planungen einen Mittelweg zwischen „Vertrautheit" und Innovation wählen, indem sie alte, das heißt vertraute Formen aufnehmen oder assoziative Verbindungen herstellen, so muß dies eben teilweise, rein vordergründig, als Zugeständnis an die Gemeinde gewertet werden.

Christof Martin Werner kommt in seiner eher negativen Beurteilung der zeitgenössischen Kirchenbausituation zu dem Schluß: „Auch der moderne Kirchenbau löst seine Aufgabe, indem er ein fertiges Gestaltmuster zur Anwendung bringt ... auch der moderne Kirchenbau vollzieht sich als pure Anwendung eines Image von Kirche. Er versteht sich von Anfang an als Realisierung eines Gebäudetypus Kirche, beziehungsweise Gottesdienstraum, welches sich dem 19. Jahrhundert verdankt und das davon geprägt ist, wie sich das 19. Jahrhundert am Vor-Bild des Mittelalters den Kirchenbau vorgestellt hat. Die Züge dieses Image können etwa so charakterisiert werden: Basilika, die vom ‚rohen Stein' und dem Lichtspiel gegebene Stimmung; das innere Raumgefüge erstellt die gestimmte Ausrichtung. Diese Charakteristika konstituieren — natürlich in verschiedenen Variationen — die modernen Kirchenbauten und Gottesdiensträume[381]." Trotz dieser insgesamt wohl zuwenig

differenzierten Untersuchung Werners, die sich mit dem realen Kirchenbauschaffen in seiner Gesamtheit nicht deckt, kennzeichnet die von ihm angesprochene tradierte sakrale Raumatmosphäre[382] durchaus eine Reihe der hier untersuchten Sakralbauten. Diese im Bereich des „Stimmungsmäßigen" gelegene Traditionsebene ist nicht gebunden an bestimmte Formen, sondern resultiert aus einer mystisch-dunklen Lichtwirkung, die, wie vordem im 19. Jahrhundert, als Ausdruck des Sakralen empfunden wird und von den Architekten bewußt eingesetzt werden kann, um eine sakrale Raumstimmung zu vermitteln und um damit auch den ideellen Forderungen an den Kirchenbau, nämlich Zeichen und Symbol überirdischer Wirklichkeit zu sein, entsprechen zu wollen. Der emotionalen, gefühlsmäßigen Ebene der Gläubigen, die durch eben dieses Dunkel angesprochen wird, wird hierbei Erkenntnischarakter zugesprochen, um begrifflich nicht zu lösende Sinngehalte wie „das Mysterium in der christlichen Gottesbegegnung"[383] zu erahnen. In ähnlich emotionaler Weise wird das in heutiger Deutung stimmungsvoll-mystische Lichtspiel mittelalterlicher Kirchen erfahren als sichtbares Zeichen einer gleichsam übernatürlichen Welt des Religiösen. Das schattige Dämmerlicht jener Kirchen, ihre Stille, ihr „geheimnisvolles Wesen" sprechen den heutigen Menschen unmittelbar an[384].

Das schöpferische Wiederaufgreifen historischer Stilformen kann weiterhin betrachtet werden als eine Folge tastender „Unsicherheit" im künstlerisch-formalen Bereich, die zu Beginn des modernen Kirchenbaus, auf der Suche nach eigenen zeitgemäßen Ausdrucksformen, bei vielen Architekten spürbar wird. Bezeichnenderweise wandten sich die Kirchenbauschaffenden jener Epoche zu, bei der die christliche Architekturentwicklung ihren Ausgang genommen hat. Es ist jene Epoche, so J. van Acken, in der das aus den Katakomben emporgewachsene Christentum die deutlichste Anregung zu einem neuen, christozentrischen Programm findet. „Es war die Zeit der großen Glaubenskämpfe um das Wesen des Christentums"[385], die in der Gegenwart Parallelen findet. Dem Hinweis auf jene Epoche begegnet man auch in Schriften des Evangelischen Kunst-Dienstes Dresden zu Ende der zwanziger Jahre. Auf der Ausstellung „Moderne Kultbauten" wurde die Forderung erhoben, zum Geist der alten Katakomben zurück zu gehen, zu der Zeit, in der die Christen mit unerhörter innerer Kraft doch ganz in Verborgenheit lebten. Gestalterischer Ausdruck dessen war der Entwurf zu einer Keller-Kirche von Stephan Hirzel. Auch in der späteren Phase kommt diese Unsicherheit bisweilen zum Tragen, gleichsam als Kehrseite einer von allen verbindlichen Konventionen befreiten, grundsätzlichen und künstlerischen Unabhängigkeit, die gerade in den letzten Jahren in Folge fehlender, gültiger Ausdrucksformen durchaus distanzierter gewertet wird[386]. So schreibt Lothar Kallmeyer: „Suche nach Geschichte als Form einer Anbindung an das eigentliche Herkommen ist dabei ein durchaus ernst zu nehmender Versuch, in einer Welt steigender Verunsicherung Kontinuität aufzuspüren, um sich eines emotionellen Bezugsrahmens zu vergewissern[387]." Die hier angesprochene Verunsicherung ist freilich nicht allein auf den architektonischen Bereich zu beziehen, sondern umfassender, wie es bereits in van Ackens Worten anklingt, auf das geistesgeschichtliche Umfeld, das Christof Martin Werner für den Beginn dieses Jahrhunderts ausführlich charakterisiert hat[388]. Ein Kennzeichen der seit dem Ende des 19. Jahrhunderts sich in vielen Bereichen äußernden Kulturkrise ist „das Gefühl der Verlorenheit des Ich in der Welt nach dem Zusammenbruch des christlich mittelalterlichen Weltbildes", das „sich in den letzten Jahrhunderten zunehmend verstärkt"[389]. Aus dem Wissen um diese Situation und ihre kritische Reflektion[390] entwickelt sich zu Beginn der Moderne das Bewußtsein, eine epochale Wende einzuleiten, eine neue Kultur zu gewinnen. Ein Versuch, dieser allgemein geistigen Unsicherheit zu begegnen, äußert sich im kulturellen Verhalten als „Interesse am Zugrundeliegenden, das sich als Frage nach dem Ursprünglichen vollzieht"[391]. Darin eingeschlossen ist das anwachsende Interesse an archetypischer Thematik, an elementaren, überpersönlichen Sachverhalten. Im Hinblick auf den architektonischen Bereich liegt hierin eine Wurzel für die Auseinandersetzung mit Grundformen, mit ursprünglichen, elementaren Formen, die Orientierung an den als ursprünglich empfundenen Epochen, wobei für die Sakralbaukunst das Moment der „Gläubigkeit" jener Epochen eine wesentliche Rolle spielt. Wie bereits aufgezeigt, erfolgt unter diesem Aspekt auch die Beschäftigung mit der als ursprünglich interpretierten mittelalterlichen Kunst.

Jene oben angesprochene, in der Moderne empfundene „Unsicherheit" wird als theologische Problemstellung verbunden mit der ideellen Forderung an den Kultraum, dem heutigen Menschen Geborgenheit zu schenken und Erlösung von den ihn so vielfach bedrohenden Ängsten auszudrücken, so der Theologe Alfred Dedo Müller. Er folgert aus der in Psychologie und Philosophie beschriebenen Angst als einem Grundphänomen der menschlichen Existenz: „Geborgenheit gegen die dämonische Bedrohung seiner Freiheit und seiner Bestimmung ist deshalb neben der Realität des Heiligen die andere Erfahrung, die dem Menschen der Gegenwart in der Sprache des Raumes vermittelt werden muß[392]." Bezeichnenderweise verweist Müller auf den romanischen Baustil, in dem „der Kampf gegen Dämonen" seine repräsentative Darstellung gefunden habe, durch das überall symbolisch hervortretende Motiv des Schutzes, der Dauer und der Unerschütterlichkeit[393]. Bergende, introvertierte, nur durch wenige kleine Fenster erhellte Kirchenräume der Moderne sind in ihrer oftmals assoziativen Nähe zu kleinen früh- oder vorromanischen Kirchen in der so gesehenen vergleichbaren Bestimmung von Kirche in einem erweiterten inhaltlichen Bezugsrahmen zu sehen[394].

Aus der Gegenüberstellung von Romanik (oder allgemeiner Mittelalter) und Moderne und ihrer punktuellen thematischen Vergleichbarkeit ist abzuleiten, daß ein verwandelnder Einbezug mittelalterlicher Formen nicht allein aus einer ästhetischen Affinität erfolgt, sondern auch wegen ihrer geschichtlichen Relevanz[395]. Das Wiederanknüpfen bedeutet hier nicht den Wunsch, die Historie in ihrer Gesamtheit wiederherzustellen; vielmehr werden bestimmte Inhalte, die dem eigenen Wollen entsprechen, herausgegriffen und erhalten den Charakter des Vorbildlichen. Diese Inhalte beziehen sich auf die verallgemeinernde, idealisierte Interpretation der mittelalterlichen Kirche als Ausdruck einer umfassenden religiösen Gemeinschaft, die die theologisch-liturgisch orientierten Erneuerungsbewegungen als Idealvorstellung wieder anstrebten. Diese, nach Gesine Stalling, neuromantische Auffassung kennzeichnet die Liturgische Bewegung nach dem 1. Weltkrieg; ihr fühlten sich neben

den die architektonische Gestalt durchaus beeinflussenden Bauherren auch Kirchenbauarchitekten verpflichtet, wie etwa Dominikus Böhm und Otto Bartning; beide sprechen ausdrücklich von der Wesensverwandtschaft zwischen Mittelalter und Moderne, so Otto Bartning 1919: „der heutige Mensch kann zwar die mittelalterliche örtliche Gebundenheit der Religionsübung nicht mehr vollziehen, er kennt aber die Bedeutung der mittelalterlichen Kirche als Ausdruck religiöser Gemeinschaft in jüngster Zeit wieder, somit besteht eine Wesensverwandtschaft zwischen Mittelalter und Gegenwart"[396] oder Dominikus Böhm in einem Brief an Johannes van Acken 1923: „Ich glaube . . ., daß wir uns in unserem Streben nach Verinnerlichung, seelischer Vertiefung dem religiösen Ernste des Mittelalters verwandt fühlen könnten . . .[397]." Aus diesem allgemeinen, idealisierten theologischen Bezug erlangen auch die geschichtlichen Bauformen dieser Epoche einen neuen Erlebniswert. In der Rückverbindung auf diese scheint eine Möglichkeit gegeben, die eigene Zukunft, das eigene Wollen zu gestalten und zu sichern[398].

Ein wesentliches Ziel der liturgischen Bewegung beider Konfessionen ist die Verwirklichung der Opferfeier als Feier der Gemeinschaft, als ein Miteinander der Gläubigen. Dies gestalterisch umzusetzen, konnte in der frühen Phase zunächst geschehen über die Wiederentdeckung beziehungsweise -erweckung der Basilika des frühen Christentums und der frühen Romanik[399]; diese geschichtlichen Epochen kristallisierten sich mehr und mehr als diejenigen heraus, die dem eigenen Wollen am nächsten standen, da die Grundgedanken der zeitgenössischen Liturgie eben in jenen Epochen bestätigt wurden. Vorbildlichkeit erlangten frühchristliche Grundrißlösungen in ihrer Ausformung als „Einraum", in der engen Bindung der Gemeinde an den Altar und in der Bewegung des Raumes auf den Altar hin, als dem nun wieder deutlich artikulierten Kernpunkt des Gotteshauses. So schreibt August Hoff 1926 in Bezug auf die Kirchenbauten von Dominikus Böhm: „dieses höchst liturgische Bauen kommt wie die liturgische Bewegung aus frühchristlichen Elementen. . . . Dies frühchristliche Element findet sich in der eindeutigen Hinführung in räumlicher und geistiger Hinsicht zum Altare, in der Näherrückung der Meßopferstätte an die Gemeinde, in der von allen Nebenabsichten freien Raumform"[400]. Die Interpretation und Akzentuierung jener spezifischen Werte dieser Epoche führte dazu, daß die frühchristliche Kunst geradezu als „Lehrmeisterin der Gegenwart" bezeichnet werden konnte, so lautet beispielsweise der Titel eines Vortrages von August Hoff auf der Tagung für christliche Kunst 1930[401]. In seinen Ausführungen zur christozentrischen Kirchenkunst hebt van Acken für die Gotik eine andersgeartete liturgische Raumkonzeption hervor. Infolge ihres großen Reichtums, zum Beispiel in den vielfältig gegliederten Chören mit zahlreichen Altären und der Mannigfaltigkeit ihrer Formen ermangelte es diesen Kirchen an frühchristlicher Klarheit und Tiefenwirkung. Von daher glaubt van Acken, daß man sich in dieser Zeit äußerlich vom eucharistischen Kerngedanken entfernt habe. Die für ihn unabdingbar notwendigen ideellen und praktischen Anknüpfungspunkte aus der Kunsttradition im Hinblick auf eine dauernde gemeinsame neue künstlerische Leistung könne deshalb nicht aus jener Epoche hergeleitet werden[402]. In Anbetracht dieser Gedanken bleibt zu betonen, daß auch bei den Kirchen, für die gotisierende Elemente festgestellt wurden, der Grundriß als einfache Rechteckanlage mit oder ohne Apsis eher den, im Sinne von van Acken, frühen Lösungen entspricht.

Bemerkenswert scheint in diesem Zusammenhang der Hinweis auf die kunsthistorischen und archäologischen Forschungen dieser Zeit, die sich erstmals intensiver, so etwa auch in Grabungen, mit der altchristlichen Kunst auseinandersetzten und somit die Kenntnisse über diese Epoche erweiterten und in das allgemeine Interesse rückten[403]. Wie stark der Dialog zwischen Forschung und zeitgenössischer Architektur ist, zeigt auch van Ackens Schrift zur christozentrischen Kirchenkunst. Er verweist auf Arbeiten von F. R. Jos. Keith zum Frühchristentum in Nordafrika, auf die „Kirchliche Baukunst des Abendlandes" von Dehio und Bezold und auch auf die große Veröffentlichung J. Wilperts, in der frühchristliche Malereien vorgestellt werden. Gleichzeitig bemängelt van Acken, daß hier nur die kunstgeschichtlichen Ergebnisse vorgestellt werden, ohne daß daraus entscheidende praktische Einzelfolgerungen für die Gegenwart gezogen werden[404].

Die inhaltlich-theologische Verbindung beider Epochen, die aus der Gegenwart als nahezu programmatischer Rückbezug zu definieren ist, bleibt Bestandteil der Diskussion um Wesen und Gestalt des modernen Kirchenbaus bis in die heutige Zeit. Neben allgemeinen Empfehlungen, frühe Kirchen vorbildhaft als Weg zu einer erneuerten modernen Sakralbaukunst zu begreifen[405], werden auch immer wieder historische Referate mit dem Thema des frühen Christentums in die Diskussion eingebracht[406], um zur Erkenntnis des eigenen Selbstverständnisses beizutragen. Das verbindende Moment konzentriert sich auf die Bestimmung der altchristlichen wie modernen Kirche als Gemeindekirche. Dieses wird sehr deutlich in Josef Andreas Jungmanns Erklärungen zum Zweiten Vatikanischen Konzil, wo er im Hinblick auf den pastoralen Charakter der Reform betont: „Die liturgische Reform des Zweiten Vatikanischen Konzils greift ebenfalls auf alte, ja auf noch ältere Überlieferungen zurück, nämlich auf jene Überlieferung, in der der Gottesdienst noch lebendige Sache der ganzen Gemeinde war[407]." Auch Hugo Schnell greift diesen Gedanken auf, wenn er von einem Bewußtwerden des allgemeinen Priestertums spricht, das in der christlichen Frühzeit entscheidend am liturgischen und kirchlichen Leben teilgenommen, dies bereichert und getragen hat[408].

Bestimmte Raumanordnungen des modernen Kirchenbaus mit Ambo, Presbyterbank, schlichter Altarmensa oder die wiederaufgenommene celebratio versus populum sowie bestimmte bauliche Erscheinungsformen (Taufkapelle, Atrium, Apsis) finden als historisierende Momente in jener inhaltlich-theologischen Berührung der Frühzeit mit der Gegenwart ihre Begründung.

Als eine weitere Komponente einer Mittelalter-Affinität vieler rheinisch-westfälischer Kirchen sei abschließend auf die landschaftliche Verbundenheit verwiesen. Die beherrschende romanische Tradition des Rheinlandes

und auch Westfalens, deren Zeugnisse uns vielgestaltig vor Augen stehen, hat bei vielen hier arbeitenden Architekten zu einer schöpferischen Auseinandersetzung mit dieser Kunstlandschaft geführt. Die mittelalterlichen Kirchen, vor allem der Stadt Köln, waren nach 1945 deutlich in den Blickpunkt des Interesses gerückt, da infolge der großen Kriegszerstörungen konservatorische und denkmalpflegerische Probleme zu lösen waren, in die nicht zuletzt auch die Architekten mit Planungen eingriffen[409]. Aus dieser Aufgabe ergab sich fast zwangsläufig eine intensive Auseinandersetzung mit der Romanik. Ein Hinweis auf die Wertschätzung jener Epoche ergibt sich im Zusammenhang des Wiederaufbaus aus der Tatsache, daß bei einigen Kölner Kirchen eine purifiziert-romanische Wiederherstellung bevorzugt wurde; Gewölbe aus einer späteren Bauphase wurden beispielsweise nicht mehr restauriert, um die ursprünglich romanische Raumwirkung neu zu gewinnen. Zu erwähnen sind hier die Architekten Karl Band, der am Wiederaufbau sehr vieler Kölner Kirchen beteiligt war, Dominikus Böhm, Emil Steffann, Hans Schilling und auch Rudolf Schwarz. Neben vielen anderen vertrat er die Ansicht, daß die Architektur in der jeweiligen Stadt bodenständig sein sollte; so schreibt er in Bezug auf seine Soester Heilig-Kreuz-Kirche: „Soest spricht in seinen romanischen Bauten, namentlich dem Patrokli-Dom und der Johanniskirche, eine so mächtige architektonische Ursprache, daß der Verfasser sich ihr nicht entziehen konnte, sondern sie in seinem Entwurf weitergesprochen hat . . .[410]."

Die örtliche Gebundenheit äußert sich häufig in einer der Umgebung angepaßten Materialwahl, so etwa bei Hans Schilling, dessen „rheinische Prägung"[411] nicht zuletzt durch die Verwendung des Ziegelmauerwerks gegeben ist. Weiterhin können bestimmte Bauformen wie der Rundbogen oder spezifische Grundrißtypen[412], wobei hier den rheinischen Konchenanlagen große Bedeutung zukommt, auf die Fortführung der rheinischen romanischen Tradition verweisen. Die Neusser Piuskirche von Joachim Schürmann hat gezeigt, daß die historischen Vorgaben durchaus zu sehr individualistischen Auseinandersetzungen und Umsetzungen führen können; dies ist allerdings nicht immer gegeben, gerade bei Land- und Dorfkirchen, die auffallend oft Anbindungen an heimische Bauweise und Formen zeigen, scheint das Moment des Eigenschöpferischen in der Umsetzung häufig vernachlässigt worden zu sein. Allerdings lassen sich hier auch positive Beispiele finden, so unter anderem im Werk von Josef Bernard oder Alfons Leitl.

In den fünfziger und sechziger Jahren erfuhr die Bewahrung landschaftlicher Sonderformen oftmals eine eher negative Beurteilung, während in den letzten Jahren mehr und mehr erkannt wurde, daß im Rahmen der „Internationalen Architektur" mit ihrer Gleichförmigkeit ohne örtliche Bezüge dies durchaus eine Bereicherung bedeuten kann. Jene Erkenntnis führte zu einem neuen Regionalismus[413], der einer Wiederentdeckung der eigenen Vergangenheit gleichkommt.

Anmerkungen

1 Hans A. Maurer 1958; Willy Weyres / Otto Bartning 1959; Herbert P. Muck 1961; Gerhard Langmaack 1971; Hugo Schnell 1973.

2 Gustav Friedrich Hartlaub: Zur Sozialpsychologie des Historismus in der Baukunst. In: ders.: Fragen an die Kunst. Stuttgart 1950, S. 45—65; Christof Martin Werner 1971; Wolfgang Götz 1971; Gesine Stalling 1974.

3 Hermann Beenken: Der Historismus in der Baukunst. In: Hist. Zs. 157, 1938, S. 66.

4 In letzter Zeit ist auch von jüngeren Architekten des öfteren ein Bekenntnis zur Tradition zu hören; das Bewußtsein um die Bedeutung der Tradition wird mehr und mehr deutlich. Vgl. Friedrich Zwingmann: Autobahnkirche Baden-Baden „St. Christophorus". In: Das Münster 33, 1980, S. 37—42; ferner Roland Rainer: Im Zentrum das Licht. In: Bauwelt 69, 1978, S. 581.

5 Siegfried Giedion: Raum, Zeit und Architektur. Die Entstehung einer neuen Tradition. (Dt. Ausgabe) Ravensburg 1965, S. 406.

6 Wolfgang Götz 1971, S. 252.

7 Nikolaus Pevsner: Möglichkeiten und Aspekte des Historismus. In: Ludwig Grote (Hg.): Historismus und bildende Kunst. München 1965, S. 13—24 = Studien zur Kunst des 19. Jahrhunderts I.

8 Willy Weyres 1932, S. 6.

9 Gesine Stalling 1974, S. 9.

10 Hugo Schnell 1973, S. 88, 98.

11 Eine zusammenfassende frühe Darstellung der Liturgischen Bewegung bietet Waldemar Trapp: Vorgeschichte und Ursprung der liturgischen Bewegung vorwiegend in Hinsicht auf das deutsche Sprachgebiet. Regensburg o. J. Wichtige Aspekte dieser Bewegung sind ferner zusammengestellt bei Hugo Schnell 1973, S. 8—10, S. 33—40; ferner bei Gesine Stalling 1974, S. 37—45, 80—90.

12 Diese Benediktiner-Kongregation wurde 1863 gegründet.

13 Zu erwähnen sind Maredsous und Regina Coeli auf dem Mont Cesar in Löwen. Seit etwa 1913 ging die Führung der Liturgischen Bewegung auf die Abtei Maria Laach über, deren wichtigster Vertreter Abt Ildefons Herwegen war.

14 Hugo Schnell 1973, S. 9.

15 Zitiert nach J. Wagner: Liturgische Bewegung. In: Lexikon für Theologie und Kirche VI, Freiburg 1961, Sp. 1097—1100.

16 Cornelius Gurlitt: Kirchen. Stuttgart 1906, S. 37, 42 = Handbuch der Architektur 4; Gurlitts These greift Ansätze der früheren Liturgischen Bewegung der protestantischen Kirche auf, die von den Theologen Friedrich Spitta und Julius Smend vertreten wurden. Siehe dazu Julius Smend: Der evangelische Gottesdienst. Göttingen 1904; Friedrich Spitta: Zur Reform des evangelischen Kultus. Briefe und Abhandlungen 1891.

17 Deutlich wird der Zweckgedanke schon bei Emil Sulzes Schrift: Die evangelische Gemeinde. In: Friedrich Zimmers Handbibliothek für praktische Theologie I. Gotha 1891. Die Kirche wird als Gemeindehaus charakterisiert, das vor allem dem praktischen Zweck der menschlichen Versammlung zu dienen habe.

18 Stellvertretend für viele Äußerungen zum profanen Bauschaffen, die das funktionale Bauen postulieren, sei auf Louis Sullivans Ausspruch von 1896 verwiesen: Form follows function. Sullivan setzte sich vornehmlich intensiv mit den konstruktiven und funktionellen Problemen des Hochhauses auseinander; zitiert nach Jürgen Joedicke: Geschichte der modernen Architektur. Synthese aus Form, Funktion und Konstruktion. Stuttgart 1958, S. 28.

19 Diese Formulierung wurde übernommen von Christof Martin Werner 1971, S. 124.

20 Schon in den Leitsätzen des 3. Kirchenbaukongresses, Magdeburg 1928, wird betont, daß der evangelische Kultraum nicht schlechthin Predigtkirche sei, sondern Stätte der Selbstkundgebung Gottes und des Verkehrs mit ihm und daher als ganzes sakraler Raum. Dieser Aspekt wird dann deutlicher in den Diskussionen nach dem 2. Weltkrieg. Siehe dazu Hans Kallenbach / D. Heinrich Laag (Hg.): Die Problematik des modernen Kirchenbaus. Marburg/Lahn und Arnoldshain 1960; vgl. ferner Rudolf Schwarz 1963, S. 87—93.

21 Eine zusammenfassende Darstellung der Reformbestrebungen ist zu finden bei Theodor Wieschebrink: Die kirchliche Kunstbewegung im Zeitalter des Expressionismus 1917—1927. Diss. Münster 1932.

22 Otto Bartning: Vom neuen Kirchbau. Berlin 1919.

23 Ebd., S. 119.

24 Emil Veesenmeyer: Die Reformationskirche in Wiesbaden, eine Reform im Protestantischen Kirchenbau. In: Protestantische Kirchenzeitung für das evangelische Deutschland. 1891, Sp. 553—557.

25 Der „Berneucher Kreis" ist eine seit 1923 jährlich auf dem Gut Berneuchen tagende Gemeinschaft evangelischer Theologen und Laien. Vgl. J. P. Michael: Berneucher Kreis. In: Lexikon für Theologie und Kirche II. Freiburg 1958, Sp. 236.

26 In den Grundsätzen für die Gestaltung des gottesdienstlichen Raumes der evangelischen Kirchen, die auf der Evangelischen Kirchenbautagung in Rummelsberg 1951 erarbeitet wurden, kommt die Gleichstellung von Altar und Kanzel deutlich zum Ausdruck: „Das Sakrament des Altars ist für den lutherischen Gottesdienst ebenso konstitutiv wie die Predigt." Zitiert nach Langmaack 1971, S. 287.

27 Romano Guardini: Von heiligen Zeichen. Rothenfels a. M. 1922, S. 15.

28 Romano Guardini: Der Kultakt und die gegenwärtige Aufgabe der Liturgischen Bildung. Ein Brief. In: Liturgisches Jahrbuch 14, 1964, S. 101.

29 So lautet der Titel seiner bedeutenden Schrift. Johannes van Acken: Christozentrische Kirchenkunst. Ein Entwurf zum liturgischen Gesamtkunstwerk. Gladbeck [1]1922, [2]1923.

30 Ebd., S. 34.

31 Waldemar Trapp: Vorgeschichte und Ursprung der Liturgischen Bewegung vorwiegend in Hinsicht auf das deutsche Sprachgebiet. Regensburg o. J., S. 1.

32 Ebd., S. 2.

33 Otto Bartning 1919, S. 45.

34 Ebd.

35 Romano Guardini: Liturgische Bildung (Versuche 1). Rothenfels a. M. 1923, S. 52, Anm. 2.

36 Ebd., S. 12 f.

37 Johannes van Acken [2]1923, S. 38.

38 Aus der Fülle der Veröffentlichungen über moderne Architektur sollen hier stellvertretend genannt werden: Jürgen Joedicke: Geschichte der modernen Architektur. Synthese aus Form, Funktion und Konstruktion. Stuttgart 1958; Udo Kultermann: Der Schlüssel zur Architektur von heute. Düsseldorf 1963; Leonardo Benevolo: Geschichte der Architektur des 19. und 20. Jahrhunderts. München 1964; Nikolaus Pevsner: Der Beginn der modernen Architektur und des Design. Köln 1971; Norbert Huse: Neues Bauen 1918 bis 1933. Moderne Architektur in der Weimarer Republik. München 1975.

39 Vgl. die Einleitung zu dem Buch Walter Gropius: Architektur, Wege zu einer optischen Kultur. Frankfurt-Hamburg [1]1956, [2]1959.

40 Noch 1912 schreibt der Erlaß des Kardinals Fischer von Köln für Neubauten ausdrücklich den gotischen oder romanischen Stil vor. Siehe Kirchlicher Anzeiger für die Erzdiözese Köln 52, 1912, S. 59 ff.

41 In den Kölner Diözesanstatuten werden diese Materialien noch 1927 als unwürdig abgelehnt, ebenso auf der Tagung des Vereins für christliche Kunst in Aachen 1927.

42 Die Erprobung der neuen Materialien im Kirchenbau ist ausführlich dargelegt bei Hugo Schnell 1973, S. 10—14.

43 Diese Bezeichnung wählte Günter Bandmann: Bemerkungen zu einer Ikonologie des Materials. In: Städel. Jahrbuch 2, 1969, S. 76.

44 Gerhard Langmaack 1971, S. 179.

45 Zitiert nach Willy Weyres [2]1957, S. 13.

46 S. Staudhamer: Die kirchliche Kunst im Gesetzbuch der Kirche. In: Die christliche Kunst 16, 1919/20, S. 222.

47 Kirchlicher Anzeiger für die Erzdiözese Köln 52, 1912, S. 59 ff.

48 Vgl.: Die Diözesansynode des Erzbistums Köln 1922. Hrsg. vom Erzbischöflichen Generalvikariat Köln. Köln 1922, G. Zur kirchlichen Kunstpflege S. 68—70; Die Diözesansynode des Erzbistums Köln 1937. Hrsg. vom Erzbischöflichen Generalvikariat Köln. Köln 1937, D. Zur kirchlichen Kunstpflege S. 81—87; Paderborner Diözesansynode 1922. Hrsg. von dem bischöflichen Generalvikariate zu Paderborn. Paderborn 1923, V. Der Priester und die kirchliche Kunst S. 63—75; Beschluß der Fuldaer Bischofskonfe-

renz 1932. In: W. Corsten (Hg.): Sammlung kirchlicher Erlasse, Verordnungen und Bekanntmachungen für die Erzdiözese Köln. Köln, S. 183.

49 Der Bischof von Trier Dr. Franz Rudolf Bornewasser über die christliche Kunst. In: Die christliche Kunst 26, 1929/30, S. 44.

50 Vgl. Anm. 48, Diözesansynode des Erzbistums Köln 1937, S. 82.

51 Die Bestimmungen, die in ähnlicher Formulierung auch für die Malerei gelten, wurden teilweise herangezogen, um die expressionistische Kunst als unkirchlich zu bezeichnen. Diese sei ungewohnt und entspreche nicht der kirchlichen Überlieferung, so die Thesen verschiedener Theologen. Vgl. Theodor Wieschebrink: Die kirchliche Kunstbewegung im Zeitalter des Expressionismus 1917—1927. Diss. Münster 1932, S. 73 f.

52 Zur Geschichte und zum Inhalt der evangelischen Richtlinien siehe Gerhard Langmaack 1971, S. 179—293.

53 Ebd., S. 280.

54 Vgl. Hugo Schnell 1973, S. 46.

55 Georg Lill: Zum modernen katholischen Kirchenbau. In: Der Baumeister 25, 1927, S. 250.

56 Zitiert nach Herbert Muck: Neue Formen aus dem Geist der Tradition. In: Der große Entschluß, Monatsschrift für lebendiges Christentum 15, 1959/60, S. 477.

57 Als wesentliche theoretische Beiträge der Architekten sind zu nennen: Otto Bartning: Vom neuen Kirchbau. Berlin 1919; ders.: Vom christlichen Kirchenbau. Köln 1928; Martin Elsaesser: Bauten und Entwürfe in den Jahren 1924—1932. Berlin 1933; Alfons Leitl: Von der Architektur zum Bauen. Berlin 1936; Rudolf Schwarz: Vom Bau der Kirche. Würzburg ¹1938.

58 So Hugo Schnell 1973, S. 41 f.

59 Willy Weyres 1932, S. 4.

60 Beispiele für rheinische Kirchenbauten, die der Renaissance oder dem Barock verpflichtet sind, sind zu finden bei Willy Weyres 1932, S. 3—6.

61 Diese Kirche wurde veröffentlicht in der Zeitschrift Die christliche Kunst 30, 1933/34, S. 178.

62 Vgl. Franz Ronig: Der Kirchenbau des 19. Jahrhunderts im Bistum Trier. In: Trier/Weyres I, S. 266.

63 Einen detaillierten Überblick über Dominikus Böhms Bauschaffen geben August Hoff / Herbert Muck / Raimund Thoma 1962; ferner Gesine Stalling 1974.

64 Vgl. August Hoff: Grundrißsymbolik des modernen Kirchenbaus. In: Kölnische Volkszeitung 1928, Nr. 886.

65 Einen Überblick über die Bautypen des evangelischen und katholischen Kirchenbaus im 19. Jahrhundert bietet Michael Bringmann 1968, S. 105—121, 157—175; ferner Willy Weyres / Albrecht Mann: Handbuch zur rheinischen Baukunst des 19. Jahrhunderts 1800—1880. Köln 1968.

66 Der Essener Kirche vergleichbar ist die Pfarrkirche Heilig Kreuz in Köln-Weidenpesch von Heinrich Bartmann, 1931. Zu den Wettbewerbsentwürfen und zur ausgeführten Kirche siehe 50 Jahre Pfarrkirche „Heilig Kreuz" Köln-Weidenpesch 1931—1981. Hrsg. Pfarrgemeinde Heilig Kreuz. Köln 1981.

67 Zu erwähnen sind vor allem die Aufsätze von Georg Heckner 1886 und Friedrich Schneider 1888; erörtert bei Michael Bringmann 1968, S. 114 ff. Vor allem der Mainzer Dombräbendat Fr. Schneider setzte sich für überschaubare, einschiffige Kirchen ein, während gleichzeitig August Reichensperger weiterhin die Mehrschiffigkeit der Kirchen, entsprechend der mittelalterlichen Tradition, verteidigte.

68 Diese Kirchen werden hervorgehoben von Eberhard Michael Kleffner / Leonhard Küppers 1966, S. 23.

69 Willy Weyres 1932, S. 19 f.

70 Als zweischiffige Anlagen sind mir die frühromanischen Kirchen in Palenberg und Millen bekannt, wobei das Seitenschiff im 12. Jahrhundert angefügt wurde.

71 August Hoff: Grundrißsymbolik des modernen Kirchenbaus. In: Kölnische Volkszeitung 1928, Nr. 886.

72 Zu nennen ist der Entwurf für die Caritaskirche in Köln 1928 und der Entwurf für die Krankenhauskirche in Köln-Hohenlind. Ausgeführt wurde diese Grundrißform noch einmal 1930 in Hindenburg, St. Josef. Alle Pläne sind abgebildet bei August Hoff / Herbert Muck / Raimund Thoma 1962, S. 206, 248.

73 Die Herz Jesu Kirche wurde im 2. Weltkrieg zerstört und in den sechziger Jahren durch einen Neubau ersetzt.

74 Der querrechteckige Chor erscheint zum ersten Mal bei St. Peter und Paul in Dettingen, 1922 von Dominikus Böhm und Martin Weber errichtet.

75 Die bewußte Höherstellung des Altares auf einem Podest erfolgte vornehmlich aus Gründen einer besseren Sichtbarmachung; im Sinne der Liturgischen Bewegung sollte der Altar von allen Gläubigen gesehen werden können. Nach dem 2. Weltkrieg wird das hohe Stufenpodest als zu bühnenhaft kritisiert und von daher fast ganz aufgegeben.

76 „Einheitsräume" sind in der Baukunst des Barock mehrfach verwirklicht worden; im 19. Jahrhundert wurden sie dann allerdings zugunsten mittelalterlicher Grundrißtypen fast gänzlich wiederaufgegeben.

77 Bis zum Zweiten Vatikanischen Konzil wird in den Richtlinien diese Richtungsbezogenheit der Gemeinde auf den Altar immer wieder gefordert; so auch in den Richtlinien für die Gestaltung des Gottesdienstes aus dem Geist der Römischen Liturgie, abgedruckt in: Das Münster 7, 1954, S. 314 ff.

78 Rudolf Schwarz 1963, S. 87—93.

79 Vgl. Kap. I.1.a und Anm. 29.

80 Abgedruckt in Johannes van Acken ²1923, S. 50.

81 Die verschiedenen Entwürfe von Böhm sind abgebildet bei August Hoff / Herbert Muck / Raimund Thoma 1962, S. 264—279.

82 Zu Edmund Körners Kirchenbauplanungen siehe August Hoff: Sakralbauten von Edmund Körner. In: Die christliche Kunst 24, 1927/28, S. 280—289.

83 Dieser Entwurf ist abgebildet bei Josef Habbel 1943, S. 24.

84 Hugo Schnell 1973, S. 46.

85 Emil Veesenmeyer: Die Reformationskirche in Wiesbaden, eine Reform im protestantischen Kirchenbau. In: Protestantische Kirchenzeitung für das evangelische Deutschland 1891, Sp. 553—557.

86 K. E. O. Fritsch: Der Kirchenbau des Protestantismus von der Reformation bis zur Gegenwart. Berlin 1893.

87 Emil Sulze: Der evangelische Kirchenbau. Vortrag. Leipzig 1881; ders.: Die evangelische Gemeinde. In: Friedrich Zimmers Handbibliothek für praktische Theologie I. Gotha 1891; Otto March: Unsere Kirchen und gruppierter Bau bei Kirchen. Berlin 1896.

88 Einen auswählenden Überblick gibt Paul Girkon in seiner Schrift: Neubauten evangelischer Gemeinden und Verbände in Westdeutschland. Düsseldorf o. J.

89 Diese Gliederung entspricht den Leitsätzen des Kirchenbaukongresses in Magdeburg 1928, wo weiterhin für den Altar ein bevorzugter Raum als Gnadenmittelstätte herausgehoben werden soll, allerdings soll er in inniger Verbindung mit der Gemeinde stehen. Diese Forderung erscheint dann nicht mehr in den Richtlinien für evangelische Gestaltung vom Kunst Dienst Dresden 1931. Beide Richtlinien sind abgedruckt bei Gerhard Langmaack 1971, S. 282 f.

90 Diese Kirche wurde nach dem 2. Weltkrieg in vereinfachter Form ohne Rotunde wiederaufgebaut.

91 Nach Ausstellungsende wurde die Pressa-Kirche als Melanchthonkirche in Essen wiederaufgebaut; sie wurde dann allerdings im 2. Weltkrieg zerstört.

92 Dieses Zitat von Otto Bartning ist entnommen aus Hugo Schnell 1973, S. 45.

93 Der Plan für die Offenbacher Kirche ist abgebildet bei Hugo Schnell 1973, S. 44; eine leichte Schrägstellung der Wände verwirklichte Böhm schon in Neu-Ulm 1922—26.

94 Eine wichtige Besprechung ist die von Paul Girkon: Evangelischer Kultbau auf der Pressa in Köln 1928. Mit einem Vorwort von Otto Bartning. Berlin 1928.

95 So Hans K. F. Mayer: Der Baumeister Otto Bartning und die Wiederentdeckung des Raumes. Heidelberg ¹1951, Darmstadt ²1958, S. 13.

96 Dieses Zitat ist entnommen aus Herbert Muck 1961, S. 73.

97 Paul Girkon: Neubauten evangelischer Gemeinden und Verbände in Westdeutschland. Düsseldorf o. J., S. 142.

98 Die Leitsätze des Kirchenbaukongresses in Magdeburg sprechen von der Zielstrebigkeit des Glaubens und des Gottesdienstes der Gemeinde, wonach auch der Raum eine gewisse Zielstrebigkeit, also Richtungsbezogenheit haben muß.

99 So auch Felix Kreusch 1962, S. 16.

100 Heinrich Lützeler: Der deutsche Kirchenbau der Gegenwart. Düsseldorf 1934 = Religiöse Quellenschriften 99, S. 28.

101 Vgl. Erich Bachmann: Kunstlandschaften im romanischen Kleinkirchenbau Deutschlands. In: Zeitschr. d. dt. Ver. f. Kunstwiss. 8, 1941, S. 159—172; ferner Edgar Lehmann: Saalraum und Basilika im frühen Mittelalter. In: Formositas Romanica. Festschrift für Joseph Gantner. Frauenfeld 1958, S. 131—150.

102 Das vom Boden ansteigende parabelförmige Gewölbe wurde zum ersten Mal im Profanbau verwirklicht, im Flugzeughangar Paris Orly, 1916—1924, nach Plänen des Architekten Eugene Freyssinet. Für den Kirchenbau hat auch Hubert Pinand schon relativ früh, 1924—27, in Limburg diese Bauweise aufgegriffen.

103 Zu erwähnen ist auch die Rektoratskirche in Alzenbach a. d. Sieg, 1926—27 von W. Schmitz errichtet. Das spitzbogige raumprägende Gewölbe ist in dieser Kirche aus Holz gearbeitet. Abb. Willy Weyres 1932, Nr. 13; ferner die Heilig Kreuz Kirche in Gelsenkirchen-Ückendorf, 1927—29, Josef Franke, mit einem parabelförmigen Betongewölbe. Vgl. Josef Franke. Mit einer Einleitung von Paul Joseph Cremers. Berlin 1930 = Der deutsche Architekt.

104 Georg Lill: Zum modernen katholischen Kirchenbau. In: Der Baumeister 25, 1927, S. 257.

105 Rudolf Schwarz: Dominikus Böhm und sein Werk. In: Moderne Bauformen 26, 1927, S. 227.

106 Wolfgang Götz 1971, S. 244.

107 Johannes Jahn: Nachruf auf Wilhelm Worringer. In: Jahrb. d. Sächs. Akad. d. Wiss. 1963—65 (Berlin 1967), S. 342.

108 Gesine Stalling 1974.

109 Karl Scheffler: Der Geist der Gotik. Leipzig 1922. Weitere Arbeiten, die den Stellenwert der Gotik in dieser Zeit deutlich werden lassen, sind: Hans Much: Norddeutsche Backsteingotik. Ein Heimatbuch. Braunschweig-Hamburg 1923. Friedrich Naumann: Der deutsche Stil. Deutsche Werkstätten Hellerau-Berlin-Dresden-München-Hannover. Leipzig 1912. Leo Adler: Gotik, Klassizismus und modernes Lebensgefühl. In: Die Kunst 42 (Angewandte Kunst der „Dekorativen Kunst" 23), 1920, S. 161—176. Walter Rothes: Auferstehung des Geistes der Gotik. In: Das neue Reich 8, 1925—26, S. 72—74.

110 Fritz Schumacher: Expressionismus und Architektur. In: Die Kunst 42 (Angewandte Kunst der „Dekorativen Kunst" 23), 1920, S. 66.

111 Rudolf Schwarz 1960, S. 29.

112 Hugo Schnell 1973, S. 48.

113 Eine überwölbte Hallenkirche ist zum Beispiel St. Engelbert in Köln-Humboldt, 1926—28, Josef van Geisten. Abb. Karl Freckmann: Kirchenbau. Ratschläge und Beispiele. Freiburg 1931, S. 100.

114 Willy Weyres 1932, S. 6.

115 Vgl. dazu die Beschreibung von Roland Günter in: Die Denkmäler des Rheinlandes 21. Mülheim a. d. Ruhr. Hg. Landeskonservator Rheinland. Düsseldorf 1975, S. 32, 33.

116 Zitiert nach Rudolf Schwarz, Akademie der Architektenkammer Nordrhein-Westfalen, 1981, S. 104.

117 Dieses Zitat ist entnommen aus August Hoff / Herbert Muck / Raimund Thoma 1962, S. 510.

118 Die Lutherkirche ist abgebildet bei Paul Girkon: Neubauten evangelischer Gemeinden und Verbände in Westdeutschland. Düsseldorf o. J., S. 77 ff.

119 Ebd., S. 126.

120 Ebd., S. 130.

121 Kölner Tageblatt vom 31. 5. 1928, Nr. 273. Die evangelische Gemeindeburg auf der Pressa. Abgedruckt in Wulf Herzogenrath (Hg.): Frühe Kölner Kunstausstellungen. Sonderbund 1912, Werkbund 1914, Pressa USSR 1928. Kommentarband zu den Nachdrucken der Ausstellungskataloge, Köln 1981, S. 227.

122 Theologischer Ratgeber dieses Bauwerkes war wie bei der Pressa-Kirche Pfarrer Paul Girkon. Den Architekten Pinno und Grund wurde die Aufgabe gestellt, „die sakrale Ausdruckskraft des Eisenbetons in werkgerechter Konstruktionsform zu aktivieren". So Paul Girkon in: Der Baumeister 29, 1931, S. 28.

123 Joachim Petsch bezeichnet dieses Phänomen als ein Kennzeichen der progressiven Architektur der zwanziger Jahre. Vgl. Joachim Petsch: Restaurative Tendenzen in der Nachkriegsarchitektur der Bundesrepublik. In: archithese 2, 1972, S. 15.

124 Diese Bauauffassung hat sich nach dem 2. Weltkrieg weiterhin durchgesetzt. Wichtig ist in diesem Zusammenhang die Aussage Pius XII in der Enzyklika „Mediator Dei" vom 20. 11. 1947; die neue Kirche soll demnach durch die Einfachheit schöner Linienführung harmonisch wirken, durch eine Einfachheit, die falschen Schmuck ablehnt.

125 Zum Verhältnis von Rudolf Schwarz und Romano Guardini vgl. Godehard Ruppert: Liturgie und Kunst. Theologiegeschichtliche und kunsthistorische Anmerkungen zum Verhältnis Romano Guardini — Rudolf Schwarz. In: Das Münster 34, 1981, S. 32 ff.

126 Rudolf Schwarz 1960, S. 29; vgl. auch Romano Guardini in: Arte Liturgica in Germania. S. 16.

127 Vgl. Gesine Stalling 1974, S. 99.

128 Die gleiche Konzeption war schon in der Renaissance bei Alberti Bestandteil seines Programmes der idealen Kirche: „Die Fensteröffnungen bei den Tempeln müssen mäßig und hoch oben sein, damit man nichts außer dem Himmel durch sie erblicke, und weder die, welche das Opfer bringen, noch die Andächtigen durch nichts von der heiligen Handlung abgelenkt werden. Der Schauer, welcher aus der Dunkelheit erregt wird, vermehrt seiner Natur nach die Frömmigkeit in den Herzen, und das Düster ist großen Teils mit Würde vereint." (VII,12); Leon Battista Alberti: Zehn Bücher über die Baukunst. Max Theuer (Hg.) Reprint Darmstadt 1975, S. 386.

129 So bezeichnet zum Beispiel Otto Bartning das höhlenartige Umschließen des Kirchenraumes als ein romanisches Grundprinzip, das wir heutzutage wiederum suchen. Vgl. Kolloquium mit Prof. Otto Bartning. In: Hans Kallenbach / Heinrich Laag (Hg.): Die Problematik des modernen Kirchenbaus. Marburg/Lahn und Arnoldshain 1960, S. 9—18.

130 Im weitesten Sinne „vergleichbare" Bauwerke sind in der Vorarlberger Barockbaukunst zu finden. Siehe Vorarlberger Barockbaumeister. Katalog der Ausstellung. Einsiedeln 1973, S. 282—284.

131 Gesine Stalling 1974, S. 164 ff.

132 In der Baukunst der Romantik war diese Steigerung vom mystischen Dunkel in helle Lichträume bereits vorgeprägt. Vgl. Joachim Gaus: Schinkels Entwurf zum Luisenmausoleum. In: Aachener Kunstbl. d. Museumsvereins. Festschrift für Wolfgang Krönig. 41, 1971, S. 254 ff.

133 Zu erwähnen ist hier weiterhin Böhms Immaculata-Kapelle auf der Kölner Pressa-Ausstellung 1928. Diese wird gebildet aus einem Kranz von zwölf tiefen Pfeilern, zwischen die Spiegelglasscheiben eingefügt sind. Abb. August Hoff / Herbert Muck / Raimund Thoma 1962, S. 180; nicht ausgeführt wurde das Modell einer evangelischen Kirche von Peter Grund, Elisabeth Koester und Paul Girkon, eine Kuppelkonstruktion über ovalem Grundriß aus Stahllamellen und Glas. Vgl. Paul Girkon: Neubauten evangelischer Gemeinden und Verbände in Westdeutschland. Düsseldorf o. J. S. 163.

134 Vgl. Günther Feuerstein: Architektur des Expressionismus. In: Christliches Kunstblatt 105, 1967, S. 96—102.

135 Vgl. Wulf Herzogenrath (Hg.): Frühe Kölner Kunstausstellungen. Sonderbund 1912, Werkbund 1914, Pressa USSR 1928. Kommentarband zu den Nachdrucken der Ausstellungskataloge. Köln 1981, S. 227.

136 August Hoff: Kultische Glasmalerei. In: Curt Horn (Hg.): Kultus und Kunst. Beiträge zur Klärung des evangelischen Kultusproblems. Berlin o. J. S. 85.

137 Vgl. Paul Girkon: Die Glasmalerei als kultische Kunst. Berlin 1927.

138 Günter Bandmann: Bemerkungen zu einer Ikonologie des Materials. In: Städel. Jahrbuch 2, 1969, S. 84.

139 Hugo Schnell 1973, S. 41.

140 Als Beispiel für eine vom Innenraum her geplante Kirche, deren Äußeres „nur" die konsequente Umhüllung des Inneren ist, muß St. Engelbert in Köln-Riehl von Dominikus Böhm (1930) genannt werden.

141 Gesine Stalling 1974, S. 79.

142 Vergleichbar ist die Mainz-Bischofsheimer Kirche von Dominikus Böhm, wo ein ähnliches, allerdings spitzbogiges Stufenportal erscheint.

143 Alfons Leitl: Der Punkt Null und die Tradition der letzten 80 Jahre. In: Das Münster 18, 1965, S. 215—225.

144 Werner Keyl: Stilmerkmale der Architektur des Expressionismus, dargestellt an rheinischen Beispielen. In: Rhein. Heimatpflege 15, 1978, S. 168—172.

145 Wolfgang Pehnt: Die Architektur des Expressionismus. Stuttgart 1973.

146 Waagerecht auskragende Stahlbetonbänder sind als Zierformen zum ersten Mal von Frank Lloyd Wright angewendet worden.

147 Paul Clemen: Denkschrift zur Erhaltung und Wiederbelebung niederrheinischen Backsteinbaus. 1910.

148 Vgl. Richard Klapheck: Neue Baukunst in den Rheinlanden. Düsseldorf 1928; ferner Wilhelm Busch: F. Schupp. M. Kremmer. Bergbauarchitektur 1919—1974. Köln 1980 = Arbeitsheft 13 Landeskonservator Rheinland, S. 62 ff.

149 Fritz Schumacher, zitiert nach Wolfgang Pehnt: Die Architektur des Expressionismus. Stuttgart 1973, S. 128. Fritz Schumacher setzte sich sehr stark für die Rückkehr zum Ziegelbau und der damit verbundenen handwerklichen Leistung ein; vgl. seine Schrift: Das Wesen des neuzeitlichen Backsteinbaus. 1917.

150 Josef Habbel (Hg.): Dominikus Böhm. Ein deutscher Baumeister. Regensburg 1943.

151 Die Paderborner Diözesansynode von 1922 enthält in ihren Baurichtlinien die Forderung nach landschaftlicher und örtlicher Einbindung: „Die Gestaltung des Kirchengebäudes muß sich ergeben aus den Forderungen des Bauprogramms, aus der Lage und Gestalt des Bauplatzes und der örtlichen und landschaftlichen Umgebung. Bewährte bodenständige Baustoffe und Bauweisen sind durchweg zu bevorzugen." Paderborner Diözesansynode 1922. Hrsg. von dem Bischöflichen Generalvikariate zu Paderborn. Paderborn 1923, S. 68.

152 Dominikus Böhm war als Schüler von Theodor Fischer eng mit der von diesem begründeten Stuttgarter Schule verbunden. Diese Architektengruppe wird als exponierter Träger des sogenannten Heimatstils gesehen.

153 Wolfgang Götz 1971, S. 243.

154 Eine ausführliche Auseinandersetzung mit diesem Problem bietet Hugo Schnell: Die Entwicklung des Kirchturms und seine Stellung in unserer Zeit. In: Das Münster 22, 1969, S. 85—96, 179—191.

155 Rudolf Schwarz: Dominikus Böhm. In: Baukunst und Werkform 8, 1955, S. 73.

156 Gesine Stalling 1974, S. 165.

157 Wolfgang Götz 1971.

158 Einen Überblick über die Bauten der fünfziger Jahre in Westfalen gibt die Architektur-Photo-Schau in Münster 1958: Bauten in Westfalen 1945—57. (Gesamtbearbeitung Karl Brunne) Münster 1958, Abb. 104—124.

159 Rudolf Schwarz: Dominikus Böhm. In: Baukunst und Werkform 8, 1955, S. 73.

160 Rudolf Schwarz 1960, S. 29.

161 Rudolf Schwarz 1963, S. 17.

162 Die Bedeutung der Ursymbole und Urbilder ist dargelegt in Schwarz' Buch: Vom Bau der Kirche. Würzburg ¹1938. Beeinflußt wurde Schwarz wohl auch von der Beuroner Schule, einem Zentrum der liturgischen Erneuerungsbestrebungen, deren führende Vertreter wie O. Wolff zu Ende des 19. Jahrhunderts ebenfalls den Gedanken geometrischer Urformen als symbolischen Ausdruck des Göttlichen aufgegriffen hatten. Vgl. Adolf Smitmans: Die christliche Malerei im Ausgang des 19. Jahrhunderts. Theorie und Kritik. St. Augustin 1980 = Kölner Forschungen zu Kunst und Altertum 2.

163 Heinrich Lützeler: Der deutsche Kirchenbau der Gegenwart. Düsseldorf 1934 = Religiöse Quellenschriften, Heft 99, S. 33.

164 Vgl. Michael Bringmann 1968, besonders S. 36 ff.; ferner ders.: Gedanken zur Wiederaufnahme staufischer Bauformen im späten 19. Jahrhundert. In: Die Zeit der Staufer, Geschichte — Kunst — Kultur. Katalog der Ausstellung Stuttgart 1977, Bd. V, Vorträge und Forschungen. Stuttgart 1979, S. 581—620.

165 Michael Bringmann 1968, S. 331.

166 Wilhelm Pinder: Vom Wesen und Werden deutscher Formen. Geschichtliche Betrachtungen. Leipzig 1935, 4 Bde.

167 Vgl. Günter Bandmann: Über das Deutsche in der deutschen Kunst. In: Das deutsche Volk — Von der Einheit seines Geistes. Hrsg. von der Niedersächsischen Landeszentrale für politische Bildung. Hannover 1968, S. 126—147.

168 In Mittel- und Unterfranken werden Chorturmkirchen bis in das 18. Jahrhundert hinein gebaut. Albert Boßlet hat in den zwanziger und dreißiger Jahren diese Tradition aufgegriffen und in diesen Gebieten zahlreiche neue Chorturmkirchen erstellt. Siehe Wolfgang Götz 1971.

169 Wolfgang Müller: Die Ortenau als Chorturmlandschaft. Ein Beitrag zur Geschichte der älteren Dorfkirchen. Bühl/Baden 1965, S. 109.

170 Hugo Schnell: Die Entwicklung des Kirchturms und seine Stellung in unserer Zeit. In: Das Münster 22, 1969, S. 179, 189—200, Anm. 60, 61.

171 Erich Bachmann: Chorturm. In: Reallexikon zur dt. Kunstgesch. III, Sp. 567—575.

172 Clemens Holzmeister: Der moderne Kirchenbau. Wege und Abwege. In: Kunstgabe des Ver. f. christl. Kunst, Köln 1930, S. 27.

173 Die Bonifatiuskirche in Frankfurt wurde erst 1927 geweiht, Abb. Hugo Schnell 1973, S. 45, 62.

174 Als Beispiele für Chorturmkirchen nach 1945 seien genannt: Köln-Dünnwald, Pfarrkirche Zur Hl. Familie, kath., W. Borgard, F. Volmer, 1951; Düren, St. Bonifatius, kath., A. Boßlet, 1952; Gremberghoven, Heilig-Geist-Kirche, kath., J. Bernard, 1954—57; Wesseling St. Joseph, kath., M. Felten, 1953; Saarburg, St. Bartholomäus, ev., H. O. Vogel, 1953; Meckenheim, Christuskirche, ev., H. O. Vogel, 1960.

175 Wolfgang Götz unterscheidet vom Historismus als programmatischer Neubelebung das bloße Nachleben von Stilformen. Wolfgang Götz 1970, S. 211.

176 Nach dem Kriege wurden auf evangelischer und katholischer Seite bis 1973 mehr als 6000 Kirchen erstellt. Siehe hierzu die Umfrage der Redaktion Kunst und Kirche unter den katholischen und evangelischen Landeskirchen in Rheinland und Westfalen. In: Kunst und Kirche 39, 1976, S. 141—143; vgl. ferner Willy Weyres ²1957, S. 11—13.

177 Otto Bartning entwickelte nach dem Kriege kleine, leicht montierbare Kirchenbauten, die als „Notkirchen" bekannt geworden sind. Vgl. Herbert Krimm: Die 48 Notkirchen. Entwurf und Leitung Hilfswerk der Evangelischen Kirchen in Deutschland. Bauabteilung Neckarsteinach O. Bartning mit O. Dörzbach und A. Wechssler. Heidelberg 1949.

178 Hugo Schnell 1973, S. 76.

179 Ebd., S. 75—86, 177—194.

180 Evangelische Kirchenbautagung Rummelsberg 1951, Fünfte Tagung für evangelischen Kirchenbau vom 24.—28. Mai 1951, Bearb. von Walther Heyer, hrsg. vom Arbeitsausschuß des Evangelischen Kirchenbautages. Berlin 1951.

181 Kölner Diözesansynode 1954; wichtig sind in diesem Zusammenhang die Absätze 802 und 806:
802,1 Priester und Gemeinde sind heute bestrebt, bei der heiligen Liturgie miteinander in enger, wechselseitiger Beziehung zu stehen. Das ist für die Form der Kirche und die Stellung des Altares von maßgeblicher Bedeutung. Deshalb soll alles vermieden werden, was die Trennung von Gemeinde und Altar verstärkt, . . .

806,1 Die Kirche gewinnt ihre Gestalt aber auch als Ausdruck und Darstellung der Gemeinde und ihres Tuns.
Zitiert nach Willy Weyres ²1957, S. 22.

182 Klaus Gamber hat in mehreren Untersuchungen aufgezeigt, daß es in der frühen Kirche niemals eine celebratio versus populum gegeben habe. Siehe Klaus Gamber: Ritus modernus. Gesammelte Aufsätze zur Liturgiereform. Regensburg 1972 = Studia Patristica et Liturgica 4, S. 21—29. Für die vorliegende Arbeit spielen diese, kontrovers aufgenommenen Thesen keine Rolle, da allgemein der Rückbezug zur frühen Kirche gesehen wird.

183 Schon 1939 betonte Romano Guardini: „Tragende Gestalt der Messe ist die des Mahles. Das Opfer tritt in ihr nicht als Gestalt hervor, sondern steht hinter dem Ganzen." Romano Guardini: Besinnung vor der Feier der heiligen Messe. 2. Teil: Die Messe als Ganzes. Mainz ⁴1939, S. 76.

184 Vgl. Johannes Fellerer: Antworten des Konzils auf Fragen des Kirchenbaus. In: Kirchenraum nach dem Konzil 1969, S. 10.

185 Josef Andreas Jungmann: Konstitution des II. Vatikanischen Konzils über die heilige Liturgie — lateinischer Text und deutsche Übersetzung. In: Liturgisches Jahrbuch 14, 1964, S. 1—94, Zitat S. 2.

186 Ebd., Kap. VII Die sakrale Kunst, S. 79.

187 Gemeindezentren werden von einigen evangelischen Kirchenbaumeistern schon vor dem 1. Weltkrieg und dann verstärkt nach 1918 propagiert. Siehe Gerhard Langmaack 1971, S. 34, 46.

188 Hans Busso von Busse: Acht Thesen zum gesellschaftlichen Ort, zum Auftrag und zu den Voraussetzungen kirchlichen Bauens. In: Das Münster 28, 1975, S. 74.

189 Siehe hierzu Heino Widtmann: Kirchenbau und Stadtplanung. In: Christliches Kunstblatt 105, 1967, S. 25—31.

190 Die kontroversen Auseinandersetzungen werden zum Beispiel deutlich in den verschiedenen Aufsätzen, die unter dem Titel Kirchenbau in der Diskussion in: Das Münster 28, 1975, S. 73—91, zusammengefaßt sind; zum Mehrzweckraum vgl. auch Günter Rombold: Fünf Thesen zum kirchlichen Mehrzweckraum. In: Christliches Kunstblatt 108, 1970, S. 199; einen lebendigen Eindruck in die heutige Problematik des Kirchenbaus vermittelt weiterhin Hans-Eckehard Bahr (Hg.): Kirchen in nachsakraler Zeit. Hamburg 1968.

191 Zitiert nach Gerhard Langmaack 1971, S. 286.

192 Einen Überblick über die kirchliche Baukunst in Paderborn gibt Josef Rüenauver: Der neue Kirchenbau im Erzbistum Paderborn 1948—1967. In: Das Münster 20, 1967, S. 81—85.

193 Die Grundsätze sind abgedruckt bei Gerhard Langmaack 1971, S. 286—289.

194 siehe oben.

195 Instruktion der Römischen Kongregation des Hl. Offiziums an die bischöflichen Ordinariate über die kirchliche Kunst. Abgedruckt in: Das Münster 7, 1954, S. 313 f.; vgl. ferner die Richtlinien für die Gestaltung des Gotteshauses aus dem Geiste der römischen Liturgie. I.A. und unter Mitwirkung der liturgischen Kommission zusammengestellt von Th. Klauser. In: Das Münster 7, 1954, S. 314 ff.

196 Ebd., S. 313.

197 Vgl. S. 13.

198 Rudolf Müller-Erb: Die Verkündigung des Christlichen in der Kunst der Gegenwart. Stuttgart 1949. Müller-Erb vertritt die Meinung, daß das Kirchengebäude im Zeitalter des „Homo Faber" als Werkstatt Gottes zu bauen sei; der Altar bedeute den neuen Werktisch, an dem Christus und die Gemeinde das opus Dei verrichten. Demnach müsse die heute gültige Raumform die Fabrikhalle sein. Müller-Erbs Bestimmungen der Kirche werden allerdings im allgemeinen nicht anerkannt.

199 Alois Fuchs: Zum katholischen Kirchenbau der Gegenwart. In: Theologie und Glaube 39, 1949, S. 6; vgl. weiterhin Alois Fuchs: Zur Diskussion über Tradition und Sakralität im katholischen Kirchenbau der Gegenwart. In: Theologie und Glaube 46, 1956, S. 430—439.

200 Karl Boromäus Frank: Kernfragen kirchlicher Kunst. Grundsätzliches und Erläuterungen zur Unterweisung des Hl. Offiziums vom 30. 6. 1952 über die kirchliche Kunst. Wien 1953, S. 100.

201 Karl Josef Schmitz: Alois Fuchs — Leben und Werk. In: Alte und Neue Kunst 1971/72 (Paderborn 1973), S. 11—25.

202 Richtlinien für die Gestaltung der Kirchen und des Altares in der Gegenwart. In: Alte und neue Kunst im Erzbistum Paderborn 1, 1950 (Paderborn 1951), S. 26—31; die hier aufgestellten Richtlinien werden 1961 erneut bestätigt.

203 In den Aachener Diözesanstatuten von 1959 wird dagegen ausdrücklich betont, „Für den Kirchenbau gibt es keine zeitlosen Formen". Zitiert nach Felix Kreusch 1962, S. 26.

204 Alois Fuchs: Vom Kirchenbau im Erzbistum Paderborn in der Gegenwart. In: Alte und neue Kunst im Erzbistum Paderborn 1, 1950 (Paderborn 1951), S. 39.

205 Zitiert nach Johannes Fellerer: Antworten des Konzils auf Fragen des Kirchenbaus. In: Kirchenraum nach dem Konzil 1969, S. 7.

206 Günter Rombold: Tradition selbst ist herausgefordert. In: Kunst und Kirche 38, 1975, S. 4.

207 Hans R. Blankesteijn: Traditionen: Darf man abschaffen — Tradition: Existenzfrage. In: Kunst und Kirche 38, 1975 S. 11.

208 Zitiert nach Herbert Muck: Neue Bauformen aus dem Geist der Tradition. In: Der große Entschluß, Monatsschrift für lebendiges Christentum 15, 1959/60, S. 477.

209 Hugo Schnell 1973, S. 201.

210 Beispiele im westfälischen Bereich sind die Altstadtkirche in Gelsenkirchen (Denis Boniver, 1954—56), die bewußt nicht modern in das Stadtbild eingefügt werden sollte, oder die Lutherkirche in Gelsenkirchen (Hans Rank, 1962).

211 Alfons Leitl war einer der ersten Architekten, der die Wände nach außen abschrägte. Seiner Ochtendunger Kirche ist in ähnlicher Form vorausgegangen die Lutherkirche in Pforzheim von Olaf Andreas Gulbransson, 1953.

212 Rudolf Schwarz ²1947, S. 106 ff.

213 Vgl. S. 22 f.

214 Rudolf Schwarz 1960, S. 238.

215 In der Kölner Diözesansynode von 1954 wird in Art. 804 gefordert, daß auch dem individuellen Beten ein unterstützender, gebührender Raum gegeben werden soll.

216 Vgl. Hugo Schnell 1973, S. 207.

217 Vgl. Kap. III, 2.

218 Hugo Schnell 1973, S. 90 f.

219 Die langgestreckte Form von St. Albert in Andernach ist darauf zurückzuführen, daß Schwarz für diese Kirche einen Flügel der barocken Wohnbauten der alten Abtei nutzte.

220 Rudolf Schwarz 1960, S. 78.

221 Die T-Form als eine Möglichkeit, die Gemeinde zu sammeln, erscheint schon kurz nach dem Krieg in der kleinen Kapelle St. Josef in Thomasberg, 1947—49 von Karl Band erbaut, und in der Bonifatiuskirche in Dürwiß, 1949 von Hubert Hermann errichtet.

222 Rudolf Schwarz 1963, S. 106.

223 Die Bedeutung christlicher Symbole und damit auch die Bedeutung des Kreuzzeichens wurde in der Liturgischen Bewegung, vor allem von Romano Guardini, wieder deutlich hervorgehoben. Siehe Romano Guardini: Von heiligen Zeichen. Mainz 1927.

224 Alfons Rosenberg: Die christliche Bildmeditation. München 1955, S. 54—68.

225 Vgl. Joseph Sauer: Symbolik des Kirchengebäudes und seiner Ausstattung in der Auffassung des Mittelalters. Freiburg ²1924 (Nachdruck Münster 1964), S. 101 ff.

226 Die Vorstellung von ecclesia als dem geistigen Gebäude, als Gemeinschaft der Gläubigen wurde im Neuen Testament vornehmlich in den Paulusbriefen entwickelt. Vom Ende des 2. Jahrhunderts an wurde die Bezeichnung ecclesia auch für den materiellen Bau des Gottesdienstes verwendet.

227 So zum Beispiel bei Lothar Schreyer: Christliche Kunst des 20. Jahrhunderts in der katholischen und protestantischen Welt. Hamburg 1959, S. 29; P. Pie Regamey: Kirche und Kunst im 20. Jahrhundert. Graz 1954, S. 32.

228 Rudolf Schwarz 1960, S. 196; vgl. auch Rudolf Schwarz 1963, S. 87—93; ferner Rudolf Schwarz: Architektur als heiliges Bild. In: Baukunst und Werkform 10, 1957, S. 150—155.

229 Die erste „reine" Zentralkirche in Deutschland ist im katholischen Kirchenbereich die Heilig-Kreuz-Kirche in Mainz (Richard Jörg, 1951—54). Um eine runde Altarinsel ordnet sich im Halbkreis die Gemeinde. Siehe Hugo Schnell 1973, S. 92. Auf evangelischer Seite ist dem Zentralbau stets größere Beachtung zuteil geworden. Erinnert sei an die Auferstehungskirche in Essen-Ost von Otto Bartning aus dem Jahre 1929, in der ebenfalls die Gemeinde halbkreisförmig um den Altar geordnet wurde.

230 Das 1954 verfaßte Kölner Diözesanrecht legt in Art. 803 fest: „Der Zentralraum mit dem Altar in der Mitte erweist sich für den katholischen Kult als nicht geeignet. Er bringt die dem katholischen Kult eigentümliche Richtung des Opfers auf Gott nicht genügend zum Ausdruck." Zitiert nach Willy Weyres ²1957, S. 22; die Aachener Diözesanstatuten von 1959 enthalten dagegen diese Aussagen nicht mehr.

231 Als Beispiel sei die Frauenkirche in Dresden angeführt, 1722—43 von Georg Bähr erbaut. Das außen quadratisch erscheinende Bauwerk mit Apsis ist im Inneren jedoch als Rotunde ausgebildet.

232 Beiden Kirchen vorausgegangen ist Emil Steffanns Münchener Kirche St. Laurentius, 1955, ebenfalls ein Querrechteck mit deutlich betonter Apsis.

233 Hinzuweisen ist weiterhin auf fünfeckige Grundrißformen, die allerdings im evangelischen und katholischen Kirchenbau nicht sehr oft aufgegriffen werden. Häufiger erscheint dagegen die Dreiecksform, mit der sich vor allem Olaf Andreas Gulbransson im süddeutschen Raum auseinandersetzte. Als ein Beispiel in den Rheinlanden sei die katholische Augustin-Kirche in Bonn-Duisdorf erwähnt, geplant 1961 von Stephan Leuer. Alle Seiten dieses Dreiecks schwingen einheitlich in einem leichten Bogen nach außen. Abb. Hugo Schnell 1973, S. 211.

234 Auch auf evangelischer Seite sind in der frühen Kirchenbauphase bereits Kirchen über dem Oval geplant worden. Einen ovalen Grundriß zeigt die Idealkirche, die Peter Grund, Elisabeth Koester und Paul Girkon 1929 entworfen haben. Als frühes Beispiel ist ferner der Entwurf Gerhard Langmaacks für eine protestantische Kirche zu erwähnen. Beide Entwürfe sind abgebildet bei Gerhard Langmaack 1971, S. 320, 329.

235 So schreibt zum Beispiel Herbert Muck in Bezug auf einen achteckigen Kirchenbau von Roland Rainer in Puchenau/Österreich: „Der Architekt sieht sich damit in Verbindung mit einer alten Sakralbautradition, deren gewaltige Zeugen . . . aus frühchristlicher und frühmittelalterlicher Zeit zu finden sind." Herbert Muck: Umwertung im Bauen — auch für die Kirche. Zu Rainers neuer Kirche in Puchenau. In: Das Münster 30, 1977, S. 260.

236 Bauen im Bonner Raum 49—69. Versuch einer Bestandsaufnahme. Bearb. von Ursel und Jürgen Zänker, mit Beiträgen von Edith Ennen, Dietrich Höroldt, Gerd Nieke und Günther Schubert. Düsseldorf 1969, Katalog S. 182.

237 Als ein Beispiel für die Verbindung von Patrozinium und Grundrißform ist St. Helena in München-Giesing zu erwähnen. Da als Patrozinium dieser Kirche die Kreuzauffinderin Helena bestimmt war, wählte der Architekt Hansjakob Lill als Grundrißform das Kreuz. Vgl. Hansjakob Lill: St. Helena in München-Giesing. In: Christliches Kunstblatt 105, 1967, S. 34.

238 Ein Vergleichsbeispiel ist die kleine Kirche St. Georg auf dem Rip/Böhmen, 1126 geweiht. Siehe auch Denis Boniver: Der Zentralraum. Stuttgart 1937.

239 Die asymmetrische Ordnung der Kirchenbauten wird des öfteren durch die Position der liturgischen Orte bestimmt; das heißt, die Planung der Grundrisse erfolgt in diesen Fällen aus den Überlegungen zur Aufstellung der benötigten liturgischen Ausstattungsstücke und ihrer Beziehung untereinander. Damit soll zugleich eine räumlich lebendige Entfaltung der Liturgiefeier erreicht werden.

240 Interessant ist in diesem Zusammenhang die Tatsache, daß Joachim Schürmann sich intensiv mit den romanischen Dreikonchenanlagen beschäftigt hat; er ist der leitende Architekt des Wiederaufbaues von Groß-St. Martin in Köln.

241 So Hugo Schnell in der Beschreibung der Kirche in: Das Münster 22, 1969, S. 238 f.

242 Einen detaillierten, materialreichen Überblick über die Entwicklungen im deutschen Kirchenbau des 20. Jahrhunderts gibt Hugo Schnell 1973.

243 Walter M. Förderer: Kirchenbau von heute für morgen? Fragen heutiger Architektur und Kunst. Zürich 1964.

244 Hugo Schnell: Die Entwicklung des Kirchturms und seine Stellung in unserer Zeit. In: Das Münster 22, 1969, S. 188.

245 Als Beispiel für eine romanisierende Kirche im Paderborner Bistum sei auf die Pius-Kirche in Wiedenbrück verwiesen (Alfred Boklage, Plan 1953). Es handelt sich um eine dreischiffige Pfeilerbasilika mit Umgangschor, kleinen rundbogigen Fenstern im Obergaden und einer Fensterrose über der durch Rundbögen geöffneten Vorhalle. Abb. in: Alte und Neue Kunst 9, 1959, S. 109—112.

246 Dieses Konstruktionsprinzip wurde von dem Statiker Wilhelm Schorn entwickelt. Daran wird deutlich, daß wichtige Entwicklungen im Kirchenbau auch dem Ingenieuren zu verdanken sind.

247 Rudolf Schwarz 1960, S. 185 f.; vgl. auch S. 156.

248 Ebd., S. 254.

249 Hugo Schnell 1973, S. 199.

250 Vgl. S. 33.

251 Justus Dahinden 1966, S. 89.

252 Vgl. S. 39 und Anm. 136.

253 Zur mittelalterlichen Beziehung Säule-Apostel siehe Bruno Reudenbach: Säule und Apostel. Überlegungen zum Verhältnis von Architektur und architekturexegetischer Literatur im Mittelalter. In: Karl Hauck (Hg.): Frühmittelalterliche Studien 14. Berlin — New York 1980, S. 310—351.

254 Hugo Schnell 1973, S. 200.

255 Heinz Dohmen: Kirchenbau heute — Schwerpunkte nach dem Konzil. In: Das Münster 34, 1981, S. 97.

256 Justus Dahinden 1966, S. 89.

257 Günter Rombold 1980, S. 3.

258 Hugo Schnell 1973, S. 200.

259 Ebd., S. 122.

260 Vgl. Stephan Hirzels Beschreibung der Kirche in: Das Werk 48, 1961, S. 432 f.

261 Hugo Schnell 1973, S. 136.

262 Vgl. John Jacobus 1966, S. 127.

263 So Josef Lehmbrock in der Festschrift zur Konsekration der St.-

Albertus-Magnus-Kirche in Leverkusen-Schlebusch, Essen 1959, S. 26.

264 Wend Fischer: Geborgenheit und Freiheit. Vom Bauen mit Glas. Krefeld 1970.

265 Zum Begriff der „Einfachheit" siehe Herbert Muck: Einfache Kirchenräume. In: Christliches Kunstblatt 106, 1968, S. 13.

266 Einen ausführlichen Überblick über Leben und Werk des Architekten Emil Steffann gibt der Bielefelder Katalog zur Ausstellung: Emil Steffann 1980.

267 Günter Rombold: Quellen menschlichen Seins und Bauens offen halten. In: Katalog Emil Steffann 1980, S. 12.

268 Ulrich Weisner: Asketische Architektur als Herausforderung. In: Katalog Emil Steffann 1980, S. 19 f.

269 Der Architektur Steffans verwandt sind die Kirchen des belgischen Architekten Jean Cosse, beeinflußt durch die Konzeption des Benediktiners Frederic Debuyst, der in seiner Zeitschrift L'Art d'Eglise seit langen Jahren die Idee der Hauskirche vertritt.

270 Katalog Emil Steffann 1980, S. 44.
Eine vergleichbare Haltung bezieht auch Rudolf Schwarz, der ebenfalls von einer „Wiedergeburt der Baukunst aus der Armut" spricht; zitiert nach Katalog Emil Steffann 1980, S. 44.

271 Zu Josef Bernard siehe Hans Kisky: Josef Bernard 1902—1959. Zum Werk eines rheinischen Baumeisters unserer Zeit. In: Das Münster 15, 1962, S. 25—36.

272 Vgl. Günter Rombold: Bauten der Steffann-Nachfolge. In: Kunst und Kirche 39, 1976, S. 114—122.

273 Vgl. dazu auch John Jacobus 1966, S. 139.
Jacobus sieht eine solche vage frühchristliche Stimmung verwirklicht in einigen italienischen Kirchen der fünfziger Jahre, wie zum Beispiel in der Kirche Madonna dei Poveri in Mailand (Luigi Figini und Gino Pollini, 1956).

274 So zum Beispiel Eberhard Schulz: Das verlorene Monument. Aus: Frankfurter Allgemeine Zeitung vom 27. 1. 1973; abgedruckt in: Das Münster 28, 1975, S. 85 f.; vgl. auch Anton Henze: Gottesburg oder Gotteszelt. Zu neuen Kirchenbauten im Bistum Münster. In: Das Münster 6, 1953, S. 125 ff. Henze deutet die Mariä Himmelfahrt Kirche in Wesel von Rudolf Schwarz als „fast so sehr reiner Innenraum, wie die Gottesdiensträume frühchristlicher Katakomben".

275 Vgl. Herbert Muck 1961, S. 110.

276 Reyner Banham: The New Brutalism. In: The Architectural Review 118, 1955, S. 355—361.

277 Günter Rombold 1980, S. 3.

278 Ebd.

279 Dieses Gemeindezentrum ist vorgestellt in: Baumeister 75, 1978, S. 310—313.

280 Emil J. Lengeling 1967, S. 150.

281 Vergleichbare Komponenten sind: Streifenkomposition, Reihung der Figuren, Frontalität der Figuren.

282 Vgl. Ars Sacra. Junge christliche Kunst. Katalog Aachen 1951, S. 9.

283 Vgl. Ekkart Sauser: Symbolik des katholischen Kirchengebäudes, S. 75 = Ferdinand Herrmann (Hg.): Symbolik der Religionen VI. Symbolik der katholischen Kirche. Stuttgart 1960, S. 55—95.

284 Hohe spitze Türme oder gestaffelte Turmgruppen erscheinen vornehmlich in Böhms Bauten der fünfziger Jahre; siehe Albert Belt: Neue Bauten von Gottfried Böhm. In: Das Münster 15, 1962, S. 1—24.

285 Vergleichbar sind etwa die bischöflichen Anlagen des 5. Jahrhunderts in Pola und Brescia.

286 In den Folgerungen zu den Richtlinien für die Gestaltung des Gottesdienstes aus dem Geiste der Römischen Liturgie, 1954, empfiehlt allerdings Theodor Klauser bei größeren Kirchen für den Altar noch ein rechteckiges, halbrundes oder polygonales Sanktuarium, deutlich vom übrigen Raum abgesondert, „der Sache wie der Überlieferung gemäß". Abgedruckt in: Das Münster 7, 1954, S. 314—317; in der Konstitution des Zweiten Vatikanischen Konzils und deren Interpretationen sind Empfehlungen dieser Art dann nicht mehr aufgenommen. Dennoch sind auch die Kirchen aus dem Zeitraum nach dem Konzil häufig mit Apsiden ausgestattet.

287 Felix Kreusch 1962, S. 19.

288 Das von Rudolf Schwarz aufgestellte Raumprogramm einer Kirche enthält drei Gliederungsorte: „der Raum der Gemeinde, die Stelle des Altares und die Gegend des schlechthin Offenen". Diesem letzten Punkt entspricht die Apsis oder eine ihrer Bedeutung nach vergleichbare architektonische Gestaltgebung. Siehe Rudolf Schwarz 1963, S. 87—93.

289 Rudolf Schwarz 1960, S. 309 f.

290 Ebd., S. 133.

291 Günter Bandmann: Zur Bedeutung der romanischen Apsis. In: Wallraf-Richartz Jahrbuch 15, 1953, S. 31.

292 Heinrich Laag: Der moderne Kirchenbau. In: Monatsschrift für Pastoraltheologie 50, 1961, S. 52.

293 Ebd., Anm. 15.

294 Siehe Emil J. Lengeling 1967, S. 150—153; vgl. auch Heinrich Kahlefeld: Wortgottesdienst und Kirchenbau. In: Christliches Kunstblatt 102, 1964, S. 91—96.

295 Zu erinnern sei hier an die Elisabethkirche in Köln-Hohenlind von Dominikus Böhm 1932, wo ebenfalls schon im Halbrund der Apsis für das Presbyterium wie in frühchristlicher Zeit eine Steinbank eingefügt war.

296 Diese Anordnung wird allerdings nicht von allen Theologen akzeptiert. Der Paderborner Theologe Alois Fuchs vertritt nachdrücklich die These, daß der Mittelplatz, die cathedra, nur dem Bischof vorbehalten sei. Siehe Leonhard Küppers (Hg.): Vom Kirchbau heute. Oberhausen-Düsseldorf 1961 = Jahresgabe 1961 des Vereins für christliche Kunst im Bistum Essen. S. 14.

297 Günter Bandmann: Bemerkungen zu einer Ikonologie des Materials. In: Städel. Jahrbuch 2, 1969, S. 76.

298 Paulhans Peters 1978, S. 1098.

299 Vgl. Hugo Schnell 1973, S. 195; auch Günter Rombold verweist auf die starke romanische Tradition Nord- und Westdeutschlands. „Die romanischen Kirchen gehören zu den stärksten Eindrücken, die man etwa im heiligen Köln gewinnen kann." Günter Rombold: Der Architekt Emil Steffann. In: Christliches Kunstblatt 103, 1965, S. 79.

300 Rudolf Schwarz 1960, S. 10.

301 Günter Bandmann: Mittelalterliche Architektur als Bedeutungsträger. Berlin ^{5}1978, S. 140 f.

302 Vgl. Joachim Petsch: Restaurative Tendenzen in der Nachkriegsarchitektur der Bundesrepublik. In: archithese 2, 1972, S. 17.

303 Herbert Muck 1961, S. 48.

304 Günter Rombold: Gegensätzliche Tendenzen im heutigen Kirchenbau. In: Christliches Kunstblatt 104, 1966, S. 27.

305 Die heute mehr und mehr erkannte Tatsache, daß viele romanische Kirchen ursprünglich verputzt und farbig gefaßt waren, muß hier außer acht bleiben, da die ältere Architektengeneration des modernen Kirchenbaus der im 19. Jahrhundert entstandenen Auffassung der Steinsichtigkeit der romanischen Architektur verhaftet war.

306 Zu Steffanns Faszination für alte Steine siehe Herbert Muck: Mythologien. In: Bauwelt 70, 1979, S. 768—771.

307 Paulhans Peters 1978, S. 1042.

308 Roland Rainer: Im Zentrum das Licht. In: Bauwelt 69, 1978, S. 582.

309 Rudolf Schwarz 1960, S. 223.

310 Ebd., S. 234.

311 Katalog Emil Steffann 1980, S. 50.

312 A. Khatchatrian: Les baptistères paléochretiens. Paris 1962; mit weiteren Literaturangaben.

313 Als Beispiel des 3. Jahrhunderts ist das Baptisterium von Dura Europos anzuführen, das als die bislang älteste Anlage gilt.

314 Siehe hierzu Richard Krautheimer: Iconography of Mediaeval Architecture. In: Journal of the Warburg and Courtauld Institute 5, 1942, S. 1—33.

315 Bereits vor dem 1. Weltkrieg wurde das Anliegen einer Erneuerung des Taufsakramentes deutlich; damit rückte auch die Gestaltung des Taufsteins und der Taufstelle wieder stärker in den Vordergrund. Vgl. Hugo Schnell 1973, S. 9 ff. Ein Projekt von P. Desiderius Lenz sah erstmals im 19. Jahrhundert (1866—71) einen eigenen Taufraum vor; Abb. Hugo Schnell 1973, S. 12.

316 Zu den modernen Taufkapellen siehe auch J. G. Davies: The Architectural Setting of Baptism. London 1962.

317 Vgl. Willy Weyres / Otto Bartning 1959, S. 28.

318 So Ekkart Sauser in Bezug auf die frühchristlichen Baptisterien. Dieser Gedanke läßt sich ohne Einschränkung auf die modernen Taufanlagen übertragen. Ekkhart Sauser: Symbolik des katholischen Kirchengebäudes = Ferdinand Herrmann (Hg.): Symbolik der Religionen VI. Symbolik der katholischen Kirche. Stuttgart 1960, S. 57.

319 Dieses Bestreben wird zum Beispiel deutlich in einem Beitrag von August Hoff: Grundrißsymbolik des modernen Kirchenbaus. In: Kölnische Volkszeitung 1928, Nr. 886.

320 Kölner Diözesansynode 1954, Art. 826, zitiert nach Willy Weyres ^{2}1957, S. 24; ähnlich die Diözesanstatuten des Bistums Aachen 1959, Trier 1959, Essen 1961 und Paderborn 1950 und 1961; vgl. auch die Richtlinien für die Gestaltung des Gotteshauses aus dem Geist der römischen Liturgie 1954. In Theodor Klausers Folgerungen zu diesen Richtlinien wird für das ideale Gotteshaus der Taufquell in einem abgetrennten Raum gefordert. In: Das Münster 7, 1954, S. 316.

321 Diesen Standpunkt vertritt zum Beispiel Jürgen Weber: Probleme des modernen Kirchenbaus und seiner Ausstattung. In: Monatsschrift für Pastoraltheologie 46, 1957, S. 288—298.

322 Taufe und Taufstein. Mit Beiträgen von Theodor Schnitzler, Willy Weyres, Rudolf Schwarz, Josef Steinberg u. a. In: Kölner Pastoralblatt 10, 1958, S. 245—248.

323 So J. Pinsk: Sinn und Gestaltung des katholischen Kultraumes. In:

Oskar Söhngen: Evangelische Kirchenbautagung in Berlin 1948. Ein Bericht. Berlin 1950.

324 Vgl. Anm. 314, ferner Franz Joseph Dölger: Zur Symbolik des christlichen Taufhauses. In: Antike und Christentum 4, 1933/34, S. 154—187.

325 Auf diese Wiederaufnahme verweisen Willy Weyres / Otto Bartning 1959, S. 27; vgl. auch August Hoff / Herbert Muck / Raimund Thoma 1962, S. 37.

326 Ferdinand Kolbe: Die Liturgiekonstitution des Konzils. II. Praktische Hinweise. In: Liturgisches Jahrbuch 14, 1964, S. 130.

327 Die vor der Westseite erbaute Taufkapelle (1943 zerstört) wurde von Fritz Thyssen zur Taufe seines Enkels, des Grafen Cichy gestiftet. Vgl. Roland Günter: Mülheim a. d. Ruhr = Die Denkmäler des Rheinlandes 21. Hg. Landeskonseravtor Rheinland. Düsseldorf 1975, S. 33. Ferner: Gustav Cornelius Ommer: Auch das war Mülheim a. d. Ruhr. Zeugnis moderner christlicher Kunst in der Taufkapelle von St. Marien. In: Mülheimer Jahrbuch 1952, S. 47—49.

328 August Hoff / Herbert Muck / Raimund Thoma 1962, S. 37.

329 Rudolf Schwarz: Dominikus Böhm. In: Baukunst und Werkform 8, 1955, S. 73.

330 Vgl. hierzu die Äußerung von Gottfried Böhm S. 118.

331 Siehe Emil Steffann: Eine neue katholische Pfarrei in Köln. In: Das Münster 16, 1963, S. 181—184.

332 Zu Atrien und Paradiesanlagen siehe H. Reinhard: Atrium. In: RDK 1, 1937, Sp. 1197—1206; L. Jontz: Der mittelalterliche Kirchenvorhof in Deutschland. Diss. Berlin 1936.

333 Vgl. August Hoff: Neue Kirchenbauten von Clemens Holzmeister. In: Die christliche Kunst 27, 1931, S. 236, 237.

334 Gottfried Böhm in: Baukunst und Werkform 8, 1955, S. 126.

335 Herbert Muck: Zonen der Kommunikation in den Raumfolgen Steffanns. Zur Kritik heutiger Kommunikationsvorstellungen. In: Bauwelt 70, 1979, S. 766—768.

336 Die steigernde Wegführung von einem kirchlichen Vorraum zum Altar betont auch Josef Lehmbrock in der Beschreibung seiner Kirche St. Albertus Magnus in Leverkusen-Schlebusch; vgl. Festschrift zur Konsekration der St.-Albertus-Magnus-Kirche in Leverkusen-Schlebusch am 14./15. November 1959, Essen 1959, S. 26.

337 Vgl. Anm. 332.

338 So wurde zum Beispiel auf der Tagung der Evangelischen Akademie Rheinland-Westfalen im November 1961 in Mülheim/Ruhr auch für den evangelischen Bereich ein Atrium als Treffpunkt der Gemeinde gewünscht. In den katholischen Richtlinien für die Gestaltung des Gotteshauses 1954, die Theodor Klauser zusammengestellt hat, wird bei Vorhöfen der zur Sammlung führende Aspekt deutlich betont. Ein umhegter Vorplatz oder ein förmliches Atrium als Zone des Schweigens und der Sammlung werden empfohlen; die Gläubigen werden somit auf die Gotterfüllte Stille des heiligen Raumes vorbereitet. Abgedruckt in: Das Münster 7, 1954, S. 315.

339 Als formales Vorbild der Bocholter Paradiesanlage könnte der Entwurf von Paul Bonatz zu einem Ehrenmal für gefallene Krieger aus dem Jahre 1915 gedient haben. Ein weiteres Beispiel eines innen liegenden Paradieses bietet die Heilig-Kreuz-Kirche in Osnabrück-Schinkel von Dominikus Böhm 1932. In der klaren, vierseitigen Ausgrenzung des Raumes durch eine doppelte, backsteinegemauerte Stützenstellung und dem großen Weihwasserbecken in der Mitte wird eindeutig Bezug genommen auf den Typus mittelalterlicher Atrien. Abb. August Hoff / Herbert Muck / Raimund Thoma 1962, S. 292 f.

340 Vgl. Eva Börsch-Supan: Hortus Conclusus. In: Lexikon der altchristlichen Ikonographie, 1970, Sp. 77—81.

341 Interessant ist in diesem Zusammenhang die im frühen Christentum entwickelte Vorstellung von der Pflanzenwelt als Zeichen des göttlichen Lebens. „Bereits Bischof Zeno von Verona hat in einer seiner Predigten am Ostersonntag die Pflanzenwelt zur Kennzeichnung der ‚plebs sancta' herangezogen und so die Neugetauften ‚die überaus herrlichen Blüten der Kirche' geheißen." Ekkart Sauser: Symbolik des katholischen Kirchengebäudes. = Anhang zu Ferdinand Herrmann (Hg.): Symbolik der Religionen VI. Symbolik der katholischen Kirche. Stuttgart 1960, S. 87.

342 Um allen Gläubigen eine gute Sicht auf den Altar zu bieten, werden im modernen Kirchenbau die Bankreihen des öfteren ansteigend angeordnet, so daß der Altarbereich tiefer liegt.

343 So P. L. R. Reifenrath (OFM) in dem Führer zur Wallfahrtskirche Neviges = Schnell Kunstführer 920, München Zürich ³1974, S. 6.

344 Der Architekt Emil Steffann beispielsweise hatte eine ausgesprochene Vorliebe für Krypten. Vgl. Herbert Muck: Mythologien. In: Bauwelt 70, 1979, S. 768—771. Wenn auch Steffann werden empfand Krypten baute, so zeigen sich doch oftmals seine Kirchenräume einer Krypta in der Wirkung verwandt.

345 Karl Bernard Ritter: Kirchenbau als Symbol. In: Kunst und Kirche 23, 1960, S. 11.

346 Günter Bandmann: Das Kunstwerk als Gegenstand der Universalgeschichte. In: Jahrbuch für Ästhetik und allgemeine Kunstwissenschaft 7, 1962, S. 159.

347 Vgl. S. 84.

348 Emil Wachter / Friedrich Zwingmann / J. Rinderspacher: Autobahnkirche Baden-Baden „St. Christophorus". In: Das Münster 33, 1980, S. 45.

349 Vgl. P. L. R. Reifenrath in dem Führer zur Wallfahrtskirche in Neviges = Schnell Kunstführer 920. München Zürich ³1974, S. 6.

350 In diesem Zusammenhang ist auch auf die Regina Martyrium Kirche in Berlin-Charlottenburg zu verweisen. Diese von Hans Schädel 1960—63 errichtete Kirche wurde zu Ehren der Blutzeugen für Glaubens- und Gewissensfreiheit 1933—45 angelegt. Sie ist aufgeteilt in eine Ober- und Unterkirche, wobei die Unterkirche als Krypta die eigentliche Grabkirche und Gedenkstätte darstellt.

351 Paulhans Peters 1978, S. 1098.

352 Ebd., S. 1042.

353 Zur Abgrenzung der Begriffe Tradition und Historismus siehe Wolfgang Götz 1970, S. 198 und S. 211.

354 Josef Andreas Jungmann: Symbolik der katholischen Kirche. = Ferdinand Herrmann (Hg.): Symbolik der Religionen VI. Stuttgart 1960, S. 16.

355 Zum Historismus-Problem siehe Wolfgang Götz 1970, mit weiterer Literaturangabe. Eine kritische Stellungnahme zu Götz bezieht Wolfgang Hardtwig: Kunst und Geschichte im Revolutionszeitalter. Historismus in der Kunst und der Historismusbegriff der Kunstwissenschaft. In: Fritz Wagner (Hg.): Archiv für Kulturgeschichte 61, 1979, S. 154—190.

356 Joseph Hoster in: Arte Liturgica in Germania, S. 28.

357 Wolfgang Götz 1971, S. 252 f.

358 Von einer „heute noch unter der Oberfläche weiterlebenden Gotik" spricht auch Guy Desbarats in seinem Vorwort zu Hans Hofstätter: Gotik. Fribourg 1968 = Henri Stierlin (Hg.): Architektur der Welt.

359 Vgl. S. 33.

360 So Alfred Dedo Müller: Die Predigt des Raumes. In: Kunst und Kirche 29, 1964, S. 10.

361 Ebd.

362 Vgl. Gesine Stalling 1974, S. 190.

363 Rudolf Schwarz 1960, S. 316; siehe auch seine Ausführung zur Köln-Niehler Pfarrkirche St. Christophorus, die er in der Einfachheit auf Ravenna zurückführt; ebd., S. 303.

364 Michael Bringmann 1968, S. 256 und S. 333 f.; ferner Gesine Stalling 1974, S. 105.

365 Rudolf Schwarz 1963, S. 17.

366 Ebd., S. 80.

367 Otto Bartning: Vom neuen Kirchenbau. Vortrag im Rahmen der 9. Tagung für evangelischen Kirchenbau 1967; abgedruckt in: Kunst und Kirche 21, 1958.

368 Kolloquium mit Otto Bartning. In: Hans Kallenbach / Heinrich Laag (Hg.): Die Problematik des modernen Kirchenbaues. Marburg / Lahn und Arnoldshain 1960, S. 9—18.

369 Katalog Emil Steffann 1980, S. 6.

370 Vgl. S. 56 und Anm. 162.

371 Oskar Söhngen: Ansprache zur Eröffnung der 8. evangelischen Kirchenbautagung 1956 in Karlsruhe. In: Kunst und Kirche 20, 1957, S. 16; ferner ders.: Der Begriff des Sakralen im Kirchenbau. In: Kirchenbau und Ökumene. Evangelische Kirchenbautagung in Hamburg 1961. Hamburg 1962, S. 183—205.

372 Herbert Muck 1971.

373 Zitiert nach Gerhard Langmaack 1971, S. 358.

374 Günter Bandmann: Ikonologie der Architektur. Darmstadt ²1969, S. 21 f.

375 Vgl. Hugo Schnell: Zur Situation und Krise des deutschen Kirchenbaus. 20 Jahre „Das Münster" 1947—1967. In: Das Münster 20, 1967, S. 14.
Schnell betont, daß das Bild vom himmlischen Jerusalem für den modernen Kirchenbau keine Gültigkeit mehr hat, nicht mehr unserer Vorstellung vom himmlischen Reich entspricht. Dieses Bild ist nach Schnell ersetzt durch die Gemeinde. „Wir hoffen das himmlische Reich unter uns in der Gemeinschaftsbildung zu finden."

376 Josef Andreas Jungmann: Symbolik der katholischen Kirche. = Ferdinand Herrmann (Hg.): Symbolik der Religion VI. Stuttgart 1960, S. 45.

377 Michael Bringmann 1968, S. 320.

378 So beispielsweise Hugo Schnell in seiner Rezension zu Hans Eckehard Bahr 1968. In: Das Münster 22, 1969, S. 51—54.

379 Stellvertretend für viele andere Äußerungen sei hier auf eine Aussage des Schriftstellers und Kunstkritikers Erich Pfeiffer-Belli verwiesen, der als Kirche, in der er beten könne, kleine frühromanische Kirchen, schlichte einfache Räume, bevorzugen würde. Erich Pfeiffer-Belli: Sakralbau in profaner Sicht. In: Kunst und Kirche 21, 1958, S. 80.

380 Heinz Dohmen: Kirchenbau heute — Schwerpunkte nach dem Konzil. Beispiele nachkonziliaren Kirchenbaus im Bistum Essen. In: Das Münster 34, 1981, S. 97.

381 Christof Martin Werner 1971, S. 243.

382 Christof Martin Werner: Sakralität, was ist das? In: Hans Eckehard Bahr 1968, S. 64—80.

383 Justus Dahinden 1966, S. 44.

384 So Hermann Baur im Vorwort zu Raymond Oursel: Romanik. Fribourg 1966 = Architektur der Welt.

385 Johannes van Acken ²1923, S. 38 f.

386 Vgl. Christoph Hackelsberger: Kirche richtet sich in Kirchen ein. In: Bauwelt 15, 1978, S. 594—597.

387 Lothar Kallmeyer: Funktionalismus und Widerspruch. In: Kunst und Kirche 42, 1979, S. 117.

388 Christof Martin Werner 1971, S. 29; vgl. auch Gesine Stalling 1974, S. 64 ff.

389 Hermann Noack: Die Philosophie Westeuropas. Die philosophischen Bemühungen des 20. Jahrhunderts. Darmstadt 1967, S. 34; zitiert nach Christof Martin Werner 1971, S. 37.

390 Bezeichnend ist eine Äußerung von Otto Bartning 1919: „Das Individuum, das durch die Reformation mündig gewordene, in der Heimatlosigkeit der Aufklärung ausgewanderte, in der Wüste des Materialismus verirrte Ich will Buße tun und sich heimkehren. Es schaut aus, wo am Horizonte die Kuppeln auftauchen, daß es sich aufmache, sei es die alte, sei es die neue Heimat; möge es nur keine Fata Morgana sein."
Otto Bartning 1919, S. 102.

391 Christof Martin Werner 1971, S. 43; vgl. auch Gesine Stalling 1974, S. 75.

392 Alfred Dedo Müller: Die Predigt des Raumes. In: Kunst und Kirche 27, 1964, S. 11.

393 Ebd., S. 10 f.

394 Alfred Dedo Müller fordert von modernen Kulträumen nicht nur Geborgenheit in einer bergenden und abschließenden Symbolik des Raumes sondern eine schöpferische Synthese mit dem zu diesem Moment in einer dialektischen Spannung stehenden Lichtmotiv, mit dem erhellenden Licht als Sprachmittel für die Gotteserkenntnis. Beide Pole: das Umschließen und Aufbrechen des Raumes müssen sichtbar werden.

395 Vgl. die Historismusdefinition von Wolfgang Götz 1970, S. 205 ff.

396 Otto Bartning 1919, S. 45.

397 Dominikus Böhm: Brief an van Acken. 24. 5. 1923; zitiert nach Gesine Stalling 1974, S. 166.

398 Vgl. Günter Bandmann: Das Kunstwerk als Gegenstand der Universalgeschichte. In: Jahrb. f. Ästhetik und allg. Kunstwiss. 7, 1962, S. 159.

399 Willy Weyres verweist ebenfalls auf die Wiedererweckung der altchristlichen Basilika, weil sie die reine Liturgie gemäße Form des Kirchenraumes sei, so die Interpretation in den zwanziger Jahren. Weyres betont aber gleichzeitig, daß trotz reformierter Liturgie diese nicht mehr wieder die altchristliche werden kann. Willy Weyres¹ 1957, S. 16.
Vor einer Rückkehr zur frühchristlichen Liturgie warnt ausdrücklich Alois Fuchs; in Anbetracht des „Überschwanges der Begeisterung für das inzwischen besser erforschte Frühchristentum und seine Liturgie" schreibt Fuchs in den Paderborner Richtlinien von 1951: „Es geht nicht an, unter Beiseiteschiebung der geschichtlichen Entwicklung die Liturgie der Gegenwart auf den Standpunkt des Frühchristentums zurückzubilden." Richtlinien für die Gestaltung der Kirchen und des Altares in der Gegenwart. In: Alte und neue Kunst im Erzbistum Paderborn 1, 1950 (Paderborn 1951), S. 27.

400 August Hoff: Kirchenbauten von Dominikus Böhm. In: Die christliche Kunst 22, 1925/26, S. 355.

401 Karl Gabriel Pfeil: Bericht über die Tagung für christliche Kunst in Duisburg. In: Die christliche Kunst 27, 1930/31, S. 89 f.

402 Johannes van Acken ²1923, S. 39, 40.

403 Beispielhaft seien erwähnt:
Hans Wolfgang Beyer: Der syrische Kirchenbau. Studien zur spätantiken Kunstgeschichte 1, Berlin 1925.
Josef Strzygowski: Der Ursprung der christlichen Kirchenkunst, Leipzig 1920.

404 Johannes van Acken ²1923, S. 36.

405 Gustav René Hocke bemerkt in seinem Bericht über die Ausstellungen christlicher Kunst in den Missionsländern und zeitgenössischer Kunst in Rom, daß der Vatikan (Papst Pius XII) den Rückgriff auf frühchristliche Formen zum Beispiel auch in der Malerei bejaht. In: Das Münster 4, 1951, S. 50; vgl. ferner Reinhard Riemerschmid: Gedanken zum evangelischen Kirchenbau. „Die christliche Frühzeit und ihre Symbolsprache wiederaufleben zu lassen, ist der einzige Weg zu einer wahrhaften Neuerung des Kirchenbaus." In: Kunst und Kirche 20, 1957; ähnliche Gedanken äußert auch Stephan Hirzel: „Vorbilder sind zu wählen, die wir als wesensverwandt empfinden. ... bescheidene, weit weniger bekannte Gotteshäuser ... kleine Kostbarkeiten aus frühchristlicher Zeit, wie die Grabkapelle der Galla Placidia zu Ravenna." Stephan Hirzel: Neue Gemeinde — Neuer Kirchenbau. In: Oskar Söhngen: Evangelische Kirchenbautagung in Berlin 1948. Ein Bericht. Berlin 1950, S. 167.
Vgl. weiterhin Karl Boromäus Frank: Kernfragen kirchlicher Kunst. Grundsätzliches und Erläuterungen zur Unterweisung des Hl. Offiziums vom 30. 6. 1952 über die kirchliche Kunst. Wien 1953, S. 97 f.

406 Auf der Tagung der katholischen Akademie in Bayern 1964 zum Thema „Fragen des Kirchenbaus heute" hielt Josef Andreas Jungmann ein Referat über „Die Gemeinde und ihr Leben in den ersten christlichen Jahrhunderten" und Bernhard Kötting über „Die Gottesdiensträume in den ersten christlichen Jahrhunderten". Siehe Günter Rombold: Fragen des Kirchenbaus heute. In: Christliches Kunstblatt 102, 1964, S. 79 f.

407 Josef Andreas Jungmann: Einleitung zur Konstitution des II. Vatikanischen Konzils über die heilige Liturgie. In: Liturgisches Jahrbuch 14, 1964, S. 5.

408 Hugo Schnell 1973, S. 187.

409 Hervorragendes Beispiel ist die Wiederaufbaudiskussion um St. Maria im Kapitol in Köln, an der sich unter anderem Dominikus Böhm, Karl Band, Rudolf Schwarz, Hans Schwippert, Stefan Rosiny beteiligten. Siehe hierzu ausführlicher Ulrich Krings: Köln, St. Maria im Kapitol. In: Deutsche Kunst und Denkmalpflege 38, 1980, S. 25—40.

410 Rudolf Schwarz 1963, S. 80.

411 So Hugo Schnell in seiner Beschreibung dreier Kirchenbauten von Schilling. In: Das Münster 22, 1969, S. 233.

412 Als bedeutsam für den heutigen Kirchenbau verweist Wilhelm Schlombs auf die besondere Sakralbautradition der Stadt Köln. Die zu Ende des Mittelalters entwickelten Pfarrkirchen wie zum Beispiel St. Alban, St. Kolumba oder St. Peter zeigen, daß der Altar immer nahe bei der Gemeinde gestanden hat, so daß er von den Gläubigen umstanden werden konnte. Diese Stellung des Altares entspricht unserer heutigen Vorstellung. Schlombs erkennt hierin „ein Zurückgreifen auf eine gesunde Tradition". Wilhelm Schlombs: Zur Situation des Kirchenbaues im Erzbistum Köln. In: Ars Sacra. Kirchliche Kunst im Erzbistum Köln 1945—1964. Ausstellung Overstolzen-Haus Köln. Köln 1964, S. 21.

413 Vgl. Paulhans Peters 1978, S. 1098 ff.

Literaturverzeichnis

ACKEN, JOHANNES VAN: Christozentrische Kirchenkunst. Ein Entwurf zum liturgischen Gesamtkunstwerk. Gladbeck/W. [1]1922, [2]1923

APPEL, HEINRICH: Der moderne katholische Kirchenbau im Rheinland. In: Rheinische Heimatblätter 5, 1927, S. 170—180

Ars Sacra. Junge christliche Kunst. Ausstellungskatalog Aachen 1951 (Bearb. Sepp Schüller) Aachen 1951

Ars Sacra. Kirchliche Kunst im Erzbistum Köln 1945—1964. Ausstellungskatalog Köln 1964 (Red. Franz Tack) Köln 1964

Ars Sacra. Kirchliche Kunst der Gegenwart '75. Ausstellungskatalog Köln 1975 (Red. Franz Tack, Dorothea Eimert) Köln 1975

Arte Liturgica in Germania 1945/1955. Ausstellungskatalog. Rom Palazzo Pontificio Lateranense. Dt. Ausgabe 1956

BAHR, HANS ECKEHARD (Hg.): Kirchen in nachsakraler Zeit. Hamburg 1968

BANDMANN, GÜNTER: Der Kirchenbau der Gegenwart und die Vergangenheit. In: Kunst und Kirche 29, 1966, S. 51—56, 122—125

BARTNING, OTTO: Vom neuen Kirchbau. Berlin 1919

BAUM, JULIUS: Zu Hans Herkommers Entwicklungsgang. In: Die christliche Kunst 26, 1929—30, S. 358—369

BAUR, HERRMANN / METZGER, FRITZ: Kirchenbauten. Zürich 1956

BECKER, KARIN: Rudolf Schwarz, 1897—1961. Kirchenarchitektur. Bielefeld 1981 (Diss. München 1979)

BELT, ALBERT: Neue Bauten von Gottfried Böhm. Versuch einer Interpretation der Bauten von Gottfried Böhm. In: Das Münster 15, 1962, S. 1—23

BERNHARD, RUDOLF: Kirchenbauten von Hans Schilling. In: Das Münster 29, 1976, S. 101—111

BIEDRZYNSKI, RICHARD: Kirchen unserer Zeit. München 1958

BIRNBAUM, WALTER: Die deutsche evangelische liturgische Bewegung. Tübingen 1970

BOGLER, THEODOR P.: Liturgische Bewegung nach 50 Jahren. Maria Laach 1959

BOLLENBECK, KARL JOSEF: Kirchbau 10 Jahre nach dem Konzil. In: Das Münster 29, 1976, S. 101—111

BRATHE, PAUL: Der evangelische Gottesdienst und sein Raum. Halle 1929

BRINGMANN, MICHAEL: Studien zur neuromanischen Architektur in Deutschland. Diss. Heidelberg 1968

DAHINDEN, JUSTUS: Bauen für die Kirche in der Welt. Zürich 1966

DISTEL, WALTER: Protestantischer Kirchenbau seit 1900 in Deutschland. Zürich 1933

DOHMEN, HEINZ: Kirchenbau heute — Schwerpunkte nach dem Konzil. Beispiele nachkonziliaren Kirchenbaus im Bistum Essen. In: Das Münster 34, 1981, S. 97—108

EIMERT, DOROTHEA: St. Engelbert in Köln-Riehl. München-Zürich 1977 = Schnell, Kunstführer 1098

Evangelische Kirchen in Westfalen 1952—62. Hg. Landeskirchenamt der evangelischen Kirche in Westfalen (Zusammenstellung und Text H. E. NAU / H. MOLDENHAUER) Witten 1963

EMIL FAHRENKAMP: Ein Ausschnitt seines Schaffens aus den Jahren 1924—1927. (Eingeleitet von AUGUST HOFF) Stuttgart 1928

FELDENKIRCHEN, TONI: Neue Kölner Kirchen. Köln 1956

FRANK, KARL BOROMÄUS: Kernfragen kirchlicher Kunst. Grundsätzliches und Erläuterungen zur Unterweisung des heiligen Offiziums vom 30. 6. 1952. Wien 1953

JOSEPH FRANKE. (Einleitung von PAUL JOSEPH CREMERS) Berlin 1930 = Der deutsche Architekt

FRECKMANN, KARL: Kirchenbau. Ratschläge und Beispiele. Freiburg 1931

GEHRIG, OSKAR: Neuer Kirchenbau. In: Der Neubau 12, 1930, S. 281—300

GIESELMANN, REINHARD: Der Kirchenbau unserer Zeit. Diss. Aachen 1956

GIRKON, PAUL: Die Stahlkirche. Evangelischer Kultbau auf der Pressa Köln 1928 (mit einem Vorwort von OTTO BARTNING). Berlin 1928

GIRKON, PAUL: Neubauten evangelischer Gemeinden und Verbände in Westdeutschland. Düsseldorf o. J. (1929)

GOETZ, WOLFGANG: Historismus. Ein Versuch zur Definition des Begriffes. In: Zeitschrift des deutschen Vereins für Kunstwissenschaft 24, 1970, S. 196—212

GOETZ, WOLFGANG: Albert Boßlet und die Romanik. In: Aachener Kunstblätter des Museumsvereins. Festschrift für Wolfgang Krönig. 41, 1971, S. 243—254

GUARDINI, ROMANO: Vom Geist der Liturgie. Freiburg i. Br. 1932

GUARDINI, ROMANO: Christliche Kunst in der Gegenwart. Freiburg i. Br. 1938

HABBEL, JOSEF (Hg.): Dominikus Böhm. Ein deutscher Baumeister. Regensburg 1943

HEINRICHS, BERNARD (Hg.): Düsseldorf. Stadt und Kirche. Düsseldorf 1982

HELLWAG, RUDOLF: Planen und Bauen in der Rheinischen Landeskirche. In: Kunst und Kirche 22, 1959, S. 33—41

HENZE, ANTON: Gottesburg oder Gotteszelt. Zu neuen Kirchenbauten im Bistum Münster. In: Das Münster 6, 1953, S. 125 ff.

HENZE, ANTON: Kirchliche Kunst der Gegenwart. Recklinghausen 1954

HERKOMMER, HANS: Kirchliche Kunst der Gegenwart. o. O. 1930

HOFF, AUGUST: Kirchenbauten von Dominikus Böhm. In: Die christliche Kunst 22, 1925—26, S. 345—355

HOFF, AUGUST: Wettbewerb zur Heilig-Geist-Kirche in Münster/W. In: Die christliche Kunst 23, 1926—27 S. 274—283

HOFF, AUGUST: Grundrißsymbolik des modernen Kirchenbaus. In: Kölnische Volkszeitung 1928, Nr. 886

HOFF, AUGUST: Kirchenbau und Kirchenplanung am Niederrhein. In: Die christliche Kunst 25, 1928—29, S. 368—375

HOFF, AUGUST: Einführung in die zeitgenössische christliche Kunst. In: Jahrbuch für christliche Kunst 1950/51, S. 5—30

HOFF, AUGUST / MUCK, HERBERT / THOMA, RAIMUND: Dominikus Böhm. München Zürich 1962

HOLZMEISTER, CLEMENS: Bauten, Entwürfe und Handzeichnungen. Salzburg/Leipzig 1937

HOLZMEISTER, CLEMENS: Kirchenbau ewig neu. Baugedanken und Beispiele. Insbruck Wien 1951

JACOBUS, JOHN: Die Architektur unserer Zeit. Zwischen Revolution und Tradition. Stuttgart 1966

JASPERT, REINHARD (Hg.): Handbuch moderner Architektur. (10. Evangelische Kirchen. Von Gerhard Langmaack, 11. Katholische Kirchen. Von Willy Weyres, S. 765—877) Berlin 1957

KALLENBACH, HANS / LAAG, HEINRICH (Hg.): Die Problematik des modernen Kirchenbaus. Vorträge in Arnoldshain i. T. 1958 Marburg/Lahn und Arnoldshain 1960

KIEL, ELFRIEDE (Hg.): Kirchenbau heute — Dokumentation, Diskussion, Kritik. (Leipzig) München 1969

KIMMIG, E.: Kirchen. Stuttgart-Bern 1968 = architektur Wettbewerbe 54

Kirchenbau in der Diskussion. Wanderausstellung der deutschen Gesellschaft für christliche Kunst, München. München 1973

Kirchenbau der Gegenwart in Deutschland. Ausstellung anläßlich des eucharistischen Weltkongresses. München 1960

Kirchenbau der Gegenwart. Grenzen, Möglichkeiten und Chancen einer Architekturaufgabe. Neudorfer Gespräche (Redaktion Heino Widtmann). Graz 1969

Kirchenraum nach dem Konzil. 57. Jahresgabe der deutschen Gesellschaft für christliche Kunst. München 1969

KLAPHECK, RICHARD: Neue Baukunst in den Rheinlanden. Düsseldorf 1928. = Sonderheft der Zeitschr. d. Rhein. Ver. f. Denkmalpflege und Heimatschutz

KLEFFNER, EBERHARD MICHAEL / KÜPPERS, LEONHARD: Neue Kirchen im Bistum Essen. Essen 1966

KOLBE, FERDINAND: Die Liturgische Bewegung. Aschaffenburg 1964

KREUSCH, FELIX: Neue Kirchen im Bistum Aachen 1930—1960. Mönchengladbach 1962

KUEPPERS, LEONHARD (Hg.): Vom Kirchbau heute. (Jahresgabe des Vereins für christliche Kunst im Bistum Essen) Essen 1961

LANGMAACK, GERHARD: Kirchenbau heute. Grundlagen zum Wiederaufbau und Neuschaffen. Hamburg 1949

LANGMAACK, GERHARD: Evangelischer Kirchenbau im 19. und 20. Jahrhundert. Geschichte — Dokumentation — Synopse. Kassel 1971

LEITL, ALFONS: Von der Architektur zum Bauen. Berlin 1936

LENGELING, EMIL JOSEF: Tendenzen des katholischen Kirchenbaus aufgrund der Beschlüsse des 2. Vatikanischen Konzils. In: Liturgisches Jahrbuch 17, 1967, S. 144—160

LILL, GEORG: Westdeutsche Kirchenbaukunst. In: Die christliche Kunst 24, 1927—28, S. 257—277

LÜTZELER, HEINRICH: Der deutsche Kirchenbau der Gegenwart. Düsseldorf 1934 = Religiöse Quellenschriften 99

MAURER, HANS A.: Moderner Kirchenbau in Deutschland. Kassel [1]1958, [2]1964

MAYER, HANS KARL FRIEDRICH: Der Baumeister Otto Bartning und die Wiederentdeckung des Raumes. Heidelberg [1]1951, Darmstadt [2]1958

MEYER, PETER: Moderne Architektur und Tradition. Zürich [2]1928

MUCK, HERBERT: Der Sakralbau heute. Aschaffenburg 1961

MÜLLER WULCKOW, WALTER: Architektur der zwanziger Jahre in Deutschland. Neuausgabe Königstein i. Taunus 1975

Neue Bauten im Bistum Trier. Stuttgart 1961 = Monographien des Bauwesens 17

Neue evangelische Kirchen im Rheinland. Hg.: Evangelische Kirche im Rheinland (bearb. und zusammengestellt von HERBERT LÜTTERS und GEORG QUEHL) Düsseldorf 1963

Neue Kölner Kirchen. Hg. Verkehrsamt der Stadt Köln. Köln [3]1960

NEUSS, WILHELM (Hg.): Krieg und Kunst im Erzbistum Köln und Bistum Aachen. Mönchengladbach 1948

NEUSS, WILHELM: Hundert Jahre Verein für christliche Kunst im Erzbistum Köln und Bistum Aachen. = Kunstgabe des Vereins für christliche Kunst im Erzbistum Köln und Bistum Aachen. Mönchengladbach 1954

ODENHAUSEN, HELMUTH u. HANS GLADISCHEFSKI: Stahl im Kirchenbau. Düsseldorf 1962

PAESCHKE, BERTHOLD: Neue sakrale Architektur in Köln. In: Rheinische Heimatblätter 5, 1927, S. 181—186

PEHNT, WOLFGANG: Die Architektur des Expressionismus. Stuttgart 1973

PEITZ, ALOIS: Tendenzen im Kirchenbau der Diözese Trier. In: Das Münster 22, 1969, S. 290—292

PEITZ, ALOIS: Kirchliches Bauen in der Diözese Trier. In: Kunst und Kirche 39, 1976, S. 199—205

PETERS, PAULHANS: Aspekte einer neuen Freiheit in der Architektur. In: Baumeister 75, 1978, S. 1041—1121

PEVSNER, NIKOLAUS: Moderne Architektur und der Historiker oder die Wiederkehr des Historismus. In: Deutsche Bauzeitung 66, 1961, S. 757

PFAMMATTER, FERDINAND: Betonkirchen. Voraussetzung, Entwicklung und Gestaltung. Zürich 1948

POENSGEN, JOCHEM: Gestalten des Sakralen und Profanen. In: Das Münster 23, 1970, S. 281—287

POSCHARSKY, PETER: Der evangelische Kirchenbau heute. In: Das Münster 21, 1968, S. 81—101

RAEV, SVETLZAR (Hg.): Gottfried Böhm. Bauten und Projekte 1950—1980. Köln 1982

RÉGAMEY, P. PIE: Kirche und Kunst im 20. Jahrhundert. Graz 1954

RIEZLER, WALTER: Erneuerung des Kirchenbaus? In: Die Form 5, 1930, S. 537—545

ROMBOLD, GÜNTER: Kirchen für die Zukunft bauen. Freiburg 1969

ROMBOLD, GÜNTER: Das Ende des Neoexpressionismus und Brutalismus in Deutschland. In: Kunst und Kirche 43, 1980, S. 2—10

RONIG, FRANZ: Kirchbauten im Bistum Trier 1960—1970. In: Das Münster 22, 1969, S. 289—290

RÜENAUVER, JOSEF: Der neue Kirchenbau im Erzbistum Paderborn 1948—1967. In: Das Münster 20, 1967, S. 81—85; Bilddokumentation S. 101—144

SCHLOMBS, WILHELM: Nachkonziliarer Kirchenbau im Erzbistum Köln. Zur Situation des Kirchenbaus im Erzbistum Köln. In: Das Münster 22, 1969, S. 221—246 (Bildtexte Hugo Schnell)

SCHNELL, HUGO: Zur Situation der christlichen Kunst. München Zürich 1962

SCHNELL, HUGO: Zur Situation und Krise des deutschen Kirchenbaus. In: Das Münster 20, 1967, S. 5

SCHNELL, HUGO: Kirchenbau im Wandel. „Was ist eine Kirche"? In: Das Münster 25, 1972, S. 1—21

SCHNELL, HUGO: Der Kirchenbau des 20. Jahrhunderts in Deutschland. Dokumentation, Darstellung, Deutung. München Zürich 1973

SCHREYER, LOTHAR: Christliche Kunst des 20. Jahrhunderts in der katholischen und protestantischen Welt. Hamburg 1959

SCHUMACHER, FRITZ: Strömungen in deutscher Baukunst seit 1800. Leipzig 1935

SCHUMACHER, JOHANNES: Die Entwicklung der kirchlichen Baukunst in Westdeutschland seit der Wende des 19. Jahrhunderts. In: Karl Hoeber (Hg.): Volk und Kirche. Katholisches Leben im deutschen Westen. Essen 1935, S. 260—269

SCHWARZ, RUDOLF: Dominikus Böhm und sein Werk. In: Moderne Bauformen 26, 1927, S. 226—240

SCHWARZ, RUDOLF: Vom Bau der Kirche. Würzburg [1]1938, Heidelberg [2]1947

SCHWARZ, RUDOLF: Dominikus Böhm. In: Baukunst und Werkform 8, 1955, S. 72—131

SCHWARZ, RUDOLF: Kirchenbau. Welt vor der Schwelle. Heidelberg 1960

SCHWARZ, RUDOLF: Denken und Bauen. Schriften und Bauwerke. Heidelberg 1963

STALLING, GESINE: Studien zu Dominikus Böhm, unter besonderer Berücksichtigung seiner Gotik-Auffassung. Bern Frankfurt 1974

STEFFANN, EMIL: Ausstellungskatalog Bielefeld 1980 (Bearbeitet von Gisberth Hülsmann, Manfred Sundermann u. Ulrich Weisner mit Herbert Muck, Nikolaus Rosiny u. Karl Ludwig Spengemann) Bielefeld 1980

SUNDERMANN, MANFRED (Hg.): Rudolf Schwarz. Bonn 1981 = Architektur und Denkmalpflege 17. Schriftenr. d. Akad. d. Architektenkammer Nordrhein-Westfalen und der Dt. Unesco-Komm.

TRIER, EDUARD u. WILLY WEYRES (Hg.): Kunst des 19. Jahrhunderts im Rheinland 1,1. Düsseldorf 1975

VENDERBOSCH, FRIEDRICH GERHARD: Burgen Gottes, Zelte der Gemeinde. Architektur und Kunst in der evangelischen Kirche im Rheinland. Düsseldorf 1968

VIETZE, ALFRED: Moderner Kirchenbau. In: Bauwarte 6, 1930, S. 220—224

WATTJES, J. G.: Moderne Kerken in Europa en Amerika. Amsterdam 1931

WENTZ, PAUL ERNST: Architekturführer Düsseldorf. Ein Führer zu 95 ausgewählten Bauten. Düsseldorf 1975

WERNER, CHRISTOF MARTIN: Das Ende des „Kirchen"-Baus. Beobachtungen zur Lage moderner Kirchenbaudiskussion. Zürich 1971

WEYRES, WILLY: Der Kirchenbau im Erzbistum Köln 1920—1931. In: Kunstgabe des Vereins für christliche Kunst im Erzbistum Köln und Bistum Aachen. Mönchengladbach 1932, S. 3—32

WEYRES, WILLY: Neue Kirchen im Erzbistum Köln 1945—56. Düsseldorf [2]1957

WEYRES, WILLY / BARTNING, OTTO: Kirchen, Handbuch für den Kirchenbau (unter Mitarbeit von Ant. J. und Konrad Gatz, Aloys Goergen u. a.) München 1959 = Handbücher zur Bau- und Raumgestaltung. Hg. Konrad Gatz

WIESCHEBRINK, THEODOR: Die kirchliche Kunstbewegung im Zeitalter des Expressionismus 1917—1927. Diss. Münster i. W. 1932

ZIMMERMANN, WALTER: Neuer evangelischer Kirchenbau im Rheinland. In: Rheinische Heimatblätter 5, 1927, S. 187—192

Verzeichnis der im Text erwähnten Kirchen

Verzeichnis der im Text erwähnten Architekten

Abbildungsnachweis

Foto Kahle: 15, 16, 24, 25, 26, 28, 32, 33, 36, 39, 40, 41, 42, 44, 54, 55, 56, 57, 58, 63, 69, 93, 99, 100, 101, 102, 103, 105, 106, 107, 108, 109, 110, 113, 119, 121, 122, 124, 125, 126, 127, 128, 133, 134, 137, 140, 143, 144, 145, 148, 149, 150, 151, 156, 157, 158, 160, 168, 169, 172, 173

Foto Gilles: 71

Rheinisches Bildarchiv: 46, 78, 104, 112, 138, 139, 152, 153, 154, 162, 166, 167

Foto Marburg: 50, 51, 52, 53

Ars Sacra 1945—1964: 96, 170

Joseph Franke 1930: 60

Hoff, A./Muck, H./Thoma, R. 1962: 4, 8, 20, 27, 43, 66, 72

Kreusch, F. 1962: 7, 61, 76

Langmaack, G. 1971: 11, 12, 13, 14, 85, 88

Neue Bauten im Bistum Trier 1961: 74, 75

Neue evangelische Kirchen im Rheinland 1963: 80, 89, 141, 146, 147, 161

Schwarz, R. 1960: 73, 87

Wattjes, J. G. 1931: 21, 48

Weyres, W. 1932: 18

Weyres, W. ²1957: 77, 79, 81, 82, 83, 84, 86, 90, 91, 92, 97, 123, 171

Müller-Wulckow, W. Reprint 1975: 17, 47

Wentz, P. E. 1975: 10

Habbel, J. 1943: 3, 5, 6, 23, 34, 35, 59, 64, 65, 67, 68, 142

Heinrichs, B. 1982: 111

Archiv Verfasser: 62

Die christliche Kunst 25, 1928/29: 1, 2, 29, 30, 31

Die christliche Kunst 24, 1927/28: 9

Jahrbuch für christliche Kunst 1950/51: 70

Moderne Bauformen 34, 1935: 37, 38

Das Münster 20, 1967: 94, 163

Das Münster 22, 1969: 95, 98, 118, 120, 174

Das Werk 48, 1961: 115, 116, 117

Kirchenbau der Gegenwart 1960: 114, 159

Köln-Zollstock Pfarrarchiv: 45

Kunst und Kirche 39, 1976: 135

Foto Walgern: 155

Mülheim/Ruhr, Katholisches Pfarramt St. Marien: 164, 165

Mayer, H. K. F. 1951: 49

ARBEITSHEFTE
LANDESKONSERVATOR RHEINLAND

im Auftrag des Ministers für Landes- und Stadtentwicklung von Nordrhein-Westfalen und des Landschaftsverbandes Rheinland
herausgegeben von Landeskonservator Prof. Dr. Udo Mainzer
Schriftleitung Dr. Rüdiger Schneider Berrenberg

Rheinland-Verlag GmbH · Köln

Abtei Brauweiler · 5024 Pulheim 2

in Kommission bei Dr. Rudolf Habelt GmbH · Bonn

ARBEITSHEFTE
LANDESKONSERVATOR RHEINLAND

im Auftrag des Ministers für Landes- und Stadtentwicklung von Nordrhein-Westfalen und des Landschaftsverbandes Rheinland
herausgegeben von Landeskonservator Prof. Dr. Udo Mainzer
Schriftleitung Dr. Rüdiger Schneider Berrenberg

19. **Die Schwebebahn in Wuppertal,** von Hans-Fried Schierk und Norbert Schmidt, 1976 (vergriffen)

20. **Technische Denkmale im Rheinland,** von Axel Föhl, 1976

21. **Kirchenbauten des 19. Jahrhunderts im alten Siegkreis,** von Jörg Schulze, 1977

22. **Der Kölner Hauptbahnhof,** von Ulrich Krings, 1977 (vergriffen)

23. **Wohnbauten in Köln-Ehrenfeld,** von Henriette Meynen, 1977 (vergriffen)

24. **Farbfenster in Bonner Wohnhäusern,** von Waldemar Haberey, Suzanne Beeh und Johannes Ralf Beines, 1979 (vergriffen)

25. **Jülich — Idealstadtanlage der Renaissance,** von Jürgen Eberhardt, 1978

26. **Bad Honnef, Stadtentwicklung und Stadtstruktur,** von V. Darius, I.-M. Heinze, Th. Kirchner, J. Rörig, B. Schellewald und W. Tegethoff, 1979

27. **Schlacht- und Viehmarktanlagen in Wuppertal (1829—1915),** von Norbert Schmidt (in Vorbereitung)

28. **Otto Engler. Geschäfts- und Warenhausarchitektur (1904—1914),** von Eberhard Grunsky, 1979

29. **Wehrtechnische Denkmale. Preußische Festungsbauten in Köln,** von Henriette Meynen mit einem Beitrag von Helmut Pflüger (in Vorbereitung)

30. **Wehrtechnische Denkmale. Der Westwall im Rheinland** (in Vorbereitung)

31. **Bonn-Poppelsdorf.** Die Entwicklung der Bebauung eines Bonner Vorortes in Karte und Bild, von Busso von der Dollen, 1979

32. **Die Fossa Eugeniana.** Die unvollendete Kanalverbindung zwischen Rhein und Maas 1626, von Rolf-Günter Pistor und Henri Smeets, 1979

33. **Schleifkotten, Mühlen und Hämmer an den Solinger Bächen,** von Ludwig Lunkenheimer (in Vorbereitung)

34. **Die Bauten der Gesolei in Düsseldorf,** von Irene Markowitz (in Vorbereitung)

35. **Die farbige Behandlung bürgerlicher Wohnhausfassaden (1800—1914),** von Johannes Ralf Beines (in Vorbereitung)

36. **Schloß Drachenburg,** von Angelika Leyendecker, 1979

37. **Rheinische Schloßbauten im 19. Jahrhundert,** von Harald Herzog, 1981

38. **Das Bergische Patrizierhaus bis 1800,** von Ruth Schmidt-de Bruyn, 1983

39. **Kirchenbauten des 20. Jahrhunderts,** von Barbara Kahle, 1985

Rheinland-Verlag GmbH · Köln
Abtei Brauweiler · 5024 Pulheim 2
in Kommission bei Dr. Rudolf Habelt GmbH · Bonn